DANS LA MÊME COLLECTION

Henri CALEF, *Le Sabordage de la IIIe République.*
Jean-André FAUCHER, *Les Francs-maçons au pouvoir.*
Marina GREY, *Enquête sur le massacre des Romanov.*
Michel de LOMBARÈS, *Enquête sur l'échec de Varennes.*
Bernard LUGAN, *Histoire de l'Afrique du Sud. De l'Antiquité à nos jours.*
René SEDILLOT, *Le coût de la Révolution française.*

LES DEUX CENTS FAMILLES

DU MÊME AUTEUR

HISTOIRE GÉNÉRALE

Survol de l'histoire du monde, Fayard.
Survol de l'histoire de l'Europe, Fayard.
Survol de l'histoire de France, Fayard.
Paris, Fayard.
L'Histoire n'a pas de sens, Fayard.
D'Achille à Astérix, 25 pastiches d'histoire, Flammarion.
La Grande Aventure des Corses, Fayard.
Histoire des socialismes, Fayard.
La France de Babel Welche, Calmann-Lévy.

ÉCONOMIE ET HISTOIRE ÉCONOMIQUE

Histoire du franc, Sirey.
Histoire des colonisations, Fayard.
Histoire des marchands et des marchés, Fayard.
Histoire des marchés noirs, Tallandier.
ABC de l'inflation, Plon.
ABC de l'économie, Hachette.
Onze Monnaies plus deux, Hachette.
Histoire de l'or, Fayard.
Histoire du pétrole, Fayard.
Du franc-Bonaparte au franc-de Gaulle, Calmann-Lévy.
Le Fisc, ou l'école des contribuables, Amiot-Dumont.
All the Monies of the World, Pick, New York.
La Maison de Wendel, Riss.
Peugeot, Plon.
Le coût de la Révolution française, Librairie Académique Perrin.

TRADUCTIONS

Allemagne, Angleterre, Argentine, Brésil, Canada, Chine, Danemark, Espagne, États-Unis, Finlande, Iran, Israël, Italie, Norvège, Portugal, Roumanie, Suède, U.R.S.S.

RENÉ SÉDILLOT

LES DEUX CENTS FAMILLES

Collection *Vérités et Légendes*

Librairie Académique Perrin
8, rue Garancière
Paris

ISBN 2-262-00526-5
ISSN 0981-7859

AVANT-PROPOS

Légende ou vérité? Peut-être à la fois vérité et légende. Le thème des deux cents familles, maîtresses des destinées françaises, tient de l'une et de l'autre. On n'en saurait traiter honnêtement qu'à la condition de résister à deux tentations.

D'abord, à la tentation d'expliquer toute la récente histoire (de France) par le rôle qu'ont pu jouer certaines familles dominantes. Ni les dynasties bancaires, ni les dynasties industrielles ou marchandes n'ont, pour l'essentiel, déterminé la marche des événements. La seule « maison » qui ait compté et duré, au fil des siècles, a été celle des Capétiens, et de ses branches Valois, Bourbon, Orléans. Sous la monarchie, les grandes familles aristocratiques, des princes du sang aux moindres barons, ont été plus souvent en conflit qu'en accord avec le roi. Des féodaux aux adversaires de Richelieu et aux frondeurs de Mazarin, l'histoire de France s'est faite sans eux ou contre eux. Il est vrai à l'inverse que la Révolution a d'abord été amorcée par les nobles, désireux de prendre leur revanche : les La Fayette, Mirabeau, Talleyrand ou Condorcet ont joué un rôle décisif dans la chute de l'Ancien Régime. Mais ce n'est pas à ces familles-là que se réfère le mythe des deux cents familles.

Plus près de nous, l'influence des familles dont on peut apprécier le poids politique ou économique n'a pu être qu'anecdotique et provisoire. Bonaparte et de Gaulle n'ont pas été des « fils à papa ». Et pas davantage Thiers, Poincaré ou Clemenceau. Ceux-là ont compté parmi les grands acteurs de l'histoire de France sans rien devoir d'exceptionnel à leurs ancêtres. Ce sont des individus qui ont fait la France moderne, plutôt que des familles.

En sens contraire, il faut écarter la tentation de nier totalement le rôle de certaines lignées économiques ou financières. Sans être prépondérant, ce rôle n'est pas négligeable. Il a pu infléchir des décisions, engendrer des courants, orienter des politiques. En faisant agir des groupes de pression, en dirigeant de puissantes entreprises, en occupant des postes dans les gouvernements, en finançant des initiatives, les « deux cents familles » ont quelquefois pesé sur le destin français. De père en fils, d'aïeul en petit-fils, d'oncle en neveu, de beau-père en gendre, ils se sont transmis des noms ou des moyens. Les noms ont acquis quelque célébrité, les moyens quelque efficacité.

Sans doute, il serait confortable et séduisant d'adopter l'une ou l'autre de ces deux thèses. Le slogan des deux cents familles a fait recette, et il garde une clientèle. Son rejet pur et simple, lui aussi, trouverait de chauds partisans. Mais ce serait trahir l'histoire que de trancher de la sorte. La vérité est nécessairement complexe. Quitte à décevoir le lecteur épris d'explications catégoriques, on n'acceptera ni ne récusera le mythe. On le récusera pour l'essentiel, on le retiendra pour l'accessoire. Les « deux cents familles » ne sont qu'une vue de l'esprit, mais quelques familles ont effectivement une part dans la trame de l'histoire; soit au grand jour, soit dans l'ombre d'une action plus ou moins discrète.

Reste aussi à déterminer dans quel sens ont agi les puissances d'argent, lorsqu'elles ont agi. Leur influence, quelquefois, ne s'est pas exercée selon la thèse de ceux qui ont lancé le slogan des deux cents familles. Si, pour retenir le vocabulaire moderne, on distingue politiquement entre la droite et la gauche, on s'aperçoit qu'en règle générale les « deux cents familles » ont servi les intérêts de la gauche aussi souvent que ceux de la droite. Ce, pour des raisons qui n'ont rien de mystérieux : la fortune mobilière – anonyme et vagabonde – est liée par nature à la gauche, tout comme les valeurs foncières, la terre et la pierre, sont liées à la droite. De même, l'argent et la banque relèvent volontiers de milieux israélites ou protestants, parfois enclins à la revendication sociale, tout comme les biens immobiliers relèvent de milieux plus traditionalistes, voire féodaux, à dominante catholique. La

Révolution est passée par là : c'est elle qui a finalement donné le pas à la finance sur la naissance; elle a promu les aventuriers aux dépens des héritiers; et, là où elle a engendré des dynasties, elle a assis leur règne sur des titres de Bourse plutôt que sur des titres nobiliaires. Même si la gauche n'apprécie pas les gens d'affaires, les gens d'affaires savent ce qu'ils doivent à la gauche.

Sur ces bases, le thème des deux cents familles appelle quelques mises au point. D'abord, pourquoi deux cents? Les slogans cèdent volontiers à l'attrait des nombres ronds. Celui-là combine le système vicésimal, hérité des Gaulois qui comptaient par vingt (les vingt doigts des mains et des pieds), et le système décimal, retenu par le système métrique de la Révolution, qui n'a pris en compte que les doigts des deux mains.

Vingt sous faisaient un franc, et vingt ans font la jeunesse. Le nombre cent, plus encore, fixe l'attention; il est le premier nombre à trois chiffres. Il entre aisément dans des formules consacrées; faire les cent pas – ou les cent coups, les Cent-Jours, la guerre de Cent Ans. Ses multiples appartiennent à l'histoire; les Trois Cents de Sparte ont péri aux Thermopyles; la Boulê athénienne a compté Quatre Cents membres, puis Cinq Cents; le Conseil des Cinq-Cents a figuré parmi les Assemblées du Directoire. Sous réserve d'un modeste Conseil genevois, manquent les Deux Cents. La place est libre pour les deux cents familles.

I

NAISSANCE D'UN MYTHE

Nantes 1934

« Deux cents familles sont maîtresses de l'économie française et, en fait, de la politique française. Ce sont des forces qu'un État démocratique ne devrait pas tolérer, que Richelieu n'eût pas tolérées dans le royaume de France. L'influence des deux cents familles pèse sur le système fiscal, sur les transports, sur le crédit. Les deux cents familles placent au pouvoir leurs délégués. Elles interviennent sur l'opinion publique, car elles contrôlent la presse. »

Ce propos est tenu à la tribune du Congrès radical de Nantes, le 28 octobre 1934, par un certain Edouard Daladier, qui neuf mois plus tôt était président du Conseil, et qui le redeviendra quatre ans plus tard.

Dans la foule anonyme des Français moyens, qui se souvient aujourd'hui de la France de 1934, du parti radical, d'Edouard Daladier? C'est déjà de l'histoire ancienne; mais une histoire qui a compté dans le destin français. L'année 1934 a amorcé un tournant décisif, le parti radical a fait figure de grand parti de gouvernement, et Daladier s'est trouvé par deux fois au poste de la plus grande responsabilité aux heures les plus redoutables : lorsque la politique française a basculé, et lorsque la guerre a éclaté.

Mil neuf cent trente-quatre. L'année a commencé dans le scandale et les émeutes : en un chalet de Chamonix qu'elle cernait, la police a découvert le cadavre d'Alexandre Stavisky, un chevalier d'industrie né en Ukraine, qui s'était fait de hautes relations dans les milieux de la presse et de la politique et qui, inculpé dans des affaires d'escroquerie, poursuivait hardiment ses exploits. S'est-il tiré une balle dans la tête, a-t-il été abattu sur l'ordre de ceux que ses révélations pouvaient compromettre? Durant tout le mois de janvier 1934, les bagarres se multiplient autour du Palais-Bourbon. Les Parisiens crient « A bas les voleurs ». Le 6 février, une foule composite gronde sur la place de la Concorde et les Champs-Élysées sans trop savoir au juste ce qu'elle veut ni ce qu'elle peut. Face aux manifestants, la garde républicaine, la garde mobile et la gendarmerie défendent les approches de la Chambre des députés, où le président Daladier harangue les parlementaires dans le désarroi. La garde tire. On relèvera seize victimes.

Le gouvernement Daladier démissionne. A sa place, l'ancien président de la République Gaston Doumergue, rappelé de son village languedocien, prend le pouvoir – encore que le pouvoir des ministères de la troisième République ressemble fort à une impuissance, dans le temps même où, de l'autre côté du Rhin, l'Allemagne s'abandonne à la plus agissante des dictatures.

Daladier, c'était la gauche, une gauche molle et doutant d'elle-même. Doumergue, à l'enseigne de l'Union nationale, c'est la droite – une droite tout aussi molle et incertaine. Mais son retour cimente radicaux, socialistes et communistes, d'abord dans la rue, puis dans l'opposition légale pour la reconquête des suffrages.

Les circonstances se prêtent à une remontée des partis populaires, et à la constitution d'un Front de revanche. Circonstances économiques et financières, dans le sillage de la grande dépression américaine, avec les conséquences d'une politique de déflation qui réduit la production, aggrave le chômage et accule le franc à une coûteuse défensive. Circonstances internationales, avec la consolidation du national-socialisme en Allemagne, l'élection d'Adolf Hitler à la présidence laissée vacante par la mort du maréchal Hindenburg, l'assassinat du chancelier autrichien Dollfuss, la faillite de la conférence du désarmement, la montée des périls. En France même, de tragiques « faits divers » stimulent les passions : la découverte, sur une voie ferrée, du cadavre d'un conseiller de la cour d'appel qui avait enquêté sur les agissements de Stavisky; l'attentat qui, à Marseille, coûte la vie au roi Alexandre de Yougoslavie. L'année 1934 est décidément lourde d'événements qui engagent l'avenir.

Les radicaux

C'est dans ce climat tourmenté que le parti radical tient congrès. Le parti radical est alors celui qui dispose du plus grand prestige, à tout le moins de la plus grande influence dans la République. Il forme à la Chambre le groupe le plus nombreux. Avec l'appoint des socialistes de toutes obédiences, il détient la majorité absolue. Fondé au début du siècle, il a sur les autres partis le bénéfice de l'ancienneté. Ses tribuns sont fameux entre tous : hier Combes ou Clemenceau, aujourd'hui Herriot, Caillaux, Chautemps, Sarraut... Ses électeurs sont des notables, mais aussi des Français moyens, plus souvent du Midi que du Septentrion : ils se reconnaissent en ce conglomérat résolument laïc et prudemment bourgeois, qui se soucie des intérêts particuliers plus volontiers que de l'intérêt national.

Les élus radicaux, attachés au scrutin d'arrondissement, proches de la base, font leurs délices des effets oratoires et des péroraisons chaleureuses; on compte parmi eux nombre d'avocats, nombre de professeurs, mais ils n'excluent pas de leurs rangs quelques hommes d'affaires et autres capitalistes dorés. Ils ont « la main sur le cœur et le cœur sur la main ». Ils ont pour vocation de défendre les petits, mais ne répugnent pas à s'allier à quelques gros.

Le plus fin des radicaux de ce temps, le philosophe Alain, tient le radicalisme pour « une esquisse assez mal formée » de l'humanisme, qui lui-même vise à la promotion de la culture humaine. Ce radicalisme-là est très éloigné de celui des comités et des clans qui vise, plus prosaïquement, à la conquête des places : « toutes les places, et tout de suite! ».

Edouard Daladier, l'une des têtes pensantes et agissantes du parti radical, se situe à mi-chemin du philosophe et du comitard. Il est né à Carpentras, dans le Vaucluse. Fils d'un boulanger, élève d'Edouard Herriot, il a passé l'agrégation d'histoire. Il a professé à Nîmes, à Grenoble, à Marseille, puis au lycée Condorcet. Élu du

Vaucluse, il est tour à tour ministre des Colonies, ministre des Travaux publics, ministre de la Guerre : comme bien d'autres, il est l'homme à tout faire de la République vacillante.

Daladier est trapu, épais, massif. Il a la tête dans les épaules. On le surnomme couramment « le taureau du Vaucluse », mais il n'a que l'apparence du taureau. Appelé à la présidence du Conseil, il hésite devant les mesures qu'il faudrait prendre pour imposer aux Français des sacrifices financiers; il hésite pareillement, au soir et au lendemain du 6 février, devant les exigences de la répression. Plus tard, à Munich, il acceptera sans réagir le diktat d'Adolf Hitler : le taureau ne fait pas front. Plus qu'un taureau, Edouard Daladier est un roseau : « un roseau peint en fer », dit de lui Joseph Caillaux. Un roseau prêt à plier sous le souffle de son égérie, la marquise de Crussol.

Pacifique et pacifiste, Daladier camoufle sa pusillanimité en prenant des allures de matamore. Après tout, Carpentras n'est pas loin de Tarascon. Le Tartarin du Vaucluse, qui garde au congrès de Nantes un peu de son accent provençal et de sa faconde méridionale, se lance à l'assaut de citadelles qui ne lui semblent pas imprenables. Plutôt que de braver le péril hitlérien, qui se précise, il accable sans risque les féodalités financières. C'est de tout repos.

Déjà, à la Chambre (le 11 avril 1930), il a vitupéré les puissances d'argent. « Il s'est formé en France une féodalité nouvelle qui a conquis silencieusement des privilèges que les services rendus, si importants soient-ils, ne sauraient légitimer. » La phrase est bien balancée, avec un prudent rappel des « services rendus » qui n'exclut pas un appel à une nuit du 4 août. La formule a de quoi séduire les masses électorales, qui n'ont pas accès à ces « privilèges ». Elle trouve à Nantes son expression idéale, avec le slogan des deux cents familles.

Mais l'intervention d'Edouard Daladier au congrès de Nantes passe aux yeux de beaucoup pour saugrenue. Dans son *Histoire politique de la troisième République*, Edouard Bonnefous assure qu'elle a suscité de l'étonnement, « voire de l'effarement ». Au lendemain du Congrès, *le Temps* titre son article : « La folle du logis ».

Daladier, en effet, ne s'est pas contenté de dénoncer les deux cents familles. Peu averti des problèmes économiques, il a tenu des propos parfaitement déraisonnables, en affirmant que « l'épargne appartient à une période de civilisation qui est passée », et en célébrant inconsidérément la formule de la « monnaie fondante, expérimentée dans le village tyrolien de Wörgl. C'est faire l'éloge de la dévaluation monétaire à répétition : si des théoriciens, comme Sylvio Gesell, peuvent se laisser séduire par ce genre de fantaisies, on conçoit mal qu'un homme d'État, ministre d'hier et de demain, défaille au point de s'y rallier. Est-ce un méfait du muscadet des pays de Loire ?

On oubliera le Daladier de la monnaie fondante. Mais on retiendra le contempteur des deux cents familles.

Triomphe du slogan

D'instinct et par habitude, le parti radical est un parti de gouvernement. Présent même au sein du cabinet Doumergue avec six ministres, il l'a soutenu dès le premier jour, en lui accordant à la Chambre 126 suffrages – en regard de 28 abstentions. Au congrès extraordinaire qui s'est tenu en mai 1934 à Clermont-Ferrand, il a encore adopté une motion favorable au « gouvernement de trêve », mais il a déjà affirmé l'urgente nécessité de « réprimer l'action des organisations séditieuses et de tous les factieux ».

Voilà le point sensible. Ce sont les « factieux » qui, le 6 février, ont renversé le gouvernement Daladier, et c'est à eux que le gouvernement Doumergue doit d'être né. Ce ministère de compromis ne dénonce ni ne poursuit les ligues comme l'exigerait la « défense républicaine ». Il ne les désarme pas et les commissions d'enquête qui visent à établir leurs responsabilités s'enlisent dans la procédure.

Au congrès de Nantes, selon l'usage, on se perd en résolutions qui ne témoignent que d'une parfaite irrésolution. Edouard Herriot, qui fait partie du gouvernement Doumergue, adjure ses amis radicaux de ne pas rompre la trêve. Ils s'y résignent, tout en se prononçant pour une réforme de l'État, qui puisse le libérer des « coalitions d'intérêts particuliers » : premier écho à la diatribe des deux cents familles.

Ainsi, sans renoncer aux délices et aux honneurs du pouvoir, le parti radical ne se refuse pas les avantages de l'opposition, et il tend à faire passer ceux-ci avant ceux-là. Les ministères qui vont succéder au gouvernement Doumergue méritent de moins en moins sa confiance. Ses militants adhèrent aux formations locales du Rassemblement populaire, au sein duquel ils rejoignent socialistes et communistes, face à tous les fascismes intérieurs ou extérieurs et pour dénoncer les féodalités de l'argent.

Le thème des deux cents familles vient à point pour cimenter l'union de la gauche. Il a plein succès : parce qu'il semble donner des visages à l'adversaire, parce qu'il satisfait la clientèle du Français moyen en démasquant le capitalisme, parce que grâce à la vertu magique des nombres ronds, il est facile à retenir, à diffuser, à imposer. A la vieille image du bolchevik au couteau entre les dents, une affiche réplique en présentant la tête d'un magnat, coiffé d'un chapeau haut de forme, lui aussi couteau entre les dents, avec la légende : « 200 criminels! » Un numéro vengeur du *Crapouillot,* en mars 1936, donne les noms des ploutocrates et dénombre leurs milliards. La formule lapidaire alimente la propagande du Front populaire et contribue, en mai 1936, à sa victoire.

Le parti communiste a pris sans tarder à son compte le slogan des deux cents familles, qui ne fait qu'illustrer et personnaliser les puissances d'argent qu'il désigne à la vindicte populaire. Il faut « faire payer les riches », disait déjà son programme du 17 avril 1934. Il faut en finir avec les dynasties de l'argent et leurs mercenaires, répète *l'Humanité.* Le septième Congrès de l'Internationale, en 1935, demande « des mesures décisives contre les magnats contre-révolutionnaires de la finance et leurs agents fascistes ».

Le 14 juillet 1935, dans une marée de calicots et de drapeaux rouges, Daladier, père des deux cents familles, défilait aux côtés de Maurice Thorez et de Léon Blum, de la Bastille au Cours de Vincennes. Le 14 juillet 1936, il se retrouve avec eux, au premier rang de la tribune officielle. « C'est, proclame Thorez, la fête de la nation unie contre les deux cents familles. »

Le slogan triomphe d'autant mieux qu'il est adopté par l'extrême droite, tout comme par l'extrême gauche. L'une et l'autre ne recrutent-elles pas leurs partisans dans les couches populaires? A gauche, on combat le grand capital au nom du marxisme. A droite, on le honnit dans la mesure où il apparaît comme une puissance apatride.

Vieil héritage de vieilles querelles : depuis longtemps, les Français de souche ont été mis en garde contre les usuriers immigrés, contre les banquiers cosmopolites, tous exploiteurs du menu peuple. Au XVIIIe siècle, les manieurs d'argent ont été vilipendés parce que huguenots. Au XIXe siècle, la haute finance juive, avec les Rothschild, est devenue la cible de prédilection des anticapitalistes de droite. Au XXe siècle, les attaques se précisent et se renouvellent contre « l'état-major judéo-bancaire ».

Au premier rang des pourfendeurs des deux cents familles se distingue le publiciste Henry Coston, qui possède et commente à merveille leur généalogie pour dénoncer leurs forfaits. Il entreprend sa campagne dans le sillage immédiat du propos d'Edouard Daladier, il la reprendra après la guerre, en fustigeant *le retour des deux cents familles*.

Moins documenté, avec un autre génie, Céline s'empare du cliché, quitte à le modifier dans sa formulation numérique. « On parle des deux cents familles, on devrait parler des cinq cent mille familles juives qui occupent la France », écrit-il en 1937 dans ses *Bagatelles pour un massacre*. Un an plus tard, dans *l'École des cadavres*, les 500 000 sont réduites à l'unité : « Pas plus de deux cents familles que de beurre au train, une seule réelle omnipotente internationale famille : la famille juive, la grande féodalité internationale qui nous rançonne, nous abrutit, nous détrousse, nous tyrannise. » Ceux qui nous rançonnent, ce sont les boutiquiers juifs; ceux qui nous abrutissent, les magnats de la presse juive; ceux qui nous détroussent, les banquiers juifs; ceux qui nous tyrannisent, les gouvernements juifs. Mais peu importe le nombre retenu. Seule compte l'intention, qui est de dénoncer le complot des repus.

D'ailleurs, pourquoi s'en tenir à deux cents? Avec ou après Céline, d'autres pamphlétaires en recensent plus ou moins. Un certain Augustin Hanon, mettant au pilori *les maîtres de la France*, dénombre « une centaine de personnes » régnant sur « la forme capitaliste de la société ». Dans *l'Humanité*, la caste des gros possédants est réduite à vingt-cinq « groupes financiers d'industriels ». Pourquoi même retenir un nombre, quel qu'il soit? Il est parfaitement arbitraire de s'en tenir à 25, ou à 100, ou à 200, ou à

500 000. Ni les clans, ni les castes, ni les classes ne sont des quantités à effectifs délimités et à frontières définies.

Mais la formule des deux cents familles l'emporte sur toutes les autres. S'en tenir à cent, ce serait rester dans le vague. Tomber à moins, ce serait minimiser l'impact. Aller au-delà, ce serait s'aventurer. Le nombre deux cents fait sérieux. Il est suffisamment précis pour donner l'impression de résulter d'un calcul rigoureux. Il est suffisamment élevé pour évoquer une mafia de privilégiés. Il est suffisamment faible pour souligner combien elle est minoritaire dans la nation.

Le mot familles, lui aussi, fait image. S'il ne s'agissait que de personnes morales, la formule ne sortirait pas de l'anonymat. S'il ne s'agissait que d'individus, elle n'impliquerait qu'un pouvoir précaire. Les familles, au contraire, ont le temps pour elles. Elles transmettent par voie d'hérédité des patrimoines et des prérogatives.

Le pouvoir dévolu à une lignée de rois, c'était la France monarchique. Le pouvoir aux mains des deux cents familles, c'est la France livrée à des dynasties de parvenus.

L'ARGENT ET LE POUVOIR

De tout temps, il y a eu des riches et des pauvres. Les riches sont devenus tels, soit par leur travail et leur épargne, soit par voie d'héritage, soit par vol, extorsion ou autres manœuvres d'appropriation. Les pauvres sont ceux qui ont moins travaillé, moins accumulé, moins hérité, moins dépossédé.

La richesse peut être foncière ou mobilière. Au capital immobilier, sans rival aux premiers âges de l'histoire, le capital mobilier a progressivement ravi la prépondérance : règne de l'argent.

L'argent, ce n'est rien d'autre, à l'origine, que la monnaie. Du jour où celle-ci a été inventée, elle est devenue l'instrument privilégié des échanges, puis de l'épargne. A la monnaie-marchandise a succédé la monnaie de métal. De la monnaie de métal a dérivé la monnaie de papier. La monnaie de papier a engendré la monnaie d'écriture, les lettres de change, les valeurs mobilières. C'est la fortune « anonyme et vagabonde ».

Il est vain de condamner le règne de l'argent. Qu'on le déplore ou qu'on l'accepte, il faut le constater. On ne saurait en finir avec lui qu'en supprimant l'argent, c'est-à-dire la monnaie. Concrète ou abstraite, de métal, de papier ou d'écriture, voire électronique, la monnaie fait partie de la vie quotidienne. Il n'est plus concevable d'imaginer une vie sans elle, sauf régression dans le troc et dans la préhistoire.

Mais l'argent a ouvert à ses détenteurs les voies du pouvoir, et parfois d'un pouvoir abusif; il a, en conséquence, provoqué l'envie des démunis, et soulevé les colères de leurs avocats. Les prolétaires et leurs amis ont entamé le combat contre les nantis. Aristote confronte la démocratie des pauvres et l'oligarchie des riches. Platon, dans sa République, Thomas More, dans son île d'Utopie, Campanella, dans sa Cité du Soleil, ne rêvent d'égalité entre les hommes qu'à la condition d'éliminer les moyens de paiement.

Si on en conserve l'usage, si on en permet la détention et l'accumulation, comment empêcher certains de devenir riches, et d'autres, moins habiles ou moins courageux, de devenir pauvres? Si on admet la transmission de la fortune de père en fils, comment empêcher quelques familles d'atteindre à l'opulence et au pouvoir? A Venise, jusqu'en 1032, la dignité de doge est réservée à sept familles; en 1297, le titre de membre du Grand Conseil n'est dévolu qu'à 1 200 familles patriciennes, dont le nom est consigné sur le « Livre d'or ». Enfantement d'une ploutocratie. Il ne manquera jamais de philosophes ou de tribuns pour en dénoncer les vices.

Selon l'exemple de Venise, il arrive que des États ou des cités confient leur gestion à leurs élites marchandes. Ainsi fait Genève qui s'en remet du souci de ses affaires à des conseils où siège sa haute bourgeoisie. Au XVIe siècle, elle a quatre syndics, mais aussi un Conseil d'État ou Petit Conseil, qui compte 25 membres, un Conseil des Soixante, et, plus ouvert, un Conseil des Deux-Cents : déjà! Ses assemblées, dira Hubert Luthy (*la Banque protestante en France*), sont « véritablement des réunions de famille, où l'on traite d'affaires de famille entre parents ». En 1570, chez les Deux-Cents, on relève 176 familles. En 1754, on n'en compte plus que 94, et « dix grandes familles forment à elles seules un tiers du Conseil entier ». Est-ce de Genève et de son Conseil des Deux-Cents, si fortement familial, que procédera le thème des Deux Cents familles?

Quand en 1695 Boisguilbert prend à partie les personnages

« qui s'enrichissent de la ruine du roi et des peuples », il ne cherche pas à en préciser le nombre. Mais quatre-vingt-quatre ans plus tard, Mirabeau adjure les États généraux de « précipiter dans l'abîme » les deux mille notables responsables du déficit. « Ne faut-il pas, s'exclame-t-il, qu'un petit nombre périsse pour sauver la masse du peuple ? Allons ! Deux mille notables possèdent de quoi combler le déficit. » L'arithmétique fait son entrée dans la philippique.

Pourquoi deux mille ? Les privilégiés convoqués en 1787 à l'instigation de Calonne pour former l'Assemblée des notables ne sont que 144. Mirabeau en rajoute à plaisir, et il jongle avec les chiffres sans idée bien arrêtée. Ses deux mille notables ne sont guère les ancêtres plausibles des deux cents familles.

CENT QUATRE-VINGT-TROIS

Le dénombrement des féodaux de la finance se fait plus rigoureux avec un polémiste du second Empire, qui s'appelle Georges Duchêne. Ce Tourangeau à la plume facile et aux idées généreuses est de ceux qui, en 1848, se présentent à Proudhon pour lui intimer, fusils en main, l'ordre de collaborer au quotidien *le Représentant du peuple*. Proudhon cède de mauvaise grâce. Duchêne est le gérant du journal. Comme il a négligé de verser le cautionnement exigé par la loi, il est condamné à un mois de prison. Simple avant-goût de ses condamnations ultérieures qui additionneront trente-trois ans et huit mois d'emprisonnement théorique.

Ainsi Georges Duchêne est-il tour à tour le pensionnaire de Sainte-Pélagie, de Mazas, de Clairvaux, de Belle-Ile. L'amnistie de décembre 1852 le rend à la liberté, après trois bonnes années de détention. Il a à se venger de la société. Touche à tout, il collabore au *Manuel du spectateur à la Bourse*, que publie Proudhon, il rédige chez Hachette un *Dictionnaire des communes de France*, travaille au *Courrier français*. Il se spécialise dans les articles d'économie sociale et financière, terrorise les boursiers véreux et les pillards de l'épargne. Au passage, on admirera comme ce pamphlétaire, emprisonné par la seconde République, a pleine liberté de plume sous le second Empire.

Pamphlétaire ? Il s'en défend. « Ce livre n'est pas un pamphlet », assure-t-il lorsqu'en 1869 il publie *l'Empire industriel*. L'ouvrage a pourtant du succès, dans la mesure où il attaque « la féodalité industrielle » qui « a mis la main sur l'État, sur le public, sur les actionnaires, sur les salariés ». Georges Duchêne assure que des monopoles se sont mis en place, qui accaparent les mines, les chemins de fer, les canaux, l'eau, le gaz, les messageries, les paquebots, les omnibus de Paris, les expositions publiques, le Crédit foncier. Ce n'est pas toujours vrai, puisque de farouches concurrences opposent des groupes rivaux dans plusieurs de ces secteurs. Mais il suffit de s'entendre sur le sens du mot « monopole ». Est-ce le domaine d'un seul, ou celui d'une minorité ?

La démonstration ne manque pas d'éloquence. « Le capital mobilier, explique Duchêne, a vaincu la propriété, qu'il domine par l'hypothèque, l'escompte, le prêt, la commandite... La féodalité financière a inventé des cumuls invraisemblables, à force d'énormité. »

Notre économiste a fait son calcul et il nous livre sa conclusion, qui tient en un nombre à trois chiffres : « Banques, sociétés de crédit, paquebots, chemins de fer, grandes usines, grande métallurgie, sociétés de quelque importance que ce soit sont concentrés aux mains de 183 individus. »

Tel est le résultat de savants décomptes, dont nous ne saurons pas le cheminement. « Ces 183 personnages disposent d'une façon absolue des agglomérations de capitaux qu'ils dirigent, représentant plus de 20 milliards d'actions et d'obligations au cours d'émission, c'est-à-dire le plus clair de la fortune publique. »

Qui sont les 183 ? Pas de réponse précise. D'où vient cette évaluation ? « Un de nos amis a eu la curiosité de savoir au juste l'état de la haute finance. » L'explication est un peu mince.

Du moins, Georges Duchêne livre quelques noms, qui sont de notoriété élémentaire. Un nom surtout, celui des Pereire. « Emile Pereire, dit-il, gouvernait en 1863 dix-neuf compagnies et 3 milliards et demi de capitaux. » Et d'associer Isaac Pereire à « l'oligarchie financière », plus exactement au « judéo saint-simonisme », à « la juiverie ».

Dans ces accents antisémites, on retrouve sans doute le compagnon de Proudhon face à Karl Marx. Georges Duchêne invoque aussi bien le socialiste Auguste Blanqui. Mais il se réfère en même temps au libéral Frédéric Bastiat. Est-il anticapitaliste dans le sillage des socialistes ou dans celui des libéraux? Il condamne assurément la société du second Empire, et celle-ci n'est ni tout à fait libérale – bien que l'empereur, à l'école anglaise, incline vers le libre-échange –, ni socialiste – même si Louis-Napoléon a étudié *l'Extinction du paupérisme*.

A coup sûr, les cent quatre-vingt-trois maîtres de l'économie française forment une caste, composée de clans unis par des liens de famille. Georges Duchêne a puisé sa documentation dans le *Guide financier* de Vitu et le *Manuel des fonds publics* de Courtois : deux ouvrages de la littérature boursière du temps. Il a pu y prendre la mesure de la concentration des postes d'administrateurs de sociétés. Les Pereire détiennent 44 de ces postes, les Rothschild 32, les Mallet 27, les Blount 19, les Benoist d'Azy 18... Georges Duchêne a pu aussi lire *les Manieurs d'argent*, cet opuscule qu'Oscar de Vallée, avocat général à la Cour impériale de Paris, a publié en 1857 : il y est dit que les intérêts des grandes compagnies sont rassemblés entre les mains de onze capitalistes : l'un d'entre eux est administrateur dans 22 sociétés, tel autre dans 19; dans la même famille, trois personnes occupent à elles seules 40 fauteuils d'administrateurs : il pourrait bien s'agir des Pereire, alors qu'Emile siège dans 19 conseils, Isaac dans 12, et leur neveu Eugène dans 9. On retrouvera cette envahissante famille.

Mettant ses pas dans ceux de Georges Duchêne, un grand siècle après lui, Alain Plessis consultera pareillement les annuaires, almanachs et journaux financiers de la période 1863-1870, et il établira, sans intention polémique, un fichier des conseils d'administration de 218 sociétés, totalisant près de 2 200 sièges à pourvoir. Ses conclusions confirment celles de Duchêne : 172 personnes, participant à 4 conseils au moins, détiennent la moitié des postes. On retrouve parmi elles, derrière les grands féodaux déjà nommés, les Davillier, Darblay, Hottinguer, d'Eichthal, Talabot, Perier, Schneider, Pillet Will, Cahen d'Anvers, Léon Say et autres seigneurs de la finance : les ascendants ou apparentés des futures deux cents familles.

Ainsi s'est ébauché le mythe : avec des réminiscences d'histoire, des dénombrements d'annuaires boursiers. Il est plus polémique que scientifique. Aussi longtemps qu'il reste approximatif, il n'a guère de vertu électorale. Il lui manque encore précision et justification.

II

LES DYNASTIES DE LA BANQUE DE FRANCE

La Banque et l'État

L'ouvrage de Georges Duchêne, vite oublié, n'a été redécouvert qu'au siècle suivant. Si ses 183 élus font figure d'antécédents pour les deux cents familles, ils n'en ont pas la paternité directe.

Les Deux Cents procèdent manifestement d'une autre généalogie. C'est dans les statuts de la Banque de France qu'il faut chercher leur origine.

La Banque de France naît le 18 janvier 1800 (28 nivôse an VIII) sur l'initiative de six banquiers de Paris qui ont fait leurs preuves à la Caisse d'escompte, et qui répondent au désir de Bonaparte, soucieux de disposer d'un instrument docile à ses vœux. Sans tarder, elle absorbe la Caisse des comptes courants. Son capital initial, de 30 millions de francs, est divisé en 30 000 actions nominatives de 1 000 francs, dont 5 000 sont souscrites par le Trésor, et quelques autres par le Premier Consul, sa famille, ses généraux ou ses ministres. C'est une banque privée, mais dont la puissance publique ne se désintéresse pas.

Cinq autres établissements émettent encore des billets à Paris : la Caisse d'escompte du Commerce, le Comptoir commercial, la Banque territoriale, la Factorerie du Commerce, la Caisse d'échange des monnaies. Cette multiplicité des banques et des billets est conforme au principe de la liberté de l'émission, mais elle choque le Premier Consul, unificateur et centralisateur. Il entend faire place nette, quitte à restaurer un privilège. La loi du 14 avril 1803 (24 germinal an XI) ordonne le retrait des billets des autres « associations » et confère à la seule Banque de France « le privilège exclusif d'émettre des billets » dans la capitale – en dépit de la nuit du 4 août...

Nouvelle étape en 1806, après l'alerte qui, aux lendemains de Trafalgar, a mis la Banque en difficulté. Une nouvelle loi, du 22 avril, tend à placer la Banque sous le contrôle de l'État. Sa constitution démocratique devient une constitution monarchique. Le président et le comité central, jusqu'alors élus par les actionnaires, sont remplacés, comme pour une place forte, par un gouverneur et deux sous-gouverneurs, « nommés par Sa Majesté l'Empereur ». Quittant la place des Victoires, la Banque s'installe dans le riche hôtel de La Vrillière qu'a construit François Mansart et qu'a remanié Robert de Cotte pour le comte de Toulouse : elle se met dans les meubles de l'Ancien Régime.

Désormais, au sein de l'institution, le pouvoir est tricéphale : en principe, il appartient à la fois au gouverneur, aux régents et aux actionnaires. En fait, il reviendra surtout aux régents.

Le gouverneur n'est-il que la créature de l'État ? « Je dois être le maître dans tout ce dont je me mêle, et surtout dans ce qui regarde la Banque », a dit l'Empereur, qui tient volontiers le langage du dictateur. Mais il n'oublie pas que la Banque de Law a failli entraîner l'État dans sa ruine, ni que les assignats révolutionnaires n'étaient que du papier d'État. Il a lui-même convenu : « Je veux que la Banque soit dans les mains du gouvernement, mais qu'elle n'y soit pas trop. » Aussi longtemps que durera l'Empire, la Banque sera effectivement dans les mains du gouvernement, par gouverneur interposé (tour à tour les conseillers d'État Cretet et Jaubert). Par la suite, durant le siècle qui sépare 1814 de 1914, la Banque ne verra se succéder que douze gouverneurs (de Jacques Laffitte à Georges Pallain) – soit huit ans en moyenne pour chacun d'eux –, dans le temps même où se sont succédé plus de cent ministères. Le gouvernement de la Banque bénéficie donc d'une longévité très supérieure à celle du gouvernement de la France. C'est le gouverneur qui voit passer les ministres, bien plus que les ministres ne voient passer les gouverneurs.

Est-ce à dire que la Banque est au-dessus de l'État ? En fait, les gouverneurs viennent ou bien du Conseil d'État (Cretet, Jaubert, Vuitry, Pallain), ou bien du Crédit foncier (Germiny), à moins qu'ils ne soient d'anciens ministres (de Gaëte, d'Argout, Rouland, Picard, Magnin)... Avec ses hauts fonctionnaires et ses grands commis, l'État n'est pas absent du gouvernement de la Banque.

Mais tout se passe comme si la Banque tenait l'État en respect. C'est seulement par accident, à de rares moments, qu'il écarte un gouverneur qui lui déplaît : ainsi Gambetta, remerciant Denormandie en 1881 ; Caillaux, congédiant Robineau en 1926 ; Vincent Auriol, éloignant Tannery en 1936 ; Pierre Beregovoy, évinçant Renaud de La Genière en 1983 : presque toujours pour incompatibilités politiques.

A l'inverse, il arrive à certains gouverneurs de rappeler l'État à l'ordre, dans des circonstances où le franc semble mis en péril par les imprudences du pouvoir : c'est le cas de Robineau, face à Caillaux en 1925, d'Émile Moreau face à Herriot en 1926, de Wilfrid Baumgartner adressant une lettre de remontrance à Edgar Faure en 1952. Encore, en cette dernière occasion, le président Edgar Faure n'est-il pas fâché de se voir invité à plus de rigueur financière : l'avertissement peut le servir dans ses querelles avec les Assemblées.

En fin de compte, le gouverneur possède les attributs et les apparences du pouvoir. Il préside le Conseil de régence, il en signe les délibérations, comme il signe tous les traités et conventions qui engagent la Banque. Il exerce, au nom des régents, les actions judiciaires. Il préside l'assemblée des actionnaires.

Est-il l'homme lige de l'État ? C'est l'État qui le nomme, mais, selon les statuts de 1806, sous la condition qu'il possède cent actions de la Banque (cinquante pour chacun des sous-gouverneurs). Il est donc, au moins théoriquement, un représentant très valable des actionnaires. En fait, à l'heure du choix du gouverneur, on trouve toujours un moyen pour qu'il soit détenteur des cent actions exigées. Par exemple, le gouverneur les emprunte aux régents, dont il devient l'obligé.

Au moins à titre honorifique, le gouverneur concrétise le pouvoir exécutif de l'institut d'émission. En regard, les deux autres puissances de la Banque s'apparentent au pouvoir législatif : les actionnaires, les régents.

Actionnaires et régents

Sont-ils vraiment une puissance, ces actionnaires trop nombreux pour ne faire entendre qu'une voix ? Ils se comptent par milliers et dizaines de milliers et leur assemblée ne saurait être qu'un parlement cumulant l'incompétence et le bavardage.

Dès l'origine, c'est-à-dire dès 1800, les statuts de la Banque de France ont posé en principe que l'universalité de ses actionnaires est représentée par les deux cents plus forts propriétaires d'actions : voilà les deux cents offerts en pâture à l'histoire.

Seule réserve : ces Deux Cents doivent être citoyens français. Ce qui est une façon de soustraire la Banque à des influences étrangères. Peuvent-ils être citoyennes ? Le texte initial ne le dit pas. Mais quatre femmes, dont Hortense de Beauharnais, figurent dans la première liste des deux cents plus forts actionnaires. Par la suite, les femmes seront représentées à l'assemblée par leurs époux.

Les réformes de 1803 et 1806 ne changent rien à la règle posée en 1800. Les Deux Cents constituent l'assemblée générale, et chacun d'eux a autant de voix qu'il réunit de « masses de cinq actions », sans pouvoir cependant disposer de plus de quatre voix. C'est à la fois faire place aux riches et limiter leurs moyens de pression. La formule des « deux cents » paraît si judicieuse qu'elle est retenue pour le Crédit foncier, lorsqu'il est créé en 1852.

Qui sont les actionnaires ? Et d'abord, combien sont-ils ? On en compte moins de 5 000 en 1848, déjà près de 16 000 en 1870, quelque 30 000 en 1900. Alain Plessis (*la Banque de France et ses deux cents actionnaires*) passe en revue l'armée des actionnaires non privilégiés, pour la période du second Empire. Ils sont plus souvent parisiens que provinciaux, plus souvent de milieux modestes que de milieux huppés : on repère (en 1851) 14 % de salariés, dont quelques valets de chambre, des cochers, rarement de simples journaliers, 19 % de fonctionnaires, par exemple un sous-préfet, un professeur d'histoire, des magistrats, des agents des Finances, 15 % de membres des professions libérales, avec des ingénieurs, des avocats, des huissiers, des notaires, nombre de médecins, 21 % de chefs d'entreprise, manufacturiers ou banquiers, artisans ou petits commerçants, 29 % de propriétaires et rentiers, parmi lesquels figurent Seymour Conway, marquis d'Hertford (le fils de Milord l'Arsouille), qui se dit descendant d'un compagnon de Guillaume le Conquérant, et qui détient 156 actions de la Banque en 1851.

A l'exemple de ce « propriétaire » d'exception, qui sont les plus gros actionnaires ? C'est encore Alain Plessis qui en fait le recensement. Les mieux nanties des personnes physiques, en 1851, s'appellent Gaudo (d'une famille genevoise, établie à Paris avant la Révolution) avec 389 actions, Lebrun duc de Plaisance (le fils du Consul) avec 269 actions, Lecomte (dont le père a fait fortune en spéculant sur les biens nationaux, notamment en acquérant le château de Sceaux) avec 210 actions, Mortier duc de Trévise (le fils du maréchal) avec 200 actions... En 1870, au nombre des plus gros actionnaires figurent encore les Gaudo (478 actions) et Lecomte (420), mais ils sont devancés par les deux comtes Greffulhe (descendants d'un grand banquier de Genève, et dont la fortune passe pour l'une des plus élevées de l'époque) avec respectivement 900 et 800 actions; et ils sont serrés de près par les Arrighi de Casanova (de vieille noblesse corse, cousins de l'empereur par les Ramolino) avec 360 actions. Il est vrai que plusieurs personnes morales détiennent encore plus de titres, ainsi l'Épargne des employés de la Banque, ou la Caisse des invalides de la Marine, et, à un moindre degré, des établissements bancaires comme Mallet frères, Hottinguer et Cie, des maisons de commerce comme Veuve Clicquot, des affaires industrielles comme Saint-Gobain.

Alain Plessis, sans relever que beaucoup de ces gros actionnaires sont des « fils à papa », note qu'ils sont souvent de familles nobles : soit de vieille souche, comme les Noailles, les Bourbon-Busset, les Talleyrand-Périgord, les Rochechouart, les Montesquiou-Fesenzac, soit d'une noblesse plus récente, comme les Cahen d'Anvers, même s'ils se targuent de descendre du roi David. Mais les registres de la Banque font aussi état d'illustres familles bourgeoises, comme les Clary, ces commerçants de Marseille depuis Louis XIV, qui engendrent en Irlande une dynastie marchande, et en Suède une dynastie royale; ou encore des Chevreul, des Guizot, des Cavaignac, souvent « fils de leurs œuvres ».

S'il faut faire un portrait-robot des Deux Cents de la Banque, en dégageant leurs caractéristiques les plus courantes, on retiendra qu'ils vivent dans les grandes villes plutôt qu'aux champs, à Paris plutôt qu'en province, et dans certains quartiers de la capitale, comme le faubourg Saint-Germain, le voisinage de la Madeleine ou de l'Élysée plutôt que dans les quartiers commerçants; mais qu'ils disposent aussi de « résidences secondaires » en des châteaux de qualité (Azay-le-Rideau, Balleroy, Courson...); qu'ils se marient assez jeunes et qu'ils ont peu d'enfants (1,8 par couple, en un temps où le taux de fécondité est encore bien supérieur); qu'ils tissent entre eux de nombreux liens familiaux, de telle sorte qu'à l'assemblée de la Banque on se salue volontiers entre oncles et neveux, entre beaux-pères et gendres, entre beaux-frères ou cousins : par exemple, les Berthier de Wagram sont alliés aux Lebrun de Plaisance et aux Clary, les Oudinot aux Montesquiou, les Bethisy aux Bourbon-Busset, les Lecomte aux Martin de Trévise, les Maupeou aux Dollfuss. Les parentèles ainsi réunies forment une manière de cercle mondain et se retrouvent dans les salons du Tout-Paris, les clubs huppés et les conseils d'administration, voire dans les assemblées politiques. Au total, dans la liste des Deux Cents de la Banque de France, « une soixantaine occupent une bonne centaine de sièges parlementaires » (Alain Plessis) dans les Chambres qui se sont succédé des Cent-Jours aux débuts de la troisième République, avec un maximum sous la monarchie de Juillet : quinze députés et vingt-neuf pairs – mais nettement moins sous le second Empire : six députés, dix sénateurs, parce que alors les bonapartistes sont fortement concurrencés par les légitimistes, les orléanistes, voire les républicains.

Autres caractéristiques des gros actionnaires de la Banque : ils ont fait de solides études dans les facultés de droit ou de médecine, quelquefois à Polytechnique (Arrighi de Casanova, Cauchy, Cavaignac, Le Play...). Ils sont pour la plupart catholiques, même s'il est difficile de déceler parmi eux les libres penseurs. Les protestants sont en nombre (Gaudo, Dollfuss, Koechlin...), les israélites sont très minoritaires (Cahen d'Anvers, Rothschild, Veil-Picard...). Certains disposent de fortunes plus que confortables recensées tant bien que mal lors des successions : 32 millions pour les Seillière, 25 pour les Rochechouart, 19 pour les Say, 16 pour les Pereire, 14 pour les Hottinguer, 11 pour les Arrighi de Casanova, 8 pour les Clary...

Riches à millions, ces personnages sont-ils vraiment puissants? La légende en fera symboliquement les maîtres de la France. Ils ne méritent sans doute pas tant d'honneur : à la vérité, ils ne se réunissent qu'une fois par an, sauf convocation extraordinaire. Encore, sur les Deux Cents, n'en est-il habituellement que cent vingt ou cent trente présents. Ils ne règnent au surplus que par personnes interposées, en élisant les trois censeurs et les régents, qui forment le Conseil. Et comment procèdent-ils à cette élection? Un gouverneur lucide, Wilfrid Baumgartner, précisera qu'ils se bornent à ratifier les cooptations désignées au sein du Conseil; ils n'ont aucun droit sur la gestion de la Banque et se contentent d'entendre la lecture qui leur est donnée du rapport et des comptes. « Quel était exactement leur pouvoir? Fort peu de chose en réalité. » (W. Baumgartner, *Conférence aux Annales*, 1955.)

Étymologiquement, les actionnaires devraient être ceux qui agissent : ils n'en ont pas la capacité. Mais les régents doivent être ceux qui régissent. Parce qu'ils sont en nombre restreint, parce qu'ils sont choisis parmi les plus influents, ils ont effectivement, à la Banque de France, quelque moyen de la régir, voire de la régenter.

Le vrai pouvoir, plus que celui des gouverneurs, et bien au-delà de celui des actionnaires, c'est en effet celui des régents, qui représentent l'élite de l'économie nationale, et particulièrement l'élite financière. En février 1800, sur les quinze premiers régents, huit sont banquiers : Perrégaux, Mallet, Récamier, Germain, Carié, Basterrèche, Sevene, Barillon, à côté de six « négociants » et d'un notaire (encore ce dernier, Mautort, cède-t-il son siège, dès octobre 1800, à un neuvième banquier, Bastide).

A dater de 1806, trois des régents doivent être pris parmi les receveurs généraux des contributions : ils introduisent discrètement l'Administration dans la Banque. Les douze autres sont élus par les actionnaires sur présentation des régents en place : sept sont des banquiers, cinq sont des « manufacturiers », fabricants ou commerçants. L'argent garde le pas sur l'industrie et le négoce.

Ensemble, banquiers et manufacturiers constituent assurément une puissance dans la nation. Avec eux, au conseil de régence « se perpétuent, presque inamovibles, quelques grandes familles de la haute banque juive et protestante » : ce constat sera formulé, en

1981, par un observateur qualifié, Jean-Noël Jeanneney, dans un ouvrage consacré à *l'Argent caché*. Mais cet argent-là ne se cache pas : les régents de la Banque de France sont riches et en conviennent, presque par définition.

La famille Mallet

Le cas le plus flagrant, sinon le plus notoire, de cette continuité familiale dans le conseil de régence est donné par les Mallet.

De la fondation de la Banque jusqu'à la suppression des régents, la famille Mallet occupe constamment le même siège : le fauteuil attribué en 1800 à Mallet l'aîné passe en 1827 au baron James Mallet, en janvier 1860 au baron Alphonse Mallet, en janvier 1905 à Ernest Mallet : ils sont quatre, tous banquiers protestants, à se transmettre confortablement le titre de régent : quatre en cent trente-six ans. Ce qui représente pour chacun d'eux un « règne » moyen d'un tiers de siècle.

Les Mallet viennent de Genève. Ils descendent du bonnetier rouennais Jacques Mallet, qui y a cherché refuge en 1557, lors des guerres de Religion. Les Mallet, au XVIe siècle, sont marchands drapiers et « donneurs d'ouvrage ». Ils sont prolifiques à ce point que, dans le Conseil genevois des Deux-Cents, on compte sept Mallet en 1734. Ils apparaissent ainsi comme prédestinés à faire partie d'un aréopage de deux cents familles, et à en être le prototype.

Avec Hubert Luthy, historien de la banque protestante avant la Révolution, on peut suivre quelques branches de la dynastie, dès son implantation sur les bords du lac Léman : fils de Jacques l'immigré, Gabriel Mallet est marchand drapier. Son fils Robert, durant la première moitié du XVIIe siècle, poursuit son commerce. A la génération suivante, Jacques, jusqu'au début du XVIIIe siècle, se dit déjà banquier : ce qui signifie qu'à son négoce il adjoint le commerce de change. Associé à une maison de Bâle, il trafique sur l'or et l'argent, la dorure et la fausse dorure, et se trouve mêlé à diverses contrebandes sur Augsbourg et Milan. Encore une génération, et Gédéon Mallet spécule avec Samuel Bernard, puis avec John Law. La famille paraît alors apparentée à tous les patriciens huguenots de Genève.

Également arrière-petit-fils de Gabriel Mallet, et cousin de Gédéon, Isaac Mallet est d'abord commis de banque à Genève. Avec une procuration de Gédéon Mallet, Isaac se livre à l'agiotage à Paris, en 1711. Son nom figure dans l'*Almanach royal* dès 1716, en qualité de banquier. Spéculant pour le compte de riches Genevois et Bernois, la maison Mallet est établie rue Michel-le-Comte, dans le Marais, en un quartier de haute finance, à proximité de la rue Quincampoix. Elle s'installe ensuite rue Beaubourg, puis rue Montmartre, à l'angle de la rue du Jour. Jacques Mallet a pris la relève de son père Isaac, et Guillaume succède à Jacques. Le capital engagé reste faible, la gestion est prudente, la banque n'aspire pas au premier rang. En 1770, elle a 394 comptes courants ouverts, dont 176 en France (notamment dans les ports, à Bordeaux, Marseille ou Nantes). A l'étranger, les correspondants les plus importants se situent toujours à Genève. Il en est d'autres à Londres, Amsterdam, Hambourg et Francfort, à Cadix, à Livourne...

Dans les dix dernières années de l'Ancien Régime, la banque Mallet prend de l'importance. Son chiffre d'affaires se gonfle, son renom grandit. Spécialisée dans les commissions, elle devient, à la veille de la Révolution, un des premiers établissements de Paris : elle sera la seule à survivre, d'un régime à l'autre.

Face à la tourmente révolutionnaire, la maison se replie sur elle-même, restreint ses affaires aux liquidations et aux commissions de routine, réduit la mise de fonds et préfère aux assignats l'acquisition de biens nationaux. Elle se fait adjuger trois belles fermes dans les districts de Bapaume et de Saint-Quentin, qui resteront dans la famille, et prend des rentes sur le Grand Livre de la Dette publique. Tout naturellement, son ancienneté et sa notoriété l'amènent à participer à la fondation de la Banque de France, et conduisent l'héritier des Mallet, Guillaume, à figurer parmi les premiers régents.

Ainsi, la famille Mallet apparaît comme la plus qualifiée pour ouvrir la liste des deux cents familles : qualifiée par son passé, avec deux cents années de promotion sociale, dont un XVIIIe siècle de promotion bancaire; qualifiée au XIXe siècle par sa présence continue au conseil de régence.

Guillaume Mallet, que la chronique de l'institut d'émission dénomme Mallet l'aîné, compte parmi les quatre membres du conseil désignés pour se concerter avec le gouvernement sur les réformes à réaliser en 1806, à la requête de l'Empereur. Régent jusqu'en 1827, il fait partie de la caste fermée des grands banquiers, soucieux d'adjudications, d'emprunts, d'opérations à petits risques et à gros profits. Napoléon le fait baron : consécration de la réussite familiale.

A la suite de Guillaume, au même fauteuil, James couvre trente-trois ans, du déclin de la Restauration à la mi-temps du second Empire. En 1847, comme la France est alors débitrice de la Russie, il intervient dans le transfert de rentes françaises au Trésor impérial de Saint-Pétersbourg : opération inédite et secrète, menée à bon terme.

La génération suivante, avec le baron Alphonse, occupe le même siège de régent jusqu'au-delà de la fin du siècle. En 1861, il conduit à Londres des négociations avec la Banque d'Angleterre, qui aboutissent à un échange d'or contre argent, pour 50 millions : cette opération, qui succède à la conclusion du traité de commerce libéral, achève de sceller la coopération franco-britannique. En 1871, durant la Commune, Alphonse Mallet peut, avec sept autres régents, siéger en pleine insurrection, et poser le principe d'une habile temporisation face aux communards qu'intimide le prestige de la Banque et qui n'osent pas toucher à ses réserves métalliques, ni en exiger de gros versements. La Banque Mallet contribue plus tard au financement des chemins de fer, des compagnies d'assurances, des entreprises coloniales. Avec les autres banques protestantes, elle fonde la Banque de l'Union parisienne, appelée à jouer un grand rôle dans la mise en valeur de l'Amérique latine et de la Russie.

Quatrième et dernier Mallet de la lignée des régents, Ernest affronte le XXe siècle, la guerre, la crise, l'inflation. Il voit le Front populaire, porté au pouvoir en 1936, réformer la Banque de France : les deux cents plus forts actionnaires sont noyés dans la foule de tous les porteurs d'actions, admis avec chacun une voix à l'assemblée générale, et le conseil de régence est supprimé.

Dans la tourmente, la Banque Mallet frères disparaît elle aussi : elle est absorbée par une autre banque protestante, Neuflize, et, à l'enseigne de Neuflize, Schlumberger, Mallet et Cie, gère des portefeuilles privés tout en développant des activités internationales avec des participations croisées. Les descendants de la famille

Mallet – Philippe, Jean-Pierre, Bernard – y sont associés gérants.

Prototype des deux cents familles, la dynastie des Mallet éclaire au mieux le problème. De souche genevoise, de confession réformée, elle illustre la mainmise d'une certaine immigration sur l'économie française. Par sa propre banque et par le conseil de régence de la Banque de France, elle tient sa place dans le cénacle des puissances d'argent. Mais il est manifeste que son rôle n'est appréciable qu'au XIXe siècle, et qu'il va déclinant au XXe, dans le temps même où les polémistes dénoncent anachroniquement la dictature des deux cents familles.

Les Rothschild

Restons dans le petit monde des régents, émanation des deux cents plus forts actionnaires de la Banque. Si les Mallet sont généralement absents des dictionnaires, les Rothschild appartiennent à la grande histoire. Il n'est pas question ici de les découvrir. Mais il n'est pas inutile de rappeler comment ils ont atteint à la notoriété, et à une certaine forme de gloire. « L'argent est le dieu de notre époque, et Rothschild est son prophète » (Henri Heine).

Les Mallet sont protestants, les Rothschild sont israélites. Les Mallet deviennent régents dès 1800, les Rothschild seulement en 1855, avec le baron Alphonse, puis le baron Édouard. Il est vrai que la saga de la tribu commence dès le XVIIIe siècle, et qu'elle se prolonge, encore éclatante, au XXe.

On en sait les débuts, dans le ghetto de Francfort, à l'enseigne de l'écu rouge, ce qui se dit *am roten Schild*. La Judengasse est étroite, mal famée, avec une rigole centrale. Les Rothschild tiennent boutique de bric-à-brac; ils vendent de la quincaillerie, de la ferraille, peut-être des casseroles, de vieux habits, et à l'occasion ils font le change des espèces. Mayer Amschel porte barbe noire en pointe et perruque. Il trafique sur les monnaies, devient le fournisseur de la Cour de Hesse-Cassel. Pendant la Révolution et l'Empire, il fait la contrebande des cotonnades et des denrées coloniales. La famille est prolifique. Mayer a vingt enfants, dont dix survivent : cinq fils et cinq filles. Il partage l'Europe entre sa progéniture mâle. « A toi, Amschel, Francfort. A

Salomon, Vienne. A Nathan, Londres. A Jacob (qui est devenu James), Paris. A Karl, Naples. » Ainsi la légende des Rothschild imagine-t-elle la distribution des fiefs du seigneur agonisant.

Les héritiers du brocanteur ont le monde pour partenaire : ils font passer de l'or à l'armée anglaise du Portugal, ils jouent sur la rente anglaise au soir de Waterloo. Argentiers de la Sainte-Alliance, ils sont anoblis par l'empereur d'Autriche : voilà les Rothschild barons. Metternich leur confère un blason à cinq flèches, qui symbolisent les cinq branches de la maison. Ils marient entre eux leur progéniture, les cousins épousant des cousines germaines, de façon à rester entre Rothschild.

A Paris, en 1815, James installe « Messieurs de Rothschild frères » dans l'hôtel que Fouché a abandonné rue d'Antin – qui deviendra la rue Laffitte. Il aide le gouvernement de la Restauration, puis celui de la monarchie de Juillet. Il gère la fortune personnelle de Louis-Philippe. Il finance les premiers pas de l'État belge, l'indépendance grecque, l'unité italienne, secourt les Trésoreries de l'Espagne, de l'Autriche, des États-Unis. Pionnier des premiers chemins de fer, il obtient en 1843 la concession de la Compagnie des chemins de fer du Nord, qui sera la plus juteuse des entreprises ferroviaires. De la rude bataille qui les oppose aux frères Pereire, les Rothschild sortent victorieux. Mais à la Banque de France, bien que la maison Rothschild frères en soit le plus gros actionnaire (avec toujours plus de 1 000 titres, et parfois plus de 1 600), elle ne figure pas parmi les membres de l'Assemblée générale, aussi longtemps qu'elle n'est pas considérée comme une société de droit français.

Fils aîné de James, naturalisé français, Alphonse sanctionne la réussite familiale en accédant au conseil de régence de la Banque de France. Autre consécration, cette fois populaire : on le dit « roi des banquiers et banquier des rois ». Il finance en 1855, avec de l'or, les achats de blé que nécessite une mauvaise récolte. Il parvient en 1871 à faire réduire l'indemnité de guerre qu'exigent les Allemands, et contribue à son règlement, en assurant toute l'émission d'un premier emprunt de deux milliards et en participant à l'emprunt complémentaire de trois milliards pour la libération du territoire – non sans réaliser chaque fois de plantureux bénéfices.

Au sein de la société en nom collectif, Alphonse est associé à ses deux frères, Gustave et Edmond. Ensemble, ils investissent dans les jeunes industries du siècle, mines en Espagne (Pennarroya), gisements de pétrole (au Caucase), transport de l'énergie électrique. Pour prudente que soit leur gestion, ils n'hésitent pas à mettre l'argent au service des techniques nouvelles.

Le fils d'Alphonse, Édouard, lui succède à la tête de la maison comme au poste de régent. A ce titre, il participe au financement de la guerre de 1914, puis bataille pour la revalorisation du franc, avant la stabilisation de 1928. En 1940, devant l'invasion allemande, il doit chercher refuge aux États-Unis. Le siège de la rue Laffitte est pillé, l'entreprise démantelée, la famille dépossédée.

Restaurée dans ses droits et ses biens, la génération suivante, avec Guy, fils d'Édouard, Alain et Elie, petits-fils de Gustave, reprend à Paris la tradition bancaire de la famille. La raison sociale Rothschild frères fait place à la Banque Rothschild, qui s'installe rue Pillet-Will dans un immeuble de verre, tout en rénovant le vieil hôtel de la rue Laffitte. Elle se classe parmi les banques d'affaires, mais joue bien davantage le rôle d'une banque de dépôts. Sa puissance financière repose sur la Société d'investissements du Nord, héritière de la Compagnie des chemins de fer du Nord nationalisée. Elle se diversifie dans l'assurance, la gestion immobilière, le pétrole. On voit des Rothschild administrateurs de sociétés sud-africaines, belges, luxembourgeoises, israéliennes. D'autres Rothschild font carrière dans la médecine, les lettres, le théâtre, l'automobile ou le champagne. Le baron Philippe, arrière-petit-fils du Nathan de la branche anglaise, exploite en Médoc le cru Mouton-Rothschild (un mouton, en vieux français, désigne une petite colline, de « motte », levée de terre). Sur les champs de courses, les jockeys des Rothschild portent casaque bleu et or – et ce sera la couleur de leur carte de crédit.

N'oubliant ni ne reniant leurs origines, ils financent le sionisme, avec les fondations et les consistoires de leurs coreligionnaires. Symboliquement, même si leur rang dans la hiérarchie financière a reculé, et si leur place dans l'État a décliné, ils restent la plus représentative des deux cents familles : celle dont le nom, quasiment mythique, évoque le règne de l'argent. Cet argent-là n'ignore pas tout à fait la politique : Maurice de Rothschild est sénateur, et certain directeur général de la Banque s'appelle Georges Pompidou.

A l'heure des nationalisations de 1982, la Banque Rothschild disparaît : elle n'est plus, dans l'appareil bancaire de l'État, que l'Européenne de Banque, dont les Rothschild ont été chassés. Le baron Guy fait mine de capituler : « De la maison de Rothschild, écrit-il désabusé, il ne restera que quelques bribes, peut-être rien. Juif sous Pétain, paria sous Mitterrand, pour moi cela suffit... Adieu, Rothschild! » Pourtant, la famille n'abdique pas : elle reste dans la coulisse, créant des sociétés d'investissement et des instruments de gestion. A l'heure des privatisations, elle resurgit au grand soleil de la finance. La nouvelle génération a pris la relève : Éric préside Paris-Orléans, Edmond propulse la Compagnie financière Rothschild, David lance « Rothschild et associés ». C'est le grand retour.

Les Hottinguer

A la différence des Mallet, qui se succèdent sans discontinuer au même siège de régent dès l'origine de la Banque, à la différence des Rothschild, dont le fils succède au père de 1855 jusqu'à la suppression du conseil de régence, les Hottinguer n'en sont membres que par intermittence et à des sièges différents. Mais si leur présence est discontinue, elle n'en couvre pas moins cent cinq années sur cent trente-six, soit plus des trois quarts de l'histoire du Conseil.

Le premier Hottinguer à en faire partie, Hottinguer père, siège trente ans, de 1803 à 1833 : de quoi couvrir le Consulat, l'Empire, la Restauration et les débuts de la monarchie de Juillet. Le deuxième, Henri Hottinguer, prend sa suite durant seize années, de 1833 à 1849, de quoi aborder la seconde République. Le troisième, le baron Rodolphe, occupe un autre fauteuil de 1869 à 1921, soit pendant cinquante-deux ans, qui couvrent le second Empire et les plus beaux jours de la troisième République. Le quatrième, le baron Henri, est régent durant sept années, à partir de 1929. Ainsi les Hottinguer siègent-ils sous tous les régimes, comme si la Banque ne pouvait pas se passer d'eux.

Ils viennent de Zurich, où Jean-Henri et Jean-Rodolphe Hottinguer, au XVIIIe siècle, sont négociants « au Petit Pélican », (le patronyme alors s'écrit souvent Hottinger). Le fils de Jean-

Rodolphe, Jean-Conrad, est chargé d'affaires à Paris pour le compte de plusieurs maisons d'exportation zurichoises. Jean-Conrad devient commis de banque chez Lecoulteux et Cie et s'y instruit des choses de la finance. En 1786, il s'associe avec Denis Rougemont, et fonde la société Rougemont, Hottinguer et Cie, dont le capital est de 1 350 000 livres. L'affaire prospère jusqu'en 1789, avec une maison de commerce à Nantes, une commandite au Havre, un trafic sur les Indes. Mais Hottinguer se brouille avec son associé : la rupture est consommée en 1790.

Jean-Conrad négocie avec un banquier du roi de Pologne, et obtient de ses amis de Zurich les fonds nécessaires à la création d'une nouvelle banque, Hottinguer et Cie, qui ouvre ses portes le 15 décembre 1790. Il joue dangereusement sur les changes et les assignats, fait venir de Londres coton, café, indigo et soies de Chine, les vend en France avec profit.

En avril 1793, dénoncé pour menées royalistes, il doit abandonner sa banque, bientôt mise en liquidation, et se réfugie en Suisse, avant de s'embarquer pour les États-Unis. Là-bas, il spécule sur les terrains, contracte un riche mariage avec une Redwood, se lie avec Talleyrand en exil.

C'est l'amitié de Talleyrand qui lui vaut sa revanche, lors de son retour en France en 1796. Il est passé par Londres et par Hambourg. A Paris, il restaure la banque Hottinguer et Cie et reçoit avec Talleyrand une mission diplomatique des jeunes États-Unis. Naturalisé français, régent de la Banque de France après la réforme de 1803, fait baron par l'Empereur, c'est pour un immigré venu de Suisse cumuler tous les honneurs.

Régent à son tour, son fils Henri négocie avec succès à Londres, en 1847, un emprunt auprès de la maison Baring, pour le compte de la Banque de France, dont les réserves sont menacées par la crise économique. La banque Hottinguer finance alors les compagnies de chemins de fer et d'assurances. Henri siège dans les conseils d'administration du PLM, de la Nationale, du chemin de fer franco-suisse, des chemins de fer russes. Dans sa succession en 1866 (étudiée par Alain Plessis), il laisse six hôtels rue d'Eylau, un terrain à Passy, un riche mobilier, évalué à 127 873 francs pour l'hôtel de la rue Bergère, et 87 740 francs pour le château de Piple, en Seine-et-Marne. Sa fortune globale atteint 13 000 000 francs : 4 600 000 francs d'immeubles, 9 millions de biens meubles (dont 993 000 francs de créances, 4 850 000 de fonds dans la banque, 700 000 francs d'actions de la Banque de France, 1 450 000 d'autres valeurs françaises, 673 000 de titres étrangers). Sans tenir compte des immeubles qu'il possède à Mobile, dans l'État d'Alabama.

Sous le second Empire, la famille atteint aux sommets de la réussite et de l'opulence. Elle est présente dans l'aristocratique Cercle de l'Union. En 1869, le baron Rodolphe est élu au siège de régent par 68 voix sur 107, battant l'économiste Victor Bonnet que soutiennent peut-être les Rothschild. La maison Hottinguer, présidée de père en fils par les descendants directs de son fondateur, n'a toujours qu'un seul établissement à Paris, au 38 de la rue de Provence; mais elle y effectue toutes les opérations de banque, en liaison étroite avec la haute société protestante.

Comme pour les Mallet, comme pour les Rothschild, la fortune des Hottinguer (dans tous les sens du mot) est à son apogée durant la seconde moitié de ce XIXe siècle propice aux grandes ascensions sociales et à l'accumulation des capitaux. Le XXe siècle leur est moins favorable : mouvements sociaux, prélèvements fiscaux, contrôle des changes et des prix, nationalisations... Le temps n'est plus de la toute-puissance des deux cents familles. Le slogan qui les dénonce triomphe décidément à l'heure même de leur déclin.

Les Hottinguer ne font pas exception : ils n'ont pas moins de mérites, mais les circonstances leur sont moins favorables. Plus discrète, la dynastie continue. Le baron Rodolphe participe à la création de la Banque de l'Union parisienne, qui s'intéresse aux colonies et au pétrole. Un autre Rodolphe Hottinguer, de la génération suivante, préside l'Association française des Banques. Son cousin Jean-Conrad est directeur de la Caisse d'épargne de Paris. Six Hottinguer, Rodolphe, Jean-Conrad, Pierre, Henri, Jean-Philippe et Paul, créent la Société de gestion Hottinguer et Cie. On les retrouve, et on en retrouve d'autres, à la tête de Sicav, de holdings et de fonds communs de placement.

Même si la grande époque des Hottinguer a pris fin avec la Belle Époque, ils sont toujours là, « banquiers depuis 1786 », forts d'une expérience de deux cents années, fidèles à la rue de Provence, soucieux de conseiller au mieux leur clientèle de P.M.E. En fait, dit Henri Hottinguer, sixième baron de la dynastie bancaire, « nous ne sommes pas une banque d'affaires, nous sommes une banque de service ».

Les Perier

Comme les Mallet, comme les Hottinguer, la famille Perier est présente quatre fois au conseil de régence de l'institut d'émission. Mais alors que les Mallet y figurent sans interruption en se succédant au même fauteuil, alors que la dynastie Hottinguer échelonne ses régences sur plus de cent années, du Consulat au Front populaire, les Perier ne sont régents que durant les deux premiers tiers du XIXe siècle. Après quoi, leur rôle va s'effaçant.

Ils sont dauphinois, originaires du hameau du Perier. Jacques, l'ancêtre, s'établit à Grenoble, y tient boutique de mercerie, puis implante à Vizille une manufacture de toile peinte. A son fils aîné Claude, il laisse un avoir confortable.

Claude Perier, qui est né en 1742, passe déjà à Grenoble pour un riche bourgeois. Son ami Henri Beyle, qui sera Stendhal, assure qu'on l'appelle « Perier Milord ». Pour un peu plus d'un million de livres, en 1780, il achète le marquisat de Vizille, avec le château. Il y fait fabriquer ses toiles dans la salle des gardes. C'est en ce même château que se déroule en 1788, à son invite, l'assemblée des élus du Dauphiné, qui réclame la réunion des États généraux. Premier assaut contre la monarchie.

C'est mêler la politique, l'industrie et la finance : la politique, puisque Claude milite pour la Révolution, entre dans la municipalité républicaine de Grenoble et administre une société de sans-culottes; l'industrie, puisque à la confection des toiles il ajoute la commandite d'entreprises qui importent et raffinent le sucre, avant de fabriquer des armes dans la Grande Chartreuse, puis de réorganiser les mines d'Anzin; la finance enfin, quand il joue sur les assignats, spécule sur l'or et les marchandises et achète des biens nationaux. Au reste, politique, industrie et finance sont étroitement imbriquées : Claude Perier, de toutes les façons, fait des affaires.

Il échappe à la faillite malgré ses dettes, à la prison malgré son train de vie. Par prudence, il quitte Grenoble pour Paris, et s'associe à Perrégaux pour préparer le coup d'État du 18-Brumaire : ce qui lui vaut d'entrer au Corps législatif. De la Caisse des comptes courants, il passe à la Banque de France, où il est, en

1800, de la fournée des premiers régents. Quand il meurt en 1801, il laisse à ses dix enfants une opulente succession.

De ses huit fils, c'est à qui sera le plus brillant. Augustin, l'aîné, entre à Polytechnique, reprend les usines de toiles de la famille et finit pair de France. Jacques, industriel à Montargis, est député légitimiste sous la Restauration. Spicion, qui administre les mines d'Anzin, est appelé à siéger au conseil de la Banque de France en 1818. Quand il disparaît en 1822, c'est son frère Casimir qui à son tour devient régent.

Selon Stendhal, que cite Roger Priouret (dans *les Origines du patronat français*), Casimir a de solides atouts : une grande taille, une grande beauté, une volonté farouche. Il a fondé une banque, s'est fait élire député, rassemble l'opposition libérale, soutient les Orléans, épaule Louis-Philippe, devient président du Conseil des ministres en 1831, inaugure la politique dite du « juste milieu » qui l'amène à museler la presse et à réprimer des troubles sociaux. Il met à profit son passage à la présidence du Conseil pour se faire attribuer la concession des mines de Denain. L'épidémie de choléra l'emporte en 1832.

Mais d'autres frères sont, derrière lui, entrés dans l'arène financière et politique. Camille, préfet révoqué par Charles X, est député, puis pair de France sous Louis-Philippe. Alphonse succède à Casimir pour représenter l'Isère à la Chambre. André-Joseph, lui aussi, est député (de la Marne), il accède à la pairie, et, de 1833 à 1869, il siège au conseil de régence de la Banque de France.

Quelle famille! Un cousin germain s'illustre dans le lit de Mme de Staël et dans l'amitié de Royer-Collard. Une nièce épouse le comte de Rémusat, dont Thiers fera un ministre des Affaires étrangères. Et les descendants directs de Casimir Perier, reprenant à la fois son prénom et son patronyme, prolongent sa fortune politique.

Auguste Casimir-Perier est député sous la monarchie de Juillet, sous la seconde République, et encore à l'Assemblée nationale de 1871. Il est alors ministre de l'Intérieur et finit sa carrière comme sénateur inamovible.

Son fils Jean Casimir-Perier, dans le sillage familial, gravit tous les échelons des honneurs républicains : il est député, président de la Chambre, président du Conseil, et il succède à Carnot à la présidence de la République. Après un violent réquisitoire de Jean Jaurès, qui prend à partie toute la dynastie des Perier, Jean Casimir-Perier se démet de son mandat et, désabusé, renonce à la vie politique.

Les Perier ont vraiment mérité de compter parmi les plus significatives des « deux cents familles » : ils ont atteint au faîte de la richesse et du pouvoir. Mais, encore une fois, ces deux cents familles-là n'appartiennent qu'au XIXe siècle.

Les Davillier

Pareillement, la famille Davillier, qui commence à poindre avant la Révolution, disparaît sous la troisième République. Dans l'histoire de la Banque de France, elle est quatre fois présente, avec Jean-Charles, régent de 1801 à 1847, Sanson-Davillier, régent de 1847 à 1864, Henry, régent de 1864 à 1886, Maurice, élu régent en 1903 : autant dire que les Davillier, presque sans discontinuité, sont chez eux à l'institut d'émission.

Ces Davillier ont commencé dans le négoce du textile à Montpellier. En 1789, on les voit filateurs et tisseurs en Alsace, à Wesserling, à l'enseigne de la maison Gros-Davillier-Roman : affaire cotonnière. Ils ont aussi une filature à Gisors, sous la raison sociale Gros-Davillier-Odier, et une manufacture à Dourdan. Ils sont encore négociants à Bordeaux, et exploitants de mines de plomb en Bretagne. Mais surtout, à dater de 1798, banquiers à Paris et à Lyon. Ainsi passent-ils du commerce à l'industrie et à la banque et mêlent-ils ces trois activités.

C'est tout naturellement, et avec l'appui de Cambacérès, que Jean-Charles Davillier, désigné comme industriel, est appelé à siéger au conseil de régence de la Banque de France. Il fait partie de la commission qui réforme la Banque en 1813. Il paraît s'accommoder de l'Empire, qui le fait baron, comme de la Restauration et de la monarchie de Juillet, qui le fait pair de France : en 1836, de février à septembre, il devient même gouverneur de la Banque, pour assurer l'intérim du comte d'Argout, devenu ministre des Finances.

Au conseil de régence lui succèdent son gendre Sanson, puis son fils le baron Henry, élu par 85 voix sur 119. Celui-ci se distingue lors de la guerre de 1870 : avec le gouverneur Rouland, il veille à l'évacuation, à Brest, de l'or de la Banque et des diamants de la Couronne. En 1871, il fait face à la Commune, qui quémande des secours en espèces. C'est à son domicile personnel que se tiennent alors les séances du Conseil général, pour ne pas subir la pression des communards. Une fois Paris libéré, il reçoit, de la part des grandes maisons de commerce et de banque de la capitale, une adresse de félicitations pour le « dévouement » avec lequel il a protégé « d'immenses intérêts ». A son tour, le gouvernement remercie la Banque, qui a rendu à l'État de « signalés services ».

Héritier d'un grand nom, le baron Maurice Davillier sera le dernier de la dynastie à siéger, près de trente ans, au conseil de régence.

Les Delessert

Une famille illustre, et qui se distingue sur des terrains variés, mais dont le rôle historique ne déborde guère la première moitié du XIXe siècle : voici les Delessert, présents par deux fois au conseil de régence – de 1802 à 1848 avec Benjamin, et seulement une année, de janvier 1848 à janvier 1849, avec son frère François.

La famille de Lessert (en deux mots) descend de huguenots cévenols qu'a frappés la révocation de l'Édit de Nantes, et qui se sont implantés au pays de Vaud. Étienne de Lessert est dit « bourgeois de Cossonay, d'Aubonne et de Genève ». Fils d'un premier Benjamin, il épouse en 1766 Madeleine Boy de la Tour, fille d'un marchand de Neuchâtel, et sœur d'une Elisabeth qui épouse un Guillaume Mallet : on reste entre protestants et entre gens d'affaires.

A la fin du règne de Louis XV, les de Lessert reviennent en France, pour se fixer à Lyon et à Paris. A Lyon, la maison « Delessert et fils » qui passe pour représenter la « nation suisse », se spécialise dans les tissus légers et les gazes de soie. A Paris, dès 1776, sa filiale « Delessert et Cie » tient commerce de soieries et de banque rue Mauconseil. En 1782, Étienne fonde la Compagnie royale d'assurances, la première qui assure contre l'incendie. Il figure sur les listes de l'*Almanach royal*. Il est administrateur de la Caisse d'escompte, qui émet des billets : bon apprentissage pour un futur régent de la Banque de France.

Le 14 juillet 1789, selon Hubert Luthy (*la Banque protestante en France*), « toute la maison Delessert, père, enfants, commis, domestiques, prirent les armes contre le renvoi de Necker et contre la menace de la hideuse banqueroute : à Paris, on le sait, la révolution fut d'abord une émeute de rentiers. »

Cette explication de la prise de la Bastille est un peu sommaire, mais elle n'est pas tout à fait fausse : il est exact, d'une part, que les de Lessert sont porteurs d'un bon paquet de titres de l'emprunt de novembre 1787 ; d'autre part, que les rentiers sont prêts à tout pour qu'on les paye. « Soixante mille capitalistes, dit Rivarol, ont décidé la Révolution. » Mirabeau célèbre de même cette « dette publique qui a été le germe de notre liberté ». Et Cambon conviendra, devant la Convention, que « c'est peut-être à l'existence de ces emprunts que nous devons le commencement de la Révolution ».

Quoi qu'il en soit, Étienne de Lessert, prudemment devenu Delessert (en un seul mot), se sent aussi à l'aise dans la Révolution naissante que sous l'Ancien Régime. Il fonde une Caisse patriotique. Il spécule sur les assignats et les biens nationaux, sans omettre de faire passer des capitaux à l'étranger. Incarcéré en 1792, libéré en 1794, il se veut disciple de Rousseau : de Rousseau rénovateur de la société, mais aussi de Rousseau amant de la nature, qui a adressé à Mme Delessert plusieurs de ses Lettres sur la botanique. L'occasion est belle de marier l'écologie et la spéculation. Étienne adhère à la Société d'agriculture de la Seine, introduit en France un troupeau de six mille moutons mérinos venus d'Espagne, importe des machines agricoles, répand la pratique des engrais industriels. Il a trois fils : Benjamin, François et Gabriel.

Benjamin commence par voyager en Angleterre et en Écosse. Il y prend contact avec Adam Smith (leçon de libéralisme) et avec James Watt (leçon de mécanique). Sorti capitaine de l'école d'artillerie de Meulan, il se distingue sous Pichegru dans la campagne de Belgique. Mais il doit abandonner la carrière des armes pour celle de la finance, à laquelle le convie son père. Il lui succède à la direction de la banque familiale et devient à vingt-neuf ans le plus jeune régent de la Banque de France.

Comme son père, et mieux que lui, il associe l'agriculture, l'industrie et la finance : à Passy, il fonde la première filature de coton, puis la première fabrique de sucre de betterave. Plus tard, il crée des établissements philanthropiques de prévoyance et la première Caisse d'épargne. Benjamin est comblé d'honneurs : il est membre de l'Institut, l'empereur l'a fait baron, la Restauration le voit siéger deux fois à la Chambre des députés.

Quand Benjamin Delessert est trop sollicité par ses entreprises industrielles et ses initiatives sociales, il laisse à son frère François les responsabilités de la banque. François Delessert est six fois porté à la présidence de la Chambre de commerce de Paris, trois fois élu à la Chambre des députés sous la monarchie de Juillet, admis à l'Académie des sciences. Président de la Caisse d'épargne de Paris, il succède à Benjamin au conseil de régence de la Banque de France. Il est de ceux qui veulent abolir le cours forcé des billets qu'a imposé la Révolution de 1848.

Gabriel Delessert, frère de Benjamin et de François, ne dépare point la famille, même s'il glisse de la banque à la fonction publique. Une carrière préfectorale le conduit à la pairie. Préfet de police sous Louis-Philippe, il ne voit pas venir la Révolution de 1848. « On ne remarque pas d'agitation extraordinaire », écrit-il le 12 février. « Quelques promenades d'étudiants », note-t-il le 22. Deux jours plus tard, le roi est en fuite, la monarchie est morte. La banque Delessert aussi : elle est emportée par la brève crise financière qui accompagne la Révolution, et doit se faire absorber par la maison Hottinguer, proche d'elle grâce à des alliances familiales : Stéphanie Delessert a épousé Henri Hottinguer.

Les Delessert de la génération suivante, qui se redit de Lessert, ne sont plus que l'ombre de leurs prédécesseurs : un autre Benjamin occupe un siège éphémère dans l'Assemblée législative de 1849. Un Édouard, fils de Gabriel, est administrateur de compagnies espagnoles. Fin de la dynastie.

Les Wendel

Au conseil de la Banque de France, les Wendel n'accèdent qu'en 1913, avec François, qui siégera durant les vingt-trois dernières années de l'institution. Pourtant, la famille tient une place de choix dans l'économie française depuis plus de deux siècles et elle se maintient encore au faîte de la puissance pendant la première moitié du XXᵉ siècle. Son cas diffère ainsi de celui des grandes familles bancaires, du type Mallet, Rothschild ou Hottinguer : il s'agit d'une dynastie industrielle, et non pas d'une dynastie bancaire; et, précision non négligeable, il s'agit d'une famille catholique, et non pas d'une famille israélite ou protestante.

Les Wendel viennent des Flandres : à la fin du XVIᵉ siècle, l'un d'eux, Jean, originaire de Bruges, remonte le Rhin et se fixe à Coblence. Son petit-fils, Christian, remonte la Moselle et s'établit aux confins du Luxembourg et de la Lorraine. Le cadet de Christian, Jean-Martin Wendel, embrasse la carrière des armes, avant de forger le fer qui les fabriquera. Il dirige à Ottange les forges de la baronne d'Eltz; en 1704, il achète à Hayange un petit ensemble métallurgique, quelque peu délabré; il le remet en bon état de marche, l'agrandit, prospère. La maison de Wendel est à pied d'œuvre.

De génération en génération, l'entreprise prend du poids. Son mérite est de surmonter les pires épreuves, et de survivre chaque fois aux mesures de dépossession qui frappent la famille : d'abord sous la Révolution, quand la forge est mise sous séquestre, puis vendue comme bien national : un prête-nom la rachète pour le compte des Wendel. Ensuite après la guerre de 1870, quand Hayange passe sous le contrôle de l'Allemagne victorieuse : la société des « Petits-Fils de Wendel » s'est ramifiée en territoire français, à Jœuf et Moyeuvre; en 1918, recouvrant Hayange, elle reconstitue son domaine. Une troisième fois durant la Seconde Guerre mondiale, quand l'Allemagne nazie s'adjuge toutes les usines et les mines de Wendel, germanisées sous la raison sociale des Hermann Goering Werke : à la Libération, elles rentrent dans le patrimoine familial.

De la quatrième épreuve, ce patrimoine ne se remettra pas. La nationalisation des charbonnages, en 1946, puis les réformes de structure qui frappent les grands ensembles sidérurgiques démantèlent l'entreprise, à une heure où décline l'économie lorraine. Les Petits-Fils de Wendel transfèrent ce qui leur reste de biens à la société anonyme de Wendel et Cie, qui va se diluer dans la déconfiture de l'industrie lourde. La grande saga des Wendel s'achève.

Entre-temps, cependant, la famille a eu ses heures de gloire dans des domaines variés : non seulement sur le terrain corporatif, quand le dernier François de Wendel a présidé le Comité des Forges; mais également sur le terrain technique, quand Ignace de Wendel a fondu, au Creusot, le premier acier français au coke; sur le terrain financier, puisqu'un Wendel est devenu régent de la Banque de France; sur le terrain littéraire, avec François de Curel, neveu de Charles et Robert de Wendel, que ses talents d'auteur dramatique conduisent à l'Académie française; sur le terrain militaire, plus encore, avec certain Philippe de Hauteclocque, qui a épousé une « petite-fille » de Wendel, et qui sera le maréchal Leclerc.

Les Wendel, aussi bien, sont entrés dans le jeu politique : plusieurs d'entre eux ont payé tribut à la Révolution, à commencer par Ignace, dont la tête est mise à prix et qui a dû émigrer en Thuringe où il est acculé au suicide. Sa mère, Mme d'Hayange, a été arrêtée, emprisonnée. Son fils François sera maire d'Hayange, conseiller général puis, sous la Restauration, député de la Moselle. A son exemple, Charles de Wendel est membre du Corps législatif. A la génération suivante, qui est la sixième depuis l'implantation en Lorraine, Henri est député protestataire au Reichstag. A la septième génération, François représente à la Chambre la Meurthe-et-Moselle, tandis que son cousin Guy de Wendel, qui préside dix-huit années durant le Conseil général de la Moselle, est élu député, puis sénateur de ce même département.

Cette fois, le slogan des deux cents familles semble trouver sa pleine justification dans la dynastie de ces maîtres de forges qui se mêlent ouvertement de politique. Il n'est pas douteux que la maison de Wendel compte parmi les puissances économiques : François n'est-il pas à la fois au Comité des Forges et à la Banque de France? Humbert ne siège-t-il pas au Comptoir sidérurgique et n'est-il pas membre de l'Entente internationale de l'Acier? La famille ne compte-t-elle pas par alliance, dans sa descendance des Missoffe, des François-Poncet, des Montalembert, tous parlementaires ou ministres? Ne rassemble-t-elle pas entre ses mains trop de conseils d'administration, trop de présidences? N'est-elle pas un État dans l'État?

On fait grief aux Wendel d'être des « marchands de canons » (mais ils fabriquent des rails, des tôles ou des poutrelles, qui ne sont pas des armes de mort); on leur reproche d'être allemands (mais les Lorrains savent qu'ils ont été l'âme de leur résistance et la Gestapo ne cessera pas de les pourchasser); on leur reproche de mettre la politique au service de leurs intérêts personnels (mais François de Wendel se fait à la Chambre l'avocat d'une revalorisation du franc, qui ne pourrait que les desservir); on reprochera à ce même François de Wendel d'avoir voté les pleins pouvoirs à Pétain (mais François a refusé de se rendre à Vichy, et il est absent lors du vote).

L'empire de Wendel est frappé par les drames de la sidérurgie. La famille se réfugie dans l'anonymat, d'abord derrière Sacilor, dont la majorité passe à l'État, puis derrière les patronymes des gendres, Celier ou Seillière, responsables d'une société de portefeuille, la Compagnie générale d'industrie et de participation (CGIP). C'est sombrer dans les sigles.

Reste, pour le principe, la société des Petits-Fils de François de Wendel (ils sont 350). Reste aussi que le nom des Wendel garde valeur d'exemple dans la caste des puissances d'argent et d'industrie. Il illustre le poids d'une famille, exemplaire entre toutes, plus que les cent quatre-vingt-dix-neuf autres.

Les Schneider

En regard des Wendel, il y a les Schneider : deux familles longtemps rivales. Ce qui pourrait amener à penser que, s'il faut accorder quelque crédit à la toute-puissance des deux cents familles, cette puissance est elle-même déchirée entre factions hostiles.

Si les Wendel ont devancé les Schneider sur le terrain de la métallurgie, les Schneider ont devancé les Wendel au conseil de régence de la Banque de France. Ils y apparaissent deux fois, de 1854 à 1871, de 1886 à 1897, longtemps avant que François de Wendel soit appelé à ce Conseil. Mais il ne s'agit là que d'une victoire chronologique.

Premier défi d'une famille à l'autre : c'est au Creusot qu'Ignace de Wendel a tenté ses premières expériences métallurgiques, et c'est cette même entreprise du Creusot, tombée en faillite, qu'Adolphe et Eugène Schneider rachètent en 1836 pour 2 680 000 francs, avec le concours de la banque Seillière, dont Eugène est un des collaborateurs, et avec l'appui d'un oncle député.

Les frères Schneider sont des Lorrains, descendants de laboureurs, petits-fils d'un « maître huilier », fils d'un notaire. Ils ont commencé leur carrière en dirigeant des forges dans les Ardennes, où déjà la banque Seillière a des intérêts. Sous la raison sociale « MM. Schneider Frères et Cie » avec un capital de 4 millions, ils fabriquent au Creusot des rails, des tôles, des machines à vapeur. De leurs ateliers et chantiers de Chalon, ils sortent la première locomotive française en 1838, un bateau à vapeur en 1840. Ils exploitent en 1845 trois hauts fourneaux, une fonderie de fonte et de bronze, une charbonnerie, des ateliers d'ajustage et de montage. Ils fabriquent des armes en acier. A la différence des Wendel, ils sont vraiment des « marchands de canons ».

De l'industrie, les Schneider passent sans effort à la finance. A la fin du second Empire, ils sont présents dans cinq grands conseils d'administration. Sans hésiter, ils se sont lancés dans la bataille des chemins de fer : ils font alliance avec Talabot et les Rothschild, face aux Pereire. Eugène compte parmi les fondateurs de la Société générale pour favoriser le développement de l'industrie et du commerce en France, qui sera, plus sobrement, la Société générale. Il en devient le président, alors même qu'il est régent de la Banque de France.

Tout naturellement, la famille entre en politique, quitte à donner matière à ceux qui dénonceront la collusion de la basse politique et de la haute finance. Eugène Schneider a été élu député en 1845, il est ministre du Commerce et de l'Agriculture en 1851. Membre influent du Corps législatif sous le second Empire, il le préside de 1867 à 1870.

C'est le temps où se précise l'opposition entre les Wendel et les Schneider. Les Wendel représentent la sidérurgie de l'Est et du Nord, les Schneider celle du Centre et du Midi. Les Wendel sont légitimistes, et comme tels, ils restent à l'écart du pouvoir sous le second Empire; les Schneider, bonapartistes, sont comblés d'honneurs. Les Wendel inclinent vers la libre concurrence et l'ouverture des frontières, les Schneider sont farouchement protectionnistes, même s'ils feignent de se rallier du bout des lèvres au traité de commerce franco-anglais : face à l'Association pour la liberté des échanges, ils ont milité au sein de l'Association pour la protection du travail national. Au Comité des Forges, qu'il préside dès son origine, Eugène Schneider défend des intérêts corporatistes.

En 1875, à la veille de sa mort, il voit son action consacrée par ce jugement de *l'Illustration* (cité par Adrien Dansette, *Naissance de la France moderne*) : « C'est la grande industrie qui, avec lui, a pris place dans les assemblées, dans les conseils du gouvernement, dans les pouvoirs de l'État. » Est-ce un hommage, est-ce une condamnation ?

Après Eugène, son fils Henri prend la gérance de l'entreprise et devient à son tour régent de la Banque de France. Il est aussi député de Saône-et-Loire – le département du Creusot. Le fils d'Henri, Eugène II, affronte les deux guerres du XXe siècle. En 1914, à la demande du gouvernement, il coordonne les industries d'armement et mène à bien d'amples programmes de fabrication ; les établissements Schneider, où sont nés les 75, livrent 155 courts et 280 courts : encore les marchands de canons ! Lors du second conflit et de l'occupation allemande, les Schneider doivent batailler contre les exigences et les réquisitions du vainqueur. Dans le même temps, les Wendel sont dépossédés.

La génération suivante a pour tâche de reconstruire l'entreprise, physiquement et financièrement. Mais les trois fils du dernier Eugène Schneider disparaissent sans laisser de postérité mâle : l'avion d'Henri a été abattu en 1918, celui de Jean s'est écrasé en 1944, et Charles, dernier survivant de la dynastie, meurt en 1960. La famille s'est éteinte, devançant l'extinction de ses hauts fourneaux. Et qui s'avise de retenir que Mme Valéry Giscard d'Estaing est une descendante directe d'Eugène Schneider ?

Au Creusot et ailleurs, la fonte et l'acier, surproduits et concurrencés, sont sur le déclin. Le groupe Schneider, décapité, passe aux mains du groupe Empain, puis fusionne avec les Ateliers de la Loire ; Creusot-Loire, à son tour, fait faillite. Reste, à l'enseigne de Schneider S.A., une société coiffée par Jeumont-Industrie, et qui contrôle Spie-Batignolles (électricité, génie civil),

Merlin Gérin (électricité, électronique) et Jeumont-Schneider (électronique, télécommunication). Mais les Schneider en sont absents.

Ils ont régné cent vingt ans, modèle des patrons paternalistes, vénérés et haïs, vainement statufiés dans ce Creusot qui les oublie.

Les grands régents sans postérité

Parmi les régents les plus fameux des débuts de la Banque de France, il en est dont le nom cesse, par la suite, de peser dans l'histoire. Même s'ils sont, en leur temps, des personnages, ils n'engendrent pas de familles dignes de figurer parmi les deux cents de la célèbre formule. Ainsi de Perrégaux, de Laffitte, de Le Couteulx, de Récamier.

Jean-Frédéric Perrégaux est, à sa manière, un phénomène. Il épouse successivement ou simultanément toutes les causes, celles de la monarchie, de la Révolution et de l'Empire, celle de Robespierre et de Napoléon, celles même de la France et de l'Angleterre. Né à Neuchâtel, il est d'origine suisse, se rend célèbre sous l'Ancien Régime pour ses soupers fins, participe à la prise de la Bastille, remet de l'argent anglais à des Jacobins. La Convention le place à la tête du Comité des banquiers qui doit faciliter au gouvernement révolutionnaire ses opérations de change et ses achats d'armes. Il finance la section des Piques, mais passe pour financer le coup d'État du 18-Brumaire. Entré dans le premier conseil de régence de la Banque de France, il en rédige les nouveaux statuts. Sénateur et comte, il donne sa fille à Marmont. Il est solennellement inhumé au Panthéon parmi les grands dignitaires de l'Empire : une carrière fluctuante et qui fait rêver.

Celle de Jacques Laffitte est moins tortueuse et plus édifiante. Fils d'un maître charpentier, d'abord clerc de notaire, puis teneur de livres à la banque Perrégaux, il devient son associé. A son tour, en 1809, il entre au conseil de régence de la Banque de France. A la Restauration, le baron Louis lui demande de remplir provisoirement les fonctions de gouverneur, et ce provisoire dure quatre ans. Durant les Cent-Jours, Napoléon l'a confirmé à ce poste, et après Waterloo il lui a confié quatre millions en or dont l'Empereur déchu disposera dans son testament. La seconde Restauration le maintient jusqu'en 1819 au gouvernement de la Banque, sans pour autant lui faire abandonner son siège de régent. Député libéral, il est en 1830 de ceux qui portent Louis-Philippe au pouvoir. On le voit présider la Chambre, devenir ministre d'État dans le cabinet de Casimir Perier, puis président du Conseil et ministre des Finances. Il démissionne en 1831 pour prendre la tête de l'opposition radicale. En 1837, afin de soutenir le commerce et l'industrie de la capitale, il fonde encore un comptoir d'escompte (la Caisse Laffitte), qui finit par sombrer. Une rue de Paris garde son nom, et c'est dans cette rue que viendront s'établir les Rothschild.

Plus effacé, Jean Le Couteulx de Canteleu ne joue de rôle appréciable que durant les premières années de la Banque de France; mais c'est un rôle décisif. Député aux États généraux par le Tiers de Rouen, il réorganise en 1794 la société des mines d'Anzin. Ami de Sieyès, il entre sous le Directoire au Conseil des Anciens et, après Brumaire, est fait sénateur. Dès 1796, il a suggéré la création d'une banque d'émission. En janvier 1800, avec Perrégaux, Mallet et quelques autres gens de finance, il arrête les statuts de l'établissement qui sera la Banque de France, et s'en fait élire régent, en qualité de négociant. C'est lui qui, en présentant ces statuts, prononce l'éloge de Bonaparte, parrain officieux de l'institution. Quatorze ans plus tard, au retour des Bourbons, il rédige le rapport qui fixe les nouvelles relations de la Banque et de l'État. Tour à tour sénateur d'Empire et pair de la Restauration, il sait se faire oublier.

Plus qu'à la Banque de France, Jacques Récamier doit son renom à la belle Juliette, son épouse. Fils d'un maître chapelier de Lyon, il fonde une maison de banque à Paris. En 1793, alors qu'il est âgé de quarante-deux ans, il contracte mariage avec une fillette de quinze ans, née Julie Bernard, dont le père a été notaire à Lyon : mariage d'amitié et de pure convenance dont on assure qu'il reste « blanc ». Jacques Récamier s'occupe moins de sa femme que de spéculation sur les assignats. Il étale un grand luxe dans son hôtel somptueux de la rue du Mont-Blanc, où Juliette reçoit le Tout-Paris. Il est régent de la Banque de France de 1800 à 1806, mais se hasarde en de dangereuses opérations sur l'Espagne. Napoléon, qui n'a pu obtenir les faveurs de Mme Récamier, refuse à son mari le prêt d'un million qui le tirerait d'affaire. Le banquier doit vendre ses hôtels, ses terres, son argenterie. Il remonte tant bien que mal son entreprise. Une seconde déconfiture le condamne, en 1819, à se retirer rue de Sèvres, chez les religieuses de l'Abbaye-aux-Bois auprès desquelles il retrouve Juliette, revenue de son exil italien, sinon de ses stériles amours. Il meurt vingt ans avant elle, qui finit ses jours aveugle, malade – et adulée.

Le quadruple cas des Perrégaux, Laffitte, Le Couteulx et Récamier démontre qu'il ne suffit pas d'avoir compté parmi les régents, et donc parmi les deux cents plus forts actionnaires de la Banque, pour figurer au catalogue des deux cents familles. Il est de grands régents sans postérité notoire.

Des familles de régents

En revanche, il est des régents dont le nom figure plusieurs fois au Conseil de la Banque : non pas qu'ils y fassent souche comme les Mallet, ou qu'ils soient aussi fréquemment présents que les Hottinguer ou les Perier. Leur puissance n'égale pas celle des Rothschild ou des Wendel. Mais ils comptent dans l'histoire de la Banque de France et dans celle de la haute société française.

Au palmarès d'une distribution des prix, derrière les lauréats d'exception, la palme du plus mentionné revient aux Pillet-Will. Descendant de négociants rouennais, ils sont trois fois nommés au conseil de régence : de 1828 à 1861, de 1861 à 1871, de 1871 à 1890. Le même siège leur revient durant soixante-huit ans. Tous sont banquiers, tous portent le titre de comte.

D'origine savoyarde, descendants des d'Aguesseau par la branche maternelle, ils s'établissent à Paris sous l'Empire. Michel participe avec Benjamin Delessert à l'enfantement de la première Caisse d'épargne. Porté à la régence de la Banque de France, il intervient contre la multiplication des banques d'émission départementales, puis pour la publication mensuelle des situations de la Banque. Il écrit des opuscules sur les finances, notamment sur la rentabilité des chemins de fer. Passant de la théorie à la pratique, il fait partie en 1852, avec les Rothschild, Mallet et Hottinguer, du consortium qui obtient la concession du chemin de fer de Paris à Lyon. Membre de l'Académie de Turin, il y fonde des prix de physique, de chimie et de mathématiques. Son fils lui succède au même siège de régent, où il est élu par 103 voix sur 104. Son petit-fils recueille le même héritage : en 1877, il invite en vain la Banque à intervenir sur le marché des valeurs. Ce faisant, il devance de soixante ans la politique dite d'*open market*, qui ne se concrétisera qu'en 1938. Au XXe siècle, les Pillet-Will persévéreront dans la vocation bancaire de la famille, et seront présents dans nombre de conseils d'administration.

En Touraine, les Gouin sont banquiers et industriels. L'ancêtre, Alexandre Gouin, est député d'Indre-et-Loire en 1831, ministre du Commerce du cabinet Thiers en 1840, de nouveau député sous la seconde République et le second Empire, puis sénateur; son fils Eugène reprend la banque paternelle et la carrière politique que lui ouvrent les électeurs tourangeaux. Maire de Tours, député puis sénateur à vie, il entre en 1876 au conseil de régence de la Banque de France. Vingt ans plus tard, Jules Gouin, censeur de la Banque depuis 1890, devient régent à son tour. Les Gouin sont très répandus dans le monde des affaires : ils administrent des compagnies de chemins de fer – en France, en Grèce, en Indochine, en Tunisie –, participent au Comité des Forges, président la Banque de Paris et des Pays-Bas.

Cinq autres familles, au moins par deux fois, siègent dans les organes supérieurs de la Banque de France. Les d'Eichthal sont des banquiers israélites venus de Munich vers 1820, présents dans de nombreux conseils d'administration (notamment dans les compagnies de chemins de fer), mais présents aussi dans les cénacles de la pensée économique : Gustave milite d'abord parmi les saint-simoniens, puis publie des travaux d'ethnologie et de géographie, voire de théologie. Adolphe, régent de 1839 à 1849, député de la Sarthe sous la monarchie de Juillet, écrit plus prosaïquement des traités sur la monnaie de papier et les banques d'émission. Eugène dirige les « Sciences po », siège à l'Institut et, en 1929, il est porté au conseil de régence.

Même si les Vernes ne sont que deux fois régents (de 1886 à 1907 et à dater de 1921), ils tiennent une bonne place dans l'histoire de la banque, au-delà même du XIXe siècle. Ils sont bourgeois du Vivarais en 1722, puis se fixent à Genève. Jacob Vernes, candidat en théologie dans la cité de Calvin, doit s'exiler à Amsterdam, pour avoir été trop tôt le soupirant d'une jeune orpheline. De retour à Genève, il y prêche la vertu, face à la « dépravation aristocratique ». En plusieurs écrits, il commente le christianisme de son compatriote Rousseau. La famille Vernes (mais est-ce bien la même que celle du pasteur ?) s'établit ensuite à Paris, et donne à la Banque de France, de 1832 à 1857, un sous-gouverneur fort actif, qui tour à tour combat pour l'implantation de comptoirs en province (à Reims, à Saint-Étienne, à Strasbourg...), négocie à Saint-Pétersbourg la vente de rentes françaises au Trésor russe, préconise l'élimination des Banques départementales d'émission et s'oppose – en 1865 – à l'instauration d'un cours légal des billets. Régents sous la troisième République (petit-fils et arrière-petit-fils du sous-gouverneur), les Vernes restent des banquiers de renom, présents dans nombre de conseils d'administration.

Les Darblay, avant de donner tardivement un régent à la banque, lui donnent deux censeurs, de 1854 à 1878, de 1885 à 1893. Élus par l'assemblée des deux cents plus forts actionnaires, les censeurs, qui sont trois auprès des quinze régents, ne participent pas à l'administration de la Banque mais ils exercent leur contrôle sur le respect des statuts et règlements, ainsi que sur toutes les opérations; ils assistent au Conseil général avec simple droit d'observation. C'est en qualité d'industriels que les Darblay ont été appelés au poste de censeur. Leur aïeul Simon, aubergiste et maître de poste à Étréchy, près d'Étampes, s'est fait aussi meunier-farinier. Son fils a pratiqué à une tout autre échelle le commerce des grains et farines. Au début du second Empire, un Darblay devient conseiller d'escompte à la Banque (le conseil d'escompte compte douze membres, choisis par les censeurs parmi les actionnaires exerçant le commerce à Paris). Les frères Darblay ont alors, de notoriété publique, une fortune exceptionnelle, en France et à l'étranger. Leur entreprise de meunerie engendre les Grands Moulins de Corbeil. Puis, avec le concours de Louis Hachette, ils créent les papeteries d'Essonnes, qui deviendront les Papeteries Darblay, avec des établissements en Seine-et-Oise, dans la région de Rouen (La Chapelle-Darblay) mais aussi à Salonique, au Caire, à Alexandrie. Puissante dans les affaires, la famille ne dédaigne pas la politique et le journalisme : Darblay aîné (Auguste-Rodolphe) est député de Corbeil sous Louis-Philippe, et siège à l'Assemblée législative jusqu'au coup d'État du 2 décembre. Darblay jeune (Aimé-Stanislas) siège au Corps législatif sous le second Empire. Son fils Robert préside la société du quotidien *le Journal*. Un Darblay figure au conseil de régence quand il est dissous en 1936.

En ce même palmarès de la Banque de France, avec deux mentions, figure aussi la famille Delaunay-Belleville : pour un censeur, de 1897 à 1912, qui devient régent de 1912 à 1913. Un patronyme vite oublié dans le monde de la finance, mais qui a son heure de gloire dans le monde de l'automobile : Louis Delaunay, ingénieur du génie maritime, s'est associé avec Belleville, son beau-père, constructeur de machines à vapeur et de chaudières pour bateaux. Ensemble, ils fabriquent des voitures de luxe, fameuses avant 1914. Mais la société sombre après la guerre, incapable de faire face à la construction de grande série.

Deux mentions encore pour les Mirabaud : cette dynastie bancaire est d'origine languedocienne, et André Delavenne (*Recueil généalogique de la bourgeoisie ancienne*) peut suivre sa filiation depuis le milieu du XVIe siècle : des vignerons, puis, à Aiguesvives, un collecteur de taille, un consul, un bailli, des notaires. Deux frères Mirabaud sont chirurgiens-majors au régiment Penthièvre-Cavalerie. Jean Mirabaud, huguenot, se réfugie à Genève « pour cause de religion ». Il y fait commerce d'épicerie, de droguerie, puis de bois, de blé et de vin. Il est bourgeois de Genève en 1749. Dans sa lignée, Jacques Marie Jean, né à Genève, s'établit à Milan, y fonde une banque en 1814 et s'y distingue dans le trafic des changes et des métaux : il prête aux États italiens, et même à l'impécunieuse Marie-Louise, duchesse de Parme. Il est appelé à siéger comme député de la ville au Conseil représentatif. L'un de ses fils, Louis-Henri, se fixe à Paris, où il fonde la Banque en commandite Mirabaud et Cie. Naturalisé français en 1884, il est membre du consistoire de l'Église réformée. Les Mirabaud comptent désormais parmi les animateurs de la haute banque protestante, avec les Mallet ou les Hottinguer. Un premier Mirabaud est régent de la Banque de France de 1907 à 1909, un second figure à ce même Conseil quand le Front populaire le dissout en 1936.

La famille Mirabaud s'est volontiers distinguée dans les grandes affaires minières : fer nord-africain, cuivre yougoslave, argent et zinc péruviens, phosphates de Gafsa. Après 1945, ayant perdu les mines de Bor, les Mirabaud diversifient leurs investissements, dans les conserves, les boissons, la parfumerie, les transports. Ils finissent en 1953, absorbés par la Banque de l'Union parisienne, qu'ils avaient naguère enfantée avec leurs coreligionnaires. Les descendants des Mirabaud trouvent toujours place dans les conseils d'administration.

Ultime galerie de régents

Il n'est pas question ici de passer en revue tous les régents de la Banque de France. Il suffira de les dénombrer. En cent trente-six ans, quinze sièges ont été occupés par 160 personnalités, avec un maximum de 22 régents pour l'un des fauteuils réservés aux trésoriers payeurs généraux, et un minimum de 4 régents pour le fauteuil attribué en permanence aux Mallet. A ces 160 régents, s'ajoutent 17 gouverneurs et 37 sous-gouverneurs, ainsi que 32 censeurs. Soit un état-major total de 246 responsables.

Dans cette galerie de notables, on retiendra, en dehors de tous ceux qui ont été évoqués, quelques noms qui appellent l'attention. Chacun d'eux ne figure généralement qu'une ou deux fois au livre d'or de la Banque : il peut ne s'agir que d'individus, dont la famille s'illustre en dehors de l'institut d'émission.

Les Neuflize descendent des Poupart, fabricants de draps à Sedan, que Louis XV anoblit et qui prennent alors le nom de Neuflize. Jean Abraham Poupart, seigneur de Neuflize, entre par son mariage dans une banque fondée par la famille André, originaire du Vivarais et devenue génoise au XVIIe siècle. Baron d'Empire et maire de Sedan, un Neuflize reçoit chez lui, en 1802, Bonaparte et Joséphine. Un siècle plus tard, en 1902, le baron Jean Frédéric de Neuflize devient régent de la Banque de France et le restera jusqu'en 1920. Un autre Neuflize sera encore appelé au conseil de régence, presque à la veille de sa dissolution. Entre-temps, la famille a participé à la fondation de la Banque de l'Union parisienne, comme à l'animation de nombreuses entreprises bancaires et minières. En 1896, la banque familiale a pris le nom de Banque de Neuflize, qui devient, en 1947, Neuflize Schlumberger Mallet et Cie, avant de passer en 1971 sous le contrôle d'un groupe hollandais.

Autres familles présentes à la fois sur la liste des régents et dans la chronique de la communauté française : celle des Seydoux, qui a donné un régent à la Banque, de 1893 à 1912, mais aussi des diplomates et des hommes d'affaires (c'est un nom qu'on retrouvera). Celle des Vogüé, la seule qui, parmi les banquiers, industriels et négociants appelés à siéger au conseil de régence, y figure (de 1928 à 1936) avec la mention « agriculteur » : les Vogüé savent à l'occasion se faire gentilshommes campagnards. L'un d'eux a été membre de la Constituante, d'autres ont été députés au temps de la troisième République. Les Vogüé, marquis, comtes ou vicomtes, se sont distingués dans les lettres et dans les ambassades, à l'Académie française et dans le Champagne, voire dans le verre et au canal de Suez. Un grand nom du Vivarais, devenu un grand nom de France.

Les Seillière

Faut-il s'en tenir à la seule galerie des Régents? Il est de grandes familles qui n'ont jamais accédé au conseil de régence de la Banque et qui pourtant ont compté à la fois parmi les deux cents plus forts actionnaires et parmi les familles les plus riches de France.

La dynastie des Seillière est à cet égard exemplaire. Elle fait son apparition, au seuil du XIXe siècle, avec un Nicolas Seillière qui est à la fois fabricant de draps, négociant et banquier, et qui a été fait baron en janvier 1814. Il a été fournisseur des armées impériales. Il a prêté aux Wendel pour leur permettre l'achat des forges de Moyeuvre. Il tient maison de banque à Paris, rue des Moulins. On lui attribue déjà une fortune de plus de 5 millions, lorsqu'il meurt en 1825. L'un de ses fils, prénommé aussi Nicolas, laisse vingt ans plus tard, en 1846, un avoir de 11 millions, qui passe alors pour un record. Le second de ses fils, François Alexandre, qui épouse une demoiselle Gibert, fait mieux encore : vers le milieu du siècle, le ménage dispose de quelque 15 millions.

De génération en génération, le patrimoine se gonfle, pour

atteindre à des sommets. En 1830, les Seillière assurent l'intendance de l'expédition d'Algérie : habillement et munitions. En 1836, avec les Schneider, ils achètent Le Creusot. Le fils de François Alexandre, Florentin Achille Seillière, fait apport de 2 millions lorsqu'en 1838 il signe son contrat de mariage. La dot de sa femme et les héritages qu'il reçoit par la suite, grossis par d'heureux placements, permettent d'évaluer sa fortune en 1866 (au décès de Mme Zoé Seillière) à plus de 32 millions : un montant tout à fait exceptionnel sous le second Empire, souligne Alain Plessis.

De quoi se compose cette étonnante fortune? D'environ 8 millions de biens immobiliers, parmi lesquels figure un hôtel rue Saint-Dominique. D'une belle collection de meubles meublants, dont 250 000 francs pour la résidence de Paris. De 22 millions d'actifs bancaires et industriels : 17 millions dans la banque Seillière, qui a des intérêts jusqu'à San Francisco, près de 5 millions dans la manufacture de Pierrepont, en Lorraine, qui fournit le drap aux armées, et diverses participations dans les houillères de Montchanin, près du Creusot, ou dans les forges de Bazeilles, près de Sedan. Enfin, d'un bon paquet de valeurs mobilières, pour plus d'un million de francs, dont 420 000 en actions de la Banque de France : ce qui classe le baron Seillière au tout premier rang des Deux Cents.

Il est administrateur de sept puissantes sociétés : le très fameux Crédit mobilier, la jeune Compagnie générale transatlantique, la Compagnie de Madagascar, deux compagnies de chemins de fer en France (Est et PLM), deux autres à l'étranger (Nord de l'Espagne et Central Suisse). Il est alors le fidèle compagnon de route des Schneider, que la famille Seillière a naguère aidés à s'établir. En 1873, à la veille de sa mort, il est l'un de ceux qui participent au Syndicat des maisons qui se sont groupées pour assurer le succès de l'emprunt pour la libération du territoire.

Entre-temps, Florentin Achille Seillière a marié sa fille au prince de Sagan, avec une dot de 2 millions. Et il a marié l'une de ses sœurs au prince de Berghes Saint Winock, qui a été pair de France sous la monarchie de Juillet et qui figure lui aussi parmi les deux cents plus forts actionnaires de la Banque de France.

Une telle opulence ne franchit pas les siècles. Mais la famille Seillière, dans sa descendance, aura d'autres atouts. Le baron

Ernest, élève de Polytechnique et de l'université de Heidelberg, se distinguera comme philosophe et comme sociologue; il sera membre de l'Académie des sciences morales et politiques, puis de l'Académie française.

La famille ne renonce pas pour autant à sa vocation financière et industrielle. Le fils d'Ernest, Jean Seillière, reste maître de forges au XXe siècle. En 1926, il épouse Renée de Wendel, fille de Maurice de Wendel; fondé de pouvoirs de la Maison aux houillères de Petite-Rosselle, il est mobilisé en 1939, comme capitaine de dragons, au sein d'un groupe de reconnaissance qui opère dans la région même de Forbach; entre deux patrouilles, il peut surveiller « sa mine ». Mais Petite-Rosselle est germanisée en 1940, nationalisée en 1946. Il reste à Jean Seillière à présider la Société métallurgique de Senelle-Maubeuge, à administrer Usinor, à la veille du double déclin du charbon et de la sidérurgie.

Comme les Schneider qu'ils ont aidés, comme les Wendel à qui ils se sont alliés, les Seillière ne sont plus au XXe siècle que l'ombre de ce qu'ils furent au siècle précédent. Le charbon n'est plus roi, l'acier décline, la banque, tantôt étatisée, tantôt reprivatisée, passe par des fortunes diverses. Les Seillière rentrent dans le rang.

Jusqu'au jour où Ernest-Antoine Seillière, fils de Renée de Wendel, démontre que la famille garde quelque faculté d'adaptation : président de la CGIP (Compagnie générale d'industrie et de participation), le nouveau baron Seillière diversifie ses ambitions : plus question de sidérurgie. La holding contrôle des affaires d'emballage métallique (Carnaud), d'informatique (Cap Gemini Sogeti) ou de banque (Demachy). C'est étaler risques et chances.

Synthèse familiale

Revenons aux régents : parmi beaucoup de disparités, elles ont tout de même quelques traits communs, ces familles qui ont donné des régents à la Banque de France. A tout le moins, il est possible de dégager certaines notes dominantes dans leurs origines et leur carrière.

Origines géographiques. Beaucoup viennent des pays étrangers les plus proches de la France, et tout spécialement de Suisse : de Zurich pour les Hottinguer, de Neuchâtel pour Perrégaux, du pays de Vaud pour les Delessert, de Genève pour les Mallet ou les Mirabaud. Cependant que les Neuflize viennent de Gênes, les Rothschild de Francfort, les d'Eichthal de Munich.

Les provinces françaises, bien plus que Paris, engendrent d'autres familles notoires : le Dauphiné donne les Perier, le Lyonnais les Récamier, la Savoie les Pillet-Will, le Languedoc les Davillier, la Lorraine les Wendel et les Schneider, la Touraine les Gouin.

De toutes ces familles, celles que les généalogistes font remonter le plus loin dans le temps paraissent être celle des Mallet, dont les aïeux sont repérables dès le XVIe siècle, et celle des Wendel, dont on trouve les traces à la fin de ce même siècle. Plusieurs situent leurs origines ostensibles au XVIIIe, comme les Hottinguer ou les Rothschild. La plupart n'ont de vrais titres d'ancienneté qu'au XIXe siècle.

Confessionnellement, et compte tenu de leurs souches géographiques, ces familles sont moins souvent catholiques que protestantes : c'est le cas des Mallet, des Hottinguer, des Delessert, des Vernes, des Mirabaud, des Neuflize. Souvent, ces familles ont quitté leur berceau provincial à la révocation de l'Édit de Nantes, pour revenir en France quand les passions religieuses se sont apaisées, ou quand le climat politique et social leur est redevenu favorable. A noter aussi les familles juives : les Rothschild, les d'Eichthal. Pour mémoire, on rappellera que protestants et Juifs ont de tradition été plus ouverts au commerce de l'argent que les papistes, qu'en avaient longtemps écartés les interdits sur le prêt à intérêt.

Il est donc tout naturel que les familles en question se soient tournées vers la banque et les affaires : d'autant plus que les statuts mêmes de la Banque de France ont imposé de recruter parmi les banquiers la majorité des régents venus du secteur privé. Banquiers donc, les Hottinguer, Laffitte, Récamier, Pillet-Will, Mirabaud... Spéculateur, Perrégaux. Mais les industriels ne manquent pas, même si dans la suite de leur carrière, ils ont glissé vers la banque. Pionniers de la métallurgie, les Wendel et les Schneider. Magnats de la meunerie, les Darblay. Rois du textile (ou aspirant à l'être), les Mallet, Hottinguer, Neuflize, Mirabaud, Vernes, Delessert...

Parallèlement à leur carrière financière ou industrielle, tous ne font pas une carrière politique. Mais beaucoup ne résistent pas à la tentation : tentation de mettre leurs intérêts au service de leur ascension politique, ou de mettre la politique au service de leurs intérêts. Ils sont députés, sénateurs ou pairs, derrière Perrégaux et Le Couteulx de Canteleu, les Delessert, les Davillier, les Wendel. Jacques Laffitte est ministre et président du Conseil. Eugène Schneider est ministre et président du Corps législatif. Les Perier, sur trois générations, accèdent aux plus hautes fonctions dans l'État : le premier Casimir Perier est président du Conseil, Auguste Casimir-Perier est ministre de l'Intérieur, Jean Casimir-Perier préside tour à tour la Chambre et le Conseil des ministres, avant d'être porté à la présidence de la République.

En matière de politique, ces parvenus de la haute finance font preuve d'un bel éclectisme. On les retrouve sur tout l'éventail des opinions. Laffitte est libéral, les Wendel sont légitimistes, les Schneider et les Hottinguer sont bonapartistes. Mais les conceptions peuvent être à éclipses, et il advient que le même personnage change de couleur selon les circonstances et les besoins : un Perrégaux sert tous les régimes, et aussi un Delessert ou un Laffitte. Après tout, ne faut-il pas toujours servir la France ?

Récompense logique de ces fidélités mouvantes, les roturiers de la banque reçoivent des titres de noblesse. Si les Neuflize sont déjà marquis sous Louis XV, les Mallet, Hottinguer, Delessert, Davillier sont faits barons par Napoléon, et les Rothschild par l'empereur d'Autriche.

Mais les honneurs ont leur contrepartie. Les épreuves ne sont pas ménagées à ces familles intrépides, qui prennent des risques en courant leurs chances. Ces risques ne sont pas seulement ceux de toute entreprise financière, industrielle ou commerciale. Ils atteignent des sommets pour les Wendel, frappés dans leurs biens, voire dans leurs personnes, par la Révolution qui les dépossède, par les Allemands qui les chassent après 1870 et encore après 1940, par les nationalisateurs français de 1945. Les Rothschild, eux, sont mis à la porte par l'Allemagne nationale-socialiste, avant de l'être par les socialistes français de 1982. C'est le sort des puissants, que de vivre dangereusement.

La Banque de France est le commun dénominateur de toutes ces familles. A croire qu'elle-même a les vertus d'une famille, non seulement pour les régents, mais pour nombre d'actionnaires et pour une foule d'employés, qu'on retrouve de père en fils dans l'institution. Certains noms semblent attachés à la Banque, sur un demi-siècle ou davantage. « Parmi les deux cents plus forts actionnaires du second Empire, note Alain Plessis, on retrouve des patronymes figurant déjà sur les listes du Consulat et de l'Empire. » Exemples, parmi beaucoup d'autres : Cambacérès, Clary, Fulchiron, Lacaze, Lebrun, Le Marvis, Moynot, Pelet de la Lozère, Rigaud, Rougemont de Lowenberg...

De même, les conseillers d'escompte de la Banque, nommés par les censeurs, et dont le rôle est d'examiner le papier présenté à l'escompte, semblent souvent constituer de véritables dynasties. Ainsi les Moreau, qui font le commerce des bois, les Guyot de Villeneuve, qui font négoce de pelleterie, les Halphen dont la maison de joaillerie a des antennes d'Amsterdam à Batavia et au Brésil, les Vassal, qui ont fait fortune dans la tannerie.

Mais en règle courante, ces grandes familles de la Banque ne survivent que de père en fils, voire en petits-fils, rarement au-delà. Leur destin est conforme au vieil adage populaire : « Cent ans bannière, cent ans civière : une fortune ne passe pas trois générations. » Jacques Bainville a repris ce thème sous une autre forme : « Les richesses ne sont pas éternelles, elles sont fragiles, elles se reforment sans cesse, rarement dans les mêmes mains. »

Il n'est de longévité familiale qu'à titre exceptionnel : c'est le cas des Rothschild, des Hottinguer, des Wendel. Encore ces dynasties ont-elles finalement décliné. Les Mallet, les Perier, les Davillier, les Delessert, les Schneider ont disparu ou sombré dans l'oubli. Depuis longtemps, il n'y a plus de Perrégaux, de Laffitte, de Récamier, de Pillet-Will...

Seule une monarchie héréditaire peut prolonger une famille en enjambant les siècles. Sans le secours d'un pareil statut, toute survie est à la merci des humeurs du temps : les aléas de la fortune, les prélèvements fiscaux, les revers de gestion, les erreurs de technique, les caprices de la Bourse viennent à bout des patrimoines les plus cossus, des entreprises les plus robustes. Ce pour quoi les deux cents familles, à supposer qu'elles aient la puissance que leur prête le mythe, ne peuvent être qu'éphémères. Si les civilisations sont mortelles, les richesses le sont plus encore : leur sort naturel est de passer et de trépasser. Inutile d'appeler au secours le Grand Soir et le triomphe du prolétariat pour en finir avec les deux cents familles. Le temps en vient à bout, inexorablement.

III

LES ANTÉCÉDENTS

Pour et contre l'or

Avant de voir ce qu'il advient du thème des deux cents familles, il nous faut revenir en arrière et remonter le temps pour déceler ses formes antérieures. On n'a pas attendu le XXe siècle pour fustiger la ploutocratie.

Ploutocratie : le vocable est de facture récente. Il apparaît chez Renan en 1848, et le mot ploutocrate semble forgé par Proudhon. Ploutos, dont les Latins feront Plutus, est le dieu de la richesse : celui, dit Homère, « qui donne la richesse aux hommes mortels ». Il est le fils de Déméter, la déesse qui règne sur la terre cultivée, spécialement sur les terres qui produisent le blé, et dont les domaines d'élection se situent dans les plaines d'Eleusis ou de Sicile, greniers du monde antique. Ainsi se précise, à l'origine, la prééminence de la richesse agricole ou foncière. Aristophane complète le portrait de Ploutos en assurant que Zeus l'a rendu aveugle pour l'empêcher de favoriser les honnêtes gens : c'est, par avance, jeter la suspicion sur toute richesse.

La Bible est moins sévère à son endroit. Sans doute Yahvé s'indigne-t-il, comme d'un retour au paganisme, de l'adoration du Veau d'or : « Ils se sont fabriqué, en métal fondu, un veau devant lequel ils se sont prosternés. » Moïse, enflammé de colère, fait brûler l'idole. Mais il se garde d'anéantir le métal : il le réduit en une fine poussière dont il saupoudre la surface de l'eau qu'il fait boire aux enfants d'Israël. Depuis ce jour, l'or reste en leur cœur.

Aussi bien, les Écritures ruissellent d'or, sans condamner le fabuleux métal. Abraham est riche d'or comme de troupeaux. L'Arche que construit Moïse est plaquée d'or pur, et son pourtour est garni d'une moulure d'or. Sont d'or toujours, pour l'Arche, les plats, les coupes, les aiguières, les patènes à libation, le candélabre, les lampes. Pour la Demeure, pour l'autel des parfums, agrafes, cadres, anneaux, traverses, colonnes, crochets doivent être d'or ou plaqués d'or. Pour les prêtres, l'or sera prodigué sur l'écharpe, les chatons, les chaînettes, les clochettes, le diadème. De même, Saül accroche des joyaux d'or aux vêtements des filles d'Israël, David consacre à Yahvé l'or de toutes les nations qu'il a subjuguées, Salomon couvre d'or, dans le Temple, le Saint des Saints, les chérubins, les palmiers sculptés, et jusqu'au plancher « à l'extérieur et à l'intérieur ». Dans le Cantique des Cantiques, le nom du métal précieux revient comme un motif musical. « Mon amie, nous te ferons des colliers d'or – Mon bien-aimé, sa tête est de l'or pur – Ses mains sont d'or, faites au tour – Ses jambes sont des colonnes de marbre sur des socles d'or »... Allégories ou réalités concrètes, l'or est partout présent. Comment le peuple d'Israël n'en serait-il pas marqué ?

Il est vrai que toutes les religions ont fait à l'or une place de choix : en Égypte, il est la chair même des dieux issus de Râ. Sur les rives de l'Euphrate, Nabuchodonosor passe pour ériger une statue d'or de six coudées de haut, que tous les dignitaires ont ordre d'adorer. En Inde, Agni et Soma, le soleil et la lune, se fondant en un être unique, engendrent une seule substance, qui est l'or; et Bouddha descend sur terre par une échelle d'or. Dans la mythologie gréco-romaine, responsable de Ploutos, Danaé se métamorphose en pluie d'or pour séduire Zeus, Pâris au Jardin des Hespérides offre à Aphrodite une pomme d'or qui déchaîne la guerre de Troie, Jason et les Argonautes s'en vont quérir la Toison d'Or, le roi Midas transforme en or tout ce qui tombe sous sa main. Dans la mythologie des Germains, le Walhalla est revêtu d'or, Siegfried s'empare de l'or du Rhin.

Mais si l'or a belle part dans les religions et les légendes, il est souvent l'objet des malédictions de ceux qui se piquent de penser ou d'écrire. Philosophes et hommes d'État en médisent à qui mieux mieux. Lycurgue prohibe l'or de Sparte. Platon l'interdit dans sa République. Caton en fustige l'éclat. Virgile dénonce « la faim maudite de l'or ». Shakespeare en fait un poison. Thomas More ne voit en son prix que la conséquence de la folie humaine. Voltaire et Montesquieu raillent la passion de l'or. Cambon le met au niveau du fumier. Lénine le voue à l'ornement des latrines publiques. Keynes voit en son culte un reste de la barbarie. Roosevelt le considère comme un vieux fétiche. Mais certains de ces contempteurs de l'or n'en font pas fi pour leur compte personnel...

Le maître de Santiago, personnage de Montherlant, exprime à sa manière son mépris pour l'or : « On aimait l'or parce qu'il donnait le pouvoir et qu'avec le pouvoir on faisait de grandes choses. Maintenant, on aime le pouvoir parce qu'il donne l'or et qu'avec cet or on en fait de petites. « Langage de théâtre...

FUGGER, WELSER, MÉDICIS...

L'or n'est que le plus éclatant des symboles de l'opulence et de la puissance. D'une façon générale, c'est à la richesse et aux riches que s'en prennent les maîtres redresseurs de la société : parce qu'ils ont le souci de l'égalité, ou parce qu'ils envient ceux qui ont réussi, ou parce qu'ils veulent soustraire le gouvernement de la chose publique à la mainmise des nantis.

Sans remonter aux Grecs et aux Romains, sans rappeler la fluctuante interprénétration de la politique et de la finance dans le monde antique, on retiendra, après la longue éclipse des siècles barbares (au cours desquels ont sombré, tout à la fois, le pouvoir politique et la finance), la résurgence, à la Renaissance, de quelques familles solidement argentées qui ont pu peser sur le destin de l'Europe. Voici, prototypes des deux cents familles, les Fugger, les Welser, les Médicis.

Les Fugger ne sont à l'origine que de modestes marchands d'Augsbourg : l'ancêtre y vend des fontaines; le fils et les petits-fils font teinture et commerce des tissus; les descendants prêtent aux princes, aux papes et aux rois. Ils en obtiennent la concession de mines, traitent les métaux, trafiquent sur le poivre et le mercure, accumulent trésors et dignités. Ce sont eux qui payent l'élection de Charles Quint au Saint-Empire. Tandis que François Ier, soutenu par les Italiens, prodigue les écus d'or,

Charles, soutenu par les Fugger, remet aux électeurs, avec de bons sacs de florins, des effets payables après les élections. Victoire du crédit sur le comptant, de la banque sur la monnaie, du papier sur le métal. Victoire aussi des Fugger : « Il est de notoriété publique et clair comme le jour, peut écrire Jacob Fugger à l'Empereur pour lui rappeler sa dette, que Votre Majesté Impériale n'aurait pas pu, sans moi, obtenir la couronne romaine. » Le pape embrasse ce même « Jacob le Riche », qu'il appelle « son fils bien-aimé », les cardinaux se lèvent devant ce marchand, l'Empereur le fait comte palatin et donne le droit de battre monnaie à Anton et Raymond Fugger. Un quartier d'Augsbourg se nomme la Fuggerei; et le patronyme des Fugger, en bien des langues, devient un nom commun (comme Crésus, deux mille ans plus tôt) pour désigner un homme d'argent. *Fokker* en allemand, *fouckeur* en wallon, *fucar* dans l'espagnol de Cervantès.

La maison Fugger, qui traite de pair avec les Habsbourg, est présente d'Anvers à Venise, de Naples à Alcantara. Elle se fait attribuer les revenus des trois ordres de chevalerie dont le roi d'Espagne est le grand maître. Elle considère qu'elle tient « sous sa dépendance les deux moitiés du monde : le pape et l'empereur ». Mais sa puissance, comme sa fortune, n'a qu'un temps. Frappés par les banqueroutes de leurs débiteurs, emportés par le déclin espagnol et la montée des Génois, ils ne survivent guère au-delà du XVIe siècle.

Les Welser, dans le même temps et dans la même ville d'Augsbourg, alors capitale de la banque, ont un destin à peine moindre. Ces patriciens de Bavière pratiquent le commerce sur les grandes places européennes, de Genève à Cologne, d'Anvers à Venise, de Lyon à Lisbonne. Ils disposent d'une flotte pour importer les épices des Indes, le sucre et le coton de Madère. Eux aussi prêtent à Charles Quint, et reçoivent de lui en retour de nombreux privilèges, comme le droit de fonder une colonie au Venezuela, d'exploiter les mines de cuivre de Saint-Domingue, de pratiquer la traite des Noirs. Une nièce des Welser, Philippine, épouse un fils de l'empereur Ferdinand. Mais la colonisation de l'Amérique latine tourne mal, les Habsbourg ne remboursent pas. En 1614, Mathias Welser dépose son bilan. Il restera aux descendants de la famille, dûment anoblis, la consolation de se parer du titre de barons d'Empire.

Le destin le plus glorieux de toutes les dynasties bancaires est celui des Médicis. Sont-ils des banquiers qui se mêlent de politique, ou des politiciens qui se font banquiers? Toute la famille traite simultanément des affaires d'argent et des affaires d'État. Jean, défenseur du peuple florentin et banquier de la Curie romaine, fonde la fortune de la famille. Cosme, maître de Florence, traite avec le pape, l'empereur de Constantinople, le sultan, le roi d'Angleterre, le roi de France, le duc de Bourgogne : il est le bailleur de fonds de l'Europe. Son petit-fils Laurent, qui sera le Magnifique, gère une maison dont les filiales font la loi à Lyon, à Bruges, à Londres, à Rome. Il triomphe des rivaux qui cherchent à l'assassiner, du pape qui l'excommunie. Prince autant que banquier, diplomate en même temps que mécène, il sait tout à la fois régler la solde de l'armée de Florence, spéculer sur les changes et les valeurs, pensionner Botticelli ou Michel-Ange. Avec lui, le trésor des Médicis se confond avec celui de Florence, la richesse publique avec la richesse privée, la banque avec l'État. Après lui, même déchue de sa splendeur, la famille donnera un pape au Saint-Siège et deux reines à la France.

Fugger, Welser, Médicis, ce ne sont que des échantillons de ces lignées cumulant le pouvoir de l'argent et le pouvoir tout court en ces siècles de Renaissance qui donnent leurs chances aux aventuriers du négoce et de la banque, alors que le monde se métamorphose et s'élargit. Dans les États d'Allemagne et d'Italie, notamment, la puissance politique n'est ni assez centralisée ni assez organisée pour interdire l'éclosion de puissances parallèles, nées de l'argent.

C'est aussi le temps où la bourgeoisie marchande grandit à Pise, Venise ou Lucques, à Dantzig, Lübeck ou Riga; le temps où à Anvers la famille Van der Beurse donne son nom à la première Bourse du monde; où à Londres Thomas Gresham, à la tête d'une fabuleuse fortune, fait bâtir le Royal Exchange; où au Japon la classe des marchands et des artisans se groupe en corporation, avec privilèges héréditaires.

Naissance ou résurrection du capitalisme, sous ses formes variées.

Dans la France d'Ancien Régime

En France, le problème des riches se pose autrement, dès l'instant que le roi est en mesure de s'imposer. Au préalable, du temps des premières dynasties, les vassaux, grands ou petits, tenant tête au souverain, se sont adjugé le droit de battre monnaie. Les féodaux, laïcs ou gens d'Église, possesseurs de la terre et monnayeurs abusifs, ont alors été les détenteurs de la richesse comme de la puissance. Mais les Capétiens, au prix de patients efforts, y mettent bon ordre. Ils rachètent ou conquièrent les fiefs et les droits monétaires, ils imposent leur suprématie. Leur victoire est concrétisée et illustrée avec Philippe le Bel qui « nationalise » sans façon les biens des Templiers, ces moines-soldats devenus banquiers, qui représentent à leur manière la haute finance internationale. Quitte à les torturer et à les faire monter sur le bûcher, le roi administre la preuve qu'il est désormais plus fort que les plus riches.

« Les rois les plus acharnés à détruire la seigneurie féodale, écrira Bertrand de Jouvenel (*Du pouvoir*), sont aussi les plus propices aux banquiers, aux marchands, aux maîtres fabricants. » Ce constat ne vaut pas pour Philippe le Bel. Il ne tolère ni les seigneurs, ni les banquiers. Mais, comme tous les Capétiens, il accepte les fiefs corporatifs : par exemple la « Grande Boucherie de Paris », dont les étaux se transmettent de mâle en mâle, avec une armée de garçons, de valets, de tueurs et d'écorcheurs; « les mêmes familles, dira Michelet, les ont possédés pendant plusieurs siècles ».

La primauté de la monarchie, et du même coup la subordination des puissances d'argent, ne sont remises en cause que par accident, lorsque la France est déchirée par des convulsions internes : durant la guerre de Cent Ans, un Étienne Marcel, drapier opulent, élu des marchands de Paris, pactise avec l'ennemi; un Jacques Cœur, maître d'un réseau de comptoirs au Levant, monnayeur à Bourges et à Paris, argentier du roi, banquier de la Cour, est arrêté, jugé, condamné, emprisonné pour la raison essentielle que sa fortune est insolente. Les guerres de Religion ou la Fronde peuvent aussi être propices à des usurpations de puissance au profit des hommes d'affaires. Mais, sitôt restaurée dans ses moyens d'action, la monarchie y met bon ordre : avec Henri IV, avec Richelieu; mieux encore avec Louis XIV, qui ne tolère pas que l'État appartienne à d'autres qu'à lui.

Le cas de Nicolas Fouquet est exemplaire. Voilà un parvenu que le roi n'entend pas laisser « parvenir » aux sommets. Son père, François Fouquet, est un armateur qui tente sa chance dans l'aventure américaine, avec la Compagnie des Cent associés de la Nouvelle France, puis avec la Compagnie des Iles : au Canada et aux Antilles, il colonise, non sans risques, mais non sans profits. Au commerce d'outre-mer, Nicolas préfère la magistrature à domicile. Procureur général au Parlement de Paris, il sert Mazarin dont l'appétit financier est insatiable, accède à la surintendance des Finances, emprunte au cardinal pour prêter au roi, trafique sur les offices, accumule une colossale fortune. Moyennant quoi, il s'offre la seigneurie de Vaux, où en quatre années dix-huit mille ouvriers et décorateurs édifient un château dont la magnificence éclipse Fontainebleau. A l'école des mécènes de la Renaissance, il pensionne ou protège Le Vau, Le Nôtre, Le Brun, Poussin, Molière, La Fontaine. Il empiète plus encore sur le rôle du roi, en portant un trop vif intérêt à Mlle de La Vallière, et sur le rôle de l'État en faisant fortifier son domaine de Belle-Ile-en-Mer, pourvue de deux cents canons. *Quo non ascendet*, jusqu'où ne montera-t-il pas? dit son blason. Jaloux, Colbert ne saurait tolérer les malversations du surintendant, Louis XIV n'apprécie pas les prétentions de ce féodal trop puissant et trop riche. Fouquet est arrêté, jugé, condamné, interné : ses biens sont confisqués, et il passe dans la forteresse de Pignerol les dix-neuf ans qui lui restent à vivre.

Ce que le jeune roi ne tolère pas de Fouquet, le monarque vieillissant l'accepte des frères Crozat et de Samuel Bernard. Il est vrai que ces habiles financiers se gardent de défier la monarchie.

Antoine Crozat, dit le Riche, fait fortune dans le trafic maritime : il renfloue la Compagnie des Indes orientales, reçoit le privilège du commerce avec la Louisiane, avance des millions à l'État, gère les finances personnelles du roi. En retour, il est fait marquis, et reçoit le cordon bleu du Saint-Esprit. Son frère Pierre est dit le Pauvre. Mais c'est un « pauvre » qui a charge de trésorier de France, et qui, dans son hôtel de la rue de Richelieu, collectionne les œuvres d'art qu'il achète d'Amsterdam à Venise, de Londres à Rome, associant Raphaël à Watteau.

Samuel Bernard, d'une famille huguenote, commence par tenir boutique de marchand drapier, ajoute à son commerce celui des dentelles d'argent et d'or, puis celui de l'argent et de l'or, sans dentelles. Il se fait banquier avec une clientèle protestante, spécule à la Bourse de Londres, soutient le Trésor royal, fait faillite quand le Trésor est en difficulté, restaure son crédit, spécule sur les changes, les vins, les poudres et les épices; prête au roi de Suède, à la ville de Paris, et encore au roi de France, qui lui fait les honneurs de Marly. Anobli, il unit ses enfants aux plus grandes familles : aux Cossé-Brissac, aux Clermont-Tonnerre, aux Lamoignon. On n'oubliera pas en quels termes méprisants Saint-Simon parle d'un « particulier de cette espèce ». « C'était le plus riche banquier de l'Europe, et qui faisait le plus gros et le plus assuré commerce d'argent »; le roi, en le recevant, se livrait à une sorte de « prostitution ». Voilà bien la collusion du pouvoir (à son apogée) et de l'argent (au plus haut niveau). Il faut croire cependant que Samuel Bernard n'est pas à l'abri de tout reproche et de toute répression, puisqu'en 1716 il abandonne une dizaine de millions à la Chambre de Justice.

Contemporain et un moment rival de Samuel Bernard, John Law illustre mieux que quiconque la mainmise de la finance sur la politique. Avec lui, elles s'interpénètrent au point de ne faire plus qu'un. Mettant à profit la Régence, c'est-à-dire une absence de roi, Law propose de « relever les finances et soulager les peuples » par une émission de papier-monnaie; il éblouit le Régent, impose sa Banque et son Système, se fait adjuger la ferme du tabac, puis les fermes générales – à savoir la perception des aides, des traites et de la gabelle –, absorbe les compagnies d'outre-mer, monopolise tout le commerce extérieur. Devenu contrôleur général des Finances, il réunit sur sa tête la Banque et l'État, les monnaies et les impôts, tout le négoce et toute la finance : aux rentes sur l'État, il substitue les actions de sa Compagnie; aux louis, il substitue ses billets; au travail, il substitue la spéculation. Law tient pratiquement lieu de banquier unique, de ministre unique. Renouvelant Jacques Cœur, il est l'argentier suprême et le maître du jeu. Comme Jacques Cœur, il finit mal. L'agio emporte le Système, les actions croulent, le papier s'effondre, Law s'enfuit. Le pouvoir politique fait rentrer dans le rang le pouvoir financier.

Après Law, après la Régence et jusqu'à la Révolution, il ne manquera pas de riches, et même de nouveaux riches. Mais sous Louis XV et Louis XVI, ils ne se risquent pas à prétendre jouer un rôle politique. Souvent d'origine genevoise, souvent huguenots, ils se bornent à réussir dans les affaires de banque : ainsi les Thellusson, les Tronchin, les Vernet, les De la Rive, les Pache, qui forment de vraies dynasties bancaires. Leur règle est de ne s'associer qu'en famille, et de préférence avec leurs propres enfants, à défaut avec leurs gendres. Ainsi est assurée la continuité familiale.

Le seul banquier qui entre alors sérieusement en politique bénéficie du climat pré-révolutionnaire. C'est Jacques Necker, Genevois lui aussi, huguenot lui aussi. Son père, Charles-Frédéric, originaire du Brandebourg, a été reçu bourgeois de Genève en 1726 et il est entré au Conseil des Deux-Cents en 1734. Jacques, le cadet, est placé à Paris, en qualité de commis puis d'associé dans la banque Isaac Vernet. Il spécule avec bonheur sur les effets du Canada, puis sur le renflouement de la Compagnie des Indes. En 1768, il est nommé ministre de la république de Genève à Paris : le banquier glisse vers le corps diplomatique. Il écrit un *Éloge de Colbert*, qui lui vaut les honneurs de l'Académie, puis un gros ouvrage *Sur la législation et le commerce des grains* dans lequel il déplore la condition du « peuple misérable ». Bon tremplin pour accéder aux fonctions politiques. Étranger, hérétique, le voilà directeur du Trésor royal, puis directeur général des Finances, bientôt ministre à part entière. L'essentiel de son talent consiste à emprunter, en laissant à ses successeurs le soin de payer la note.

Pendant et après la Révolution

Dans son désir d'abattre les aristocrates, la Révolution aboutit, en fait, à la promotion des ploutocrates. Son objectif avoué est d'ailleurs de consacrer le règne des propriétaires. La propriété figure parmi les premiers des Droits de l'homme et du citoyen. Elle est un « droit sacré » dont on veut « le maintien éternel ».

Sinon, comment pourrait-on mettre en vente les biens nationaux? Cambon, responsable des finances, explique : « Nos assignats ne seraient rien sans le respect des propriétés. » Sur le terrain, le triomphe du propriétaire se matérialise dans le droit qui lui est donné d'enclore son domaine, naguère ouvert aux glaneurs et aux troupeaux en vertu du droit de parcours et de vaine pâture. Dans l'avenir, aucun régime ne sera concevable, qui ne confirme la dévolution des biens nationaux et la sécurité des propriétaires.

En même temps, la Révolution et le siècle qu'elle inaugure favorisent l'essor de la fortune mobilière. La propriété foncière, et plus encore la propriété industrielle ou commerciale, peuvent s'émietter sous forme de titres mobiliers; ils engendreront cette « fortune anonyme et vagabonde » qui se prêtera à tous les transferts et à toutes les spéculations, mais aussi à toutes les concentrations de capitaux.

La Révolution condamne et combat l'aristocratie du sang bien plus que l'aristocratie de l'argent. Aux gens de noblesse, elle préfère les gens de finance. Pour élire les assemblées, seuls ont droit de vote ceux « qui ont un intérêt pressant à la conservation de l'ordre social », autrement dit ceux qui ont du bien : une telle définition, qui est de Barnave, associe expressément le pouvoir civique et le pouvoir financier.

Il est vrai que, sous la Terreur, les sociétés de capitaux sont dissoutes, la Bourse est fermée, l'or et l'argent sont menacés de saisie, les accapareurs sont promis à la guillotine. Mais il s'agit là moins d'une politique délibérée contre les riches et le capitalisme, que de mesures de circonstances, prises au jour le jour pour la survie de la République. De même, quand la Convention ou le Directoire émettent des emprunts forcés, ou taxent la fortune, leur objectif est moins de faire payer les riches que de remplir tant bien que mal les caisses publiques au désarroi. Les imprécations de Marat, du « Père Duchesne » ou de Jacques Roux contre les possédants ne relèvent que d'une banale démagogie à l'usage des sans-culottes. Seul Gracchus Babeuf, s'élevant contre l'hérédité des biens, contre le bornage et la clôture des terres, contre le commerce et les commerçants, contre l'existence même de la monnaie, livre vraiment bataille au capitalisme. Mais il n'est compris et suivi que par une poignée de conspirateurs, que désavoue la masse des révolutionnaires.

Bien au contraire, la Révolution est propice aux riches, et de préférence aux nouveaux riches. Elle ruine sans le vouloir les porteurs d'assignats, mais non pas les acquéreurs de biens nationaux, ni les agioteurs en tout genre. Elle fait même place, dans ses conseils, aux professionnels de l'argent : le banquier Étienne Clavière, – encore un Genevois – conseille Mirabeau dans ses manœuvres de Bourse et figure dans le premier gouvernement girondin comme ministre des Finances. Les négociants les plus huppés prennent le contrôle des municipalités de Marseille, de Lyon, de Nantes ou de Bordeaux. Cambon, président du Comité des finances sous la Convention, trafique à plaisir. Après Thermidor et sous le Directoire, les nantis mènent le jeu. Un Barras, châtelain de Grosbois, étale un luxe cynique au sein d'une société où règnent affairistes et fripons. Au lendemain du 18-Brumaire, *le Moniteur* écrit que « la classe des négociants est dans la joie ». Sous le Consulat, Chaptal, qui passe pour l'un des hommes les plus riches de France, est ministre de l'Intérieur. Sous l'Empire, le blocus offre un merveilleux champ d'action aux approvisionneurs, munitionnaires, exportateurs de capitaux, importateurs de marchandises interdites : une aubaine pour tous les manieurs d'argent.

L'un des profiteurs les plus fameux de ce temps s'appelle Gabriel Ouvrard. Il a commencé sa carrière, durant les beaux jours de la Révolution, en accaparant le papier, en jouant sur les denrées coloniales. Il est des familiers de Robespierre, de Barras, de Mme Tallien. Il collectionne les châteaux. Napoléon n'apprécie pas son comportement, ni lorsqu'il subventionne l'impécunieuse Joséphine, ni lorsqu'il échoue, avec sa Compagnie des Négociants réunis, dans un transfert de piastres mexicaines. Mis en faillite, incarcéré, Ouvrard trouve le moyen de se faire libérer sous caution et de proposer à l'Empereur un nouveau plan de finances. Durant les Cent-Jours, il lui ouvre un crédit de 50 millions : c'est alors le pouvoir politique qui sollicite les secours du pouvoir financier.

LE GRAND SIÈCLE BOURGEOIS

Désormais, le champ est libre pour les banquiers – les Laffitte ou les Rothschild –, et plus généralement pour la bourgeoisie de négoce et d'affaires. Honneur au profit : Guizot conseille à chaque citoyen de s'enrichir, par le travail et l'épargne. Honneur au commerce : « Quand vous lisez en lettres d'or : un tel, épicier du roi, demandez-vous avec terreur qui est le plus souverain, ou du roi de l'épicier, ou de l'épicier du roi » (Balzac).

Négociants et banquiers siègent dans les assemblées législatives, dans les conseils des gouvernements. La révolution de 1830 met en scène les hommes de Brumaire, à tout le moins leurs fils ou leurs gendres. Le banquier Laffitte est appelé à former le premier gouvernement de Louis-Philippe. La monarchie de Juillet instaure « le règne absolu du négociant et de l'industriel, tous deux s'appuyant sur la banque » (Chirac, *Haute Banque et Révolution*, cité par Régine Pernoud, *Histoire de la Bourgeoisie*).

Règne du négociant, de l'industriel et du banquier ? Il faudrait dire aussi : règne du notaire. Le banquier recueille et mobilise les capitaux à l'échelle nationale et internationale. Mais à l'échelle locale, à la dimension des provinces françaises, c'est le notaire qui sert d'intermédiaire entre prêteurs et emprunteurs, qui règle les dots et les successions : redingote et col montant, il est le personnage clé des temps bourgeois.

Balzac dépeint alors sans complaisance cette société livrée aux usuriers et aux brasseurs d'affaires, société dans laquelle lui-même dépense et s'endette sans compter. Moteur de la Comédie humaine, l'argent est de toutes les intrigues – dans les mariages (les filles du père Goriot), dans les décès (le père Grandet, le cousin Pons), dans la politique (Rastignac). Sans écho, Lamartine lance la formule des « féodalités financières » : comme pour souligner qu'aux féodaux de l'Ancien Régime ont succédé les parvenus du Régime nouveau.

Du temps de Louis-Philippe, chacun garde ses distances, du moins au sommet de l'échelle sociale. A Paris, le faubourg Saint-Germain, qui boude les Tuileries, représente la vieille droite. Le faubourg Saint-Honoré, à tendance protestante, représente le centre. La Chaussée-d'Antin, bien en cour, la gauche : c'est elle qui rassemble les fortunes les plus récentes et les plus enviables. Par accident, des alliances se contractent d'un milieu à l'autre : la Banque avec le commerce, plutôt qu'avec l'industrie, l'industrie, plutôt que la Banque, avec la noblesse d'Ancien Régime ; la noblesse d'Empire, parfois désargentée, avec la

Banque. Ainsi, rapporte Bertrand Gille (*la Banque et le Crédit en France de 1815 à 1848*), le fils Ney épouse Mlle Laffitte, Marmont épouse Mlle Perrégaux, le fils Rapp épouse Mlle Vanlerberghe. C'est le parti bonapartiste qui s'allie au parti libéral.

La révolution de 1848 n'entame guère la prééminence du notaire et du banquier, et particulièrement celle des régents de la Banque de France. Élu député de la Seine, Proudhon propose en vain un impôt d'un tiers sur tous les revenus. Le projet est repoussé, sous les clameurs, par 693 voix contre 2, la sienne et celle d'un ancien canut. « Attaque odieuse aux principes de la morale publique et violation de la propriété », proclament les opposants. Proudhon ne sera pas réélu.

Désabusé, il écrit dans son *Organisation du Crédit* : « Nous avons chassé les derniers de nos rois... Mais, vous pouvez m'en croire, la royauté est toujours debout. La royauté subsistera tant que nous ne l'aurons pas abolie dans son expression à la fois la plus matérielle et la plus abstraite, la royauté de l'or. Eh bien, la royauté de l'or est aujourd'hui en France, son palais est la Banque. C'est de là qu'elle traite de pair à compagnon, d'égal à égal, pour ne pas dire plus, avec le gouvernement de la République. » La Banque, dont le gouverneur est alors le comte d'Argout, dont le sous-gouverneur s'appelle Vernes, dont les régents s'appellent Mallet, d'Eichthal, Hottinguer, Perier, Delessert, Pillet-Will, Davillier... Le grand armorial de la haute banque. Et le second Empire ne fera que les confirmer dans leurs fonctions magistrales, en leur adjoignant un Schneider, un Darblay, un Rothschild...

Le second Empire est l'âge d'or des banquiers : tour à tour, on voit éclore le Crédit foncier, le Comptoir d'escompte, le Crédit industriel et commercial, puis le Crédit lyonnais (avec Henri Germain) et la Société générale (avec Eugène Schneider), mais aussi et surtout le Crédit mobilier destiné à collecter la petite épargne, et à propos duquel s'opposent farouchement les Rothschild et les Pereire.

Pourtant, la Banque n'est pas la seule puissance de ce siècle bourgeois. Une nouvelle législation des sociétés, mise au point sous le second Empire, facilite leur multiplication et leur essor. Le développement des valeurs mobilières consacre le règne du capitalisme. Les grandes percées urbaines d'Haussmann donnent aux anciens ou aux nouveaux riches l'occasion de se faire construire des appartements cossus ou de fastueux hôtels particuliers. A la tête des entreprises, les fils succèdent aux pères. Des dynasties s'installent.

Alors se mettent en place les grandes organisations patronales. Le Comité des Houillères est né en 1840, le Comité des Forges apparaît en 1864 : de futurs groupes de pression.

Les frères Pereire

Les frères Pereire, Émile et Isaac, appartiennent à une famille juive d'origine portugaise. Le grand-père Jacob Pereyra s'est établi en Guyenne, où il est parvenu à faire articuler quelques phrases à des sourds-muets : ce qui lui vaut une gratification du roi Louis XV et une solide renommée. Féru de mathématiques, Jacob propose à Necker un projet d'emprunt à lots, puis une machine à calculer. Il est accueilli à l'Académie des sciences en 1749.

Après le décès de Jacob, en 1780, la tribu des Pereire regagne Bordeaux, où Isaac, fils de Jacob, se lance dans le courtage et l'assurance maritimes. Mais le blocus ruine la famille, qui, en 1822, doit chercher meilleure fortune à Paris. Émile et Isaac, fils d'Isaac Pereire, et petits-fils de Jacob, sont encore presque des enfants, et leur bagage scolaire est mince. Mais ils trouvent tout de suite à se caser, en qualité de commis, chez des coreligionnaires. Ils apprennent sur le tas la finance et la Bourse (Jean Autin : *les Frères Pereire*).

C'est le temps où le saint-simonisme est à la mode. Les frères Pereire se rallient au nouvel Évangile, qui leur enseigne à croire au progrès économique et social, dont la première condition doit être le développement du crédit, c'est-à-dire la baisse de son taux. Ils lisent éperdument les ouvrages des économistes, rêvent d'une Compagnie d'assurances mutuelles, militent pour la multiplication des caisses d'épargne, répandent leurs écrits dans les revues et les journaux, du *Globe* aux *Débats* et au *National.* James de Rothschild n'apprécie pas ce zèle : il feint de mépriser « le petit Pereire », et dénonce le projet d'un Crédit mobilier : « plus qu'un danger, une calamité ».

C'est aussi le temps où les hommes d'affaires se prennent d'un irrésistible engouement pour les chemins de fer. Les Pereire participent à la griserie générale, qu'entretiennent les saint-simoniens. Ils prodiguent articles et rapports à la gloire du rail. Les Anglais n'ont-ils pas donné l'exemple en ouvrant la ligne Liverpool-Manchester, dont le succès est triomphal ? En juillet 1835, le roi Louis-Philippe concède à Émile Pereire la construction et l'exploitation d'une ligne de Paris à Saint-Germain-en-Laye. Acte est passé chez le notaire Fould pour la création d'une société anonyme qui rassemble James de Rothschild (tout de même!), Sanson-Davillier, Adolphe d'Eichthal qui est président. Détenteur de 600 actions sur 10 000, Émile Pereire en est le directeur.

L'embarcadère parisien, d'abord prévu place de la Madeleine, est implanté entre la rue Saint-Lazare et la rue d'Amsterdam. Les travaux de la voie sont menés rondement. Inauguration en grande pompe le 24 août 1837 par la reine Marie-Amélie. « Quel charmant voyage! Une voiture très douce, point de cahots; point de postillons ivres, point de chevaux blancs attelés avec des cordes; point d'embarras, aucun ennui. Quel plaisir! » (Delphine Gay). Les frères Pereire ne sont plus de simples joueurs en Bourse, de simples polémistes de presse; les voilà consacrés gestionnaires et créateurs. Rien ne leur fait peur : ils enlèvent la concession du chemin de fer de Versailles, ils proposent un chemin de fer en Algérie, ils se font les pionniers des voies qui doivent relier Paris à Bruxelles, à Lyon et à Rennes.

Isaac est administrateur du Paris-Lyon, Émile est directeur du Nord. Ils organisent des magasins généraux pour entreposer les marchandises, combattent en 1848 le projet de nationalisation des compagnies, soutiennent le prince-président qui, lui aussi nourri de la pensée saint-simonienne, ne demande qu'à stimuler le progrès industriel et commercial.

Collusion du pouvoir et de l'argent : le Crédit mobilier destiné à mobiliser les capitaux, à régulariser le crédit, à aider les entreprises, naît vingt jours avant le second Empire, sur une idée d'Achille Fould, par la vertu d'un décret du prince-président, et à l'initiative des Pereire. Ils en sont les plus gros actionnaires, avec la maison Fould, en un temps où Achille Fould est ministre d'État. En conclura-t-on que l'État et la finance font alors très bon ménage ? Mais la finance est divisée. Le Crédit mobilier apparaît comme un instrument aux mains des bonapartistes, face à la haute banque, demeurée orléaniste. Il est un outil aux mains des Pereire, face aux Rothschild qui, après avoir refusé d'y participer, dénoncent le risque de spéculation et prédisent l'échec.

Mais les Pereire vont toujours de l'avant. Isaac lance l'idée de la création d'un Omnium, titre unique formé de valeurs diverses – une « Sicav » avant la lettre. Émile enlève la concession des chemins de fer du Midi. Les deux frères élargissent le Crédit mobilier à l'Espagne, à l'Italie, aux Pays-Bas, à l'Angleterre, manœuvrent en Suède, en Suisse, en Serbie, au Portugal. Ils s'allient en France aux Mallet, aux Hottinguer, aux Pillet-Will, aux Fould, aux Seillière, mais non pas certes aux Rothschild. Ils créent la Compagnie générale maritime qui engendre la « Transat », dont le siège est place Vendôme, à côté du Crédit mobilier, et fondent les chantiers de Penhoët, d'où sortiront les grands paquebots océaniques. Ils aident Ferdinand de Lesseps à jeter les bases du canal de Panama. A Paris, ils mènent à bien de grands travaux d'urbanisme, sur la rue de Rivoli et l'avenue Napoléon, future avenue de l'Opéra, ouvrent l'Hôtel du Louvre et le Grand Hôtel, remodèlent le boulevard Malesherbes et la plaine Monceau. Ils tiennent en main dix-neuf grandes compagnies, et passent pour être riches de 168 millions. Dans leur hôtel du faubourg Saint-Honoré (qui deviendra l'ambassade de Grande-Bretagne), ils font voisiner Greco et Vélasquez, Rubens et Botticelli. Sur les quatre mille hectares des forêts de Crécy et d'Armainvilliers, ils achètent au duc de Montpensier un vaste domaine, sur lequel ils édifient en moins de deux ans leur « résidence secondaire » : un somptueux château, de quoi défier les voisins Rothschild. A Marseille, de la Canebière à la Joliette, ils percent la rue Impériale, qui sera la rue de la République. Sur les rives du bassin d'Arcachon, ils assainissent des marécages, plantent la lande, bâtissent chalets et casino, lancent la station.

La politique ne les oublie pas, même s'ils n'ont guère le loisir de s'y livrer. Au Corps législatif, Isaac se fait élire député des Pyrénées-Orientales, Émile dans la Gironde. Ils ne sont pas des élus modèles. Ils s'intéressent davantage à leur combat rebondissant contre les Rothschild.

En militant pour une baisse du loyer de l'argent, ils s'opposent à la fois aux Rothschild et à la Banque de France – ce qui explique qu'ils ne seront jamais appelés au conseil de régence. Entre les deux groupes bancaires, la bataille est impitoyable : bataille pour les chemins de fer, batailles en Autriche, en Espagne, en Turquie, en Russie, bataille en Bourse. Le Crédit mobilier des Pereire marque des points jusqu'en 1856, alors que le cours de son action frôle les 2 000 francs. Après quoi, Napoléon III se rapproche des Rothschild, dont il a besoin pour financer son aventure mexicaine. L'action tombe à 800 en 1859, à près de 130 en 1867. Le Crédit mobilier, qui sombre dans les expédients, sera dissous en 1871.

En ce conflit, les Pereire représentent la société de banque anonyme, les Rothschild le capitaliste nommément responsable : l'audace contre la prudence, la spéculation contre la gestion, le libre échange contre le protectionnisme. Les Pereire sont trop habiles pour finir ruinés; mais ils finissent diminués. Plus habiles encore, les Rothschild finissent gagnants.

L'ARGENT ROI SOUS LA TROISIÈME

Avec la troisième République, il n'est plus de pouvoir personnel, ni d'aristocratie qui puisse faire contrepoids aux puissances d'argent. Elles ont le champ libre, et en profitent. Jusqu'en 1914, aucun impôt sur le revenu ne les frappe, et le capital n'est imposé, en dehors des droits de succession, que s'il est foncier. La finance corrompt à loisir, comme en témoigne le scandale du Panama. Zola à sa manière le pourfend : « Ah! l'argent, s'exclame-t-il, l'horrible argent qui salit et dévore! » (*l'Argent*). Et de dénoncer impitoyablement « la juiverie entière, cet obstiné et froid conquérant, en marche pour la souveraine royauté du monde » : comme si ce même Zola ne devait pas être un jour le farouche défenseur de Dreyfus... Mais cette fin de siècle est le temps du boulangisme à la fois anticapitaliste et antisémite, de *la France juive* d'Édouard Drumont.

Au seuil du XXe siècle, Anatole France reprend le combat. Son *Ile des Pingouins* caricature à peine la troisième République : « L'État pingouin était démocratique. Trois ou quatre compagnies financières y exerçaient un pouvoir plus étendu et surtout plus effectif que celui de la République : petits seigneurs qu'elles gouvernaient secrètement, qu'elles obligeaient, par intimidation ou par corruption, à les favoriser aux dépens de l'État, et qu'elles détruisaient par les calomnies de la presse quand ils restaient honnêtes. » Aucun des lecteurs d'Anatole France ne se trompe à cette description.

Péguy, à son tour, entre dans la mêlée et, même quand il se fait militant nationaliste et chrétien, il reste le pourfendeur de *l'argent.* Encore distingue-t-il : « L'argent est hautement honorable, on ne saurait trop le redire. Quand il est le prix et l'argent du pain quotidien... L'argent n'est pas déshonorant, quand il est le salaire, et la rémunération et la paye, par conséquent quand il est le traitement. Il n'est déshonorant que quand il est l'argent des gens du monde. » « L'ancienne aristocratie est devenue comme les autres une bourgeoisie d'argent. L'ancienne bourgeoisie est devenue une basse bourgeoisie, une bourgeoisie d'argent. » « Il y a toujours eu des riches et des pauvres, et il y aura toujours des pauvres parmi vous, et la guerre des riches et des pauvres fait la plus grosse moitié de l'histoire grecque et de beaucoup d'autres histoires, et l'argent n'a jamais cessé d'exercer sa puissance et il n'a point attendu le commencement des temps modernes pour effectuer ses crimes » (*l'Argent*). « Et jamais l'argent n'a été à ce point le seul maître et le Dieu. Et jamais le riche n'a été aussi couvert contre le pauvre, et le pauvre aussi découvert contre le riche » (*l'Argent suite*). Sous la plume de Péguy, le réquisitoire se fait lancinant.

Ces diatribes paraissent dans les *Cahiers de la Quinzaine* de 1913. Deux ans plus tôt, en 1911, Francis Delaisi a publié une étude polémique sur *la Démocratie et les financiers*. Delaisi n'a évidemment pas la plume ni la classe d'un Péguy. Il ne se pique pas de littérature. Mais ses libelles prétendent démontrer, pièces à l'appui, les méfaits de l'oligarchie financière. « Les financiers, dit-il, ont conquis la République. Organisés solidement en syndicats puissants, ils se sont emparés des grands journaux à l'aide desquels ils manient l'opinion; par eux ils terrorisent les députés et les ministres que d'ailleurs ils consolent en les intéressant à leurs affaires. Ce sont eux qui imposent au gouvernement son programme. Ils en surveillent l'exécution dans les bureaux qu'ils remplissent de leurs créatures. » Ainsi, « maîtres occultes de tous les rouages de l'État », ils sont les « véritables rois de la France » :

rois de la Banque de France, « aux mains d'un tout petit groupe de particuliers », rois des chemins de fer, dont ils administrent les compagnies (Rothschild, Richemond, Seydoux au Nord, Aymard, Dervillé au PLM, Mallet et Davillier à l'Est, Hottinguer à la fois au Nord, à l'Est et au Midi...), rois de la haute métallurgie, rois des établissements de crédit, maîtres du Comité des Forges (Guillain, Schneider, Fould...) comme du Comité des Houillères. Pour asseoir leur règne, les magnats de la finance se sont faits démocrates. Face aux catholiques, longtemps royalistes, les ploutocrates protestants et juifs ont partie liée avec les républicains : « le cléricalisme, voilà l'ennemi ». Ils subventionnent les politiciens d'affaires, et particulièrement le Comité républicain du Commerce et de l'Industrie, dit Comité Mascuraud, qui finance les campagnes électorales. Par cette voie, des millions sont versés aux candidats de toutes couleurs « à condition, bien entendu, qu'ils voteront les tarifs, les commandes, les lois de police » nécessaires aux intérêts de la puissante Fédération des industriels et des commerçants.

A en croire Francis Delaisi, « les financiers disposent de deux machines admirablement organisées qui, distinctes des partis politiques, les pénètrent, les encadrent et les font mouvoir à leur gré : l'Église catholique et la franc-maçonnerie ». D'un côté, le Crédit lyonnais et les grands industriels soutiennent les œuvres catholiques. De l'autre côté, la haute banque juive et le comité Mascuraud alimentent les caisses du monde franc-maçon. « Il y en a, ajoute Delaisi, qui trouvent habile de soutenir à la fois les deux organisations. »

Pour mémoire, on notera que ce même Delaisi, pourfendeur des riches en 1911, finira en 1943 dans le sillage de Marcel Déat et de la collaboration avec l'occupant.

Mais sur le fond, même si son analyse tourne au roman-feuilleton et au roman policier, on conviendra que la démocratie prête à ces jeux dangereux. Elle donne aux riches des moyens de pression et d'action; elle n'exclut pas la ploutocratie.

A comparer avec la démocratie américaine, au sein de laquelle, comme des poissons dans l'eau, se meuvent les Vanderbilt et les Rockefeller.

GALERIE BOURGEOISE

En feuilletant les gros volumes du *Recueil généalogique de la Bourgeoisie ancienne* (d'André Delavenne), on s'aperçoit cependant que la plupart des vieilles familles bourgeoises, si elles ont eu quelque rapport avec l'argent, n'en ont pas eu nécessairement avec le pouvoir politique, et, à l'inverse, que beaucoup des familles qui ont conquis quelque pouvoir politique n'ont pas été des professionnels de l'argent. Le divorce entre fortune et pouvoir n'est pas général, mais il est courant.

Par exemple, les Mellerio, qui sont venus de Lombardie au XVIe siècle et se sont faits colporteurs de petite bijouterie avant de devenir à Paris de grands joailliers, n'ont apparemment jamais nourri d'ambitions dans l'État. Les Breguet, originaires du Jura neuchâtelois, ont fondé une dynastie d'horlogers, avant de construire des avions et de franchir la Manche, sans s'être laissé tenter par le pouvoir. Les Sommier, d'abord vignerons ou artisans autour de Villeneuve-le-Roi, dans le Sénonais, se font raffineurs de sucre au XIXe siècle, ils s'adjugent le château de Vaux-le-Vicomte et s'allient à de grandes familles, sans succomber au vertige de la politique militante. Les Babouin, soyeux du pays lyonnais dès le XVIe siècle, ne lâchent pas le textile ou la banque pour les affaires publiques. De même, sans aspirer au pouvoir, les Coignet, du Forez, acquièrent quelque renom dans l'armurerie, puis dans les produits chimiques; les Gérard, de Champagne, font longtemps souche à la Manufacture des glaces de Saint-Gobain; les Mame, venus du comtat Venaissin, prospèrent en Touraine dans l'imprimerie et l'édition; les Fabre, dont l'ancêtre est patron de barque à La Ciotat à la fin du XVe siècle, font une carrière de mariniers et d'armateurs, et, devenus Fabre-Luce, glissent vers la banque et les lettres; les Thion de la Chaume, d'abord marchands en Touraine, se font notaires et banquiers à Paris (et Simone Thion de la Chaume, championne de golf, épousera René Lacoste, mousquetaire du tennis); les Lefebvre, de Wattrelos puis de Roubaix, règnent sur l'industrie textile du Nord, en s'alliant aux Motte et aux Prouvost; les Bacot, de Touraine, travaillent la soie, fabriquent des couvertures, donnent un syndic aux agents de change parisiens, à moins qu'ils n'émigrent en Amérique; les Picot, de l'Orléanais, sont notaires, greffiers, avocats, puis, devenus Georges-Picot, inspecteurs des Finances, ambassadeurs, banquiers, pour accéder aux plus hautes fonctions à la Compagnie du Suez ou aux Nations unies... Mais la politique militante ne mobilise aucun d'eux.

Elles sont plus rares, les grandes familles qui donnent à la politique ou à l'Administration des hommes de pouvoir sans avoir au préalable cédé aux sortilèges de l'argent. La famille Le Fèvre d'Ormesson a franchi les siècles au service de l'État; elle compte un conseiller de Michel de l'Hospital, un chancelier de France, deux contrôleurs généraux, un premier président au parlement de Paris, un membre du Conseil de régence sous la minorité de Louis XV, onze conseillers d'État, trois ambassadeurs, sans oublier quelques académiciens.

Pareillement à l'écart des choses de finance, les Carnot, originaires de la Bourgogne, donnent à la France un notaire royal, avocat au parlement de Dijon, un membre fameux du Comité de salut public, « organisateur de la victoire », illustre physicien, un ministre de l'Instruction publique en 1848, un président de la République en 1887 : Lazare Carnot, Sadi Carnot, des noms retenus par la grande histoire.

Lointain descendant d'un maître chaudronnier, André Tardieu, entre les deux guerres du XXe siècle, devient le chef du gouvernement français. Il prolonge une famille sans histoire : « Nous descendions de trois cent cinquante ans de bourgeois parisiens, graveurs de leur état... » Charles de Gaulle descendra d'une famille implantée dans l'Ile-de-France (et non dans le Nord), où se suivent un procureur, un avocat au parlement de Paris, des hommes de lettres, des ingénieurs et des militaires – mais non pas des financiers.

Cependant, puisque ici on s'attache à relever les liens entre le pouvoir de l'argent et le pouvoir politique, on trouve sans peine des exemples de glissement de l'un vers l'autre, comme de mariage entre finance et puissance. Voici les Fould dont l'aïeul, né à Boulay en Moselle en 1767, est d'abord négociant en rouenneries, puis fonde une banque à Paris. Sa descendance, que nous avons déjà rencontrée sur notre chemin, comporte des députés et des ministres, mais aussi des maîtres de forge et des industriels, présidents des aciéries de Pompey ou des chantiers de

Saint-Nazaire, voire de la chambre syndicale des constructeurs de navires. Entre les deux guerres du XXᵉ siècle, les Fould seront présents dans 29 conseils d'administration. Voici les Say, calvinistes du Languedoc, émigrés à Amsterdam et Genève après la révocation de l'édit de Nantes, et qui, de retour en France, se font raffineurs de sucre, sans omettre d'engendrer un maître de l'économie libérale et un ministre des Finances de la troisième République. Voici les Patenôtre, qu'on voit tour à tour chirurgiens, prévôts de justice, notaire royal, assez riche pour acheter avant la Révolution le château de Fère-Champenoise, et dont le dernier rejeton, ambassadeur de France, s'allie à une opulente famille de Philadelphie, devient député de Seine-et-Oise, puis ministre de l'Économie nationale, sans omettre, à l'occasion, de financer la presse de gauche. Jean Baumier (dans *les Grandes Affaires*) note que les présidents de la République, avant d'entrer à l'Élysée, n'ont pas ignoré les avantages du capitalisme militant. Paul Doumer a été administrateur d'une entreprise sidérurgique et président d'un consortium de construction électrique, Gaston Doumergue a fait partie du conseil de Suez, Albert Lebrun a été administrateur de sociétés de charbonnage et de sidérurgie.

D'autres n'ignorent ni l'argent ni la politique, mais la politique ne les saisit qu'à l'échelle locale, ils ne sont des notables que pour leur voisinage. En Franche-Comté, les Japy sont artisans en serrurerie, puis maîtres horlogers. Trois fois alliés aux Peugeot, ils sont maires de leurs villages; l'un d'entre eux consent à se faire élire sénateur du Doubs. En Limousin, les Ardant sont orfèvres, négociants, imprimeurs, éditeurs, ils donnent un maire à Limoges, et l'inspecteur des Finances Henri Ardant sera le président de la Société générale, tandis que son frère Gabriel, lui aussi inspecteur des Finances, sera commissaire général de la Productivité. En Angoumois, les Laroche-Joubert sont papetiers et députés de la Charente, sur plusieurs générations. En Dauphiné, les Morin, plus tard Morin-Pons, concilient banque et politique régionale. En pays flamand, les Motte règnent sur la filature ou la brasserie et sont plusieurs fois maires de Tourcoing; les De Baecque sont notaires, banquiers, et donnent un maire à Dunkerque. Alsaciens, les Mieg embrassent des activités parallèles : éditeurs, orfèvres, négociants en denrées coloniales, ils illustrent aussi la chirurgie, l'Université; et on les voit échevins à Strasbourg, si ce n'est conseillers à Heidelberg, bourgeois à Bâle, agents palatins auprès des cantons helvétiques... En Normandie, un Leroy-Beaulieu est maire de Lisieux, député à la Législative, ses descendants sont préfet, député du Calvados, membre de l'Institut, professeur au Collège de France.

A noter que ces dynasties bourgeoises ne répugnent pas à s'anoblir à leur façon, soit en ajoutant une particule à leur patronyme, à l'exemple des Lefebvre d'Ormesson ou des Barbet de Jouy, soit en incorporant un prénom à leur nom, comme pour se rattacher à un ancêtre notoire : Georges-Picot, Firmin-Didot, Casimir-Perier...

Cette galerie de notabilités bourgeoises se situe en marge des grandes puissances d'argent. Les familles en question ont à coup sûr de l'argent, mais leur puissance ne va guère au-delà des frontières d'une profession ou d'une province.

Le temps des illusions

C'est entre les deux guerres du XXe siècle que le problème financier, et particulièrement le problème monétaire, se pose avec une acuité jusqu'alors inconnue. Jusque-là, les Français faisaient confiance au franc, dont ils ne songeaient pas à mettre la valeur en doute. La chute de leur monnaie, après 1919, les décontenance. Est-il possible que le franc de germinal se déprécie ? Ils pensent d'abord qu'il ne s'agit que d'un accident sans lendemain. L'unité des valeurs n'est-elle pas intangible, à l'égal de toutes les unités de mesure ? Le franc ne peut être mis en cause, pas plus que le mètre ou le gramme.

Leur foi n'est sérieusement ébranlée ni par la chute du rouble, ni par l'effondrement du mark. A leurs yeux, le rouble paye l'avènement du communisme, et le mark la défaite de l'impérialisme allemand. Mais les Français perdent de leur superbe quand ils découvrent l'étendue de leurs illusions : ayant cru que l'Allemagne réparerait les dommages qu'elle a causés, ils s'aperçoivent qu'elle est quasiment en faillite, et qu'on ne peut compter sur le vaincu pour indemniser le vainqueur. De plan Dawes en plan Young, de moratoire en moratoire, l'Allemagne oppose obstinément à ses créanciers la force d'inertie. Aux lieu et place du débiteur défaillant, c'est la France qui finance tant bien que mal sa reconstruction, en déséquilibrant ses budgets et en gonflant sa dette, aux dépens de sa monnaie.

De 1919 à 1924, le Bloc national, porté au pouvoir, ne peut que limiter et différer les dégâts. Après 1924, le Cartel des gauches, devenu majoritaire, est impuissant à contenir la marée de l'inflation, dans l'instabilité des gouvernements. Onze ministères se succèdent en deux ans, et l'on compte jusqu'à huit ministres des Finances en l'espace de dix mois. Les épargnants prennent peur, et avec eux les détenteurs de francs. Ils refusent de souscrire aux emprunts, demandent le remboursement des bons à court terme, se débarrassent des billets de la Banque de France pour acheter n'importe quoi : des immeubles, des marchandises, des actions... Ils cherchent un refuge pour leur patrimoine menacé.

En présence de cette fuite des capitaux, qui leur semble s'apparenter à une désertion, les responsables du pouvoir cherchent leur salut dans la contrainte : ils renforcent le contrôle des changes, qui est encore dans l'enfance et dont il faut découvrir les mécanismes; ils prorogent la législation de guerre qui interdit le commerce de l'or. Nés malins, et volontiers fraudeurs, les Français ripostent en mettant à profit les failles de cette naissante rigueur : ils transfèrent leurs avoirs à Monaco, et de là où bon leur semble; ou bien ils créent à l'étranger des filiales auxquelles ils vendent des marchandises à bas prix; ou bien ils tirent parti de l'immunité des envois postaux pour faire sortir leurs titres; ou bien ils thésaurisent le métal dans l'attente de jours meilleurs. Et c'est encore pour eux une façon de fuir le franc que de passer des baux en blé, tandis que l'État lui-même, oubliant qu'il a interdit de stipuler en devises, émet un emprunt à garantie de change, dont le coupon progresse avec le cours de la livre.

En vain, l'État recourt-il à des subterfuges variés pour vivre d'expédients : aux contribuables, il demande le versement anticipé des impôts, moyennant ristourne; des banques, il sollicite des avances discrètes; pour rendre la Banque de France docile aux injonctions du Trésor, il congédie son gouverneur; à la Chambre, il demande les pleins pouvoirs. Rien n'y fait. En deux ans, le cours de la livre triple, le plafond qui limite les avances de l'institut d'émission menace d'être crevé. « Personne ne veut plus de billets, note en juillet 1926 le gouverneur de la Banque. C'est un sauve-qui-peut général. »

Les élus du Cartel des gauches ne songent pas à s'imputer la responsabilité de ce drame. A leurs yeux, les coupables sont ailleurs : ce sont les capitalistes qui sabotent la monnaie, pour faire échouer la politique des gouvernements de progrès. C'est contre le mur de l'argent que viennent se briser les espérances du peuple de gauche.

Le mur d'argent

Le « mur d'argent » : lancée par Édouard Herriot, la formule est trouvée, en attendant celle des deux cents familles. Elle dit bien ce qu'elle veut dire : elle oppose les puissances financières à la volonté populaire, la ploutocratie à la démocratie. Elle est éloquente, et pas nécessairement inexacte. C'est bien l'argent, et souvent l'argent occulte, qui met en échec les tentatives de redressement ou d'assainissement des élus de la nation.

Sur le moment, les passions politiques empêchent de déceler dans le « mur d'argent » la part du vrai et celle du faux. Avec un peu de recul, les observateurs du phénomène pourront davantage en prendre la mesure, sans toujours échapper à leurs propres impulsions.

La part du vrai sera retenue et présentée par Jean-Noël Jeanneney, lorsqu'il étudiera *l'Argent caché*. Il notera l'indubitable existence de groupes de pression, qui n'ont pas hésité à financer les élections législatives de mai 1924, même si, devant la Commission d'enquête instituée par la suite, les distributeurs de fonds électoraux restent muets sur leurs agissements. Les caisses noires du Comité des Forges ou du Comité des Houillères gardent leurs secrets. Les budgets de « publicité » des organisations patronales sont pareillement pudiques. Mais on peut mettre des noms sur les hommes d'argent qui interviennent lors des élections. A Alfred Mascuraud, bijoutier de son état, sénateur de la Seine, notable dans la franc-maçonnerie, président du Comité républicain du Commerce et de l'Industrie, qui recueille et distribue la manne, succède Ernest Billiet, à la tête de l'Union des intérêts économiques : lui aussi sénateur de la Seine, il encaisse à des fins électorales les subventions des houillères et des chemins de fer, comme celles de Duchemin, président du syndicat de l'industrie chimique, de Lehideux, président de l'Union des banques, ou de Saillant, président du syndicat des commerçants de vins en gros.

La réalité est pourtant plus complexe que ne le laissent entendre ceux qui dénoncent de telles pressions. Il y a, non pas un mur d'argent, mais des murs d'argent. Les puissances financières ne sont pas toujours d'accord entre elles sur un même objectif. Par exemple – et c'est Jean-Noël Jeanneney qui cite ce cas –, l'Union des intérêts économiques elle-même est tiraillée entre ses commanditaires. Quand la droite, derrière Georges Mandel, défend le projet d'un scrutin uninominal à un tour qui lui paraît favorable à ses desseins, le quotidien d'Ernest Billiet, *l'Avenir*, part en guerre contre le projet. Le grand patronat s'étonne et s'indigne. Ernest Billiet explique qu'il n'a pas les mains libres, « ligoté en cette occasion par les syndicats de bistrotiers et limonadiers, acharnés à vouloir les deux tours afin de prolonger les campagnes électorales très profitables à leur commerce ».

De même, au sein du Comité des Forges, des conflits opposent « parfois jusqu'à la haine » les gros sidérurgistes et les petits transformateurs. Le Comité, invité à donner son avis sur le problème allemand au temps de l'occupation de la Ruhr, s'avoue incapable de formuler une réponse unique et ne peut que proposer plusieurs options au pouvoir politique. Plus tard, au moment du Front populaire, le patronat sera pareillement divisé. C'est bien au pluriel qu'il faut parler du mur d'argent.

Dans la légende du mur d'argent, la part du faux est au surplus manifeste. Jean-Noël Jeanneney en convient, lorsqu'il évoque, avec la mythologie de l'argent-roi, « une vision caricaturale et trompeuse, où des morceaux de vérité se mêlent à un fatras d'inventions et de mensonges ».

Historien attentif de l'économie française durant l'entre-deux-guerres, Alfred Sauvy réfute la thèse d'une conjuration politique de la droite contre la gauche aux dépens du franc. Il en trouve la preuve dans ce fait que les exportations de capitaux se produisent aussi bien au cours de l'hiver 1923-1924, alors que Poincaré et le Bloc national sont au pouvoir, et qu'elles se produiront de même plus tard, sous les gouvernements Flandin et Laval. Dans ces circonstances, les Français n'obéissent qu'à ce qu'ils croient être leur intérêt égoïste, sans prendre en considération la couleur politique de leurs dirigeants. Ils souscrivent volontiers aux emprunts émis par les gouvernements de gauche lorsqu'ils sont assortis de garanties contre la chute du franc : emprunt Caillaux de 1925, emprunt Blum-Auriol de 1937.

En conclura-t-on que l'argent est neutre ? Il l'est ou ne l'est pas selon ses détenteurs. L'expérience démontre qu'il faut distinguer entre les petits et les gros porteurs : les petits porteurs, en se mobilisant pour la défense de leur épargne se comportent en soutiens agissants du capitalisme. Les gros porteurs, qu'on pourrait croire solidaires des partis et des thèses de droite, s'affirment souvent liés à la gauche.

Le plébiscite du bas de laine

Après l'accession du Cartel des gauches au pouvoir, l'opinion publique tranche en sa défaveur. Les Français qui se sont prononcés pour lui dans les urnes le condamnent aux guichets du Trésor : et ce sont souvent les mêmes qui se déjugent. Ils ont voté avec leur cœur. Ils se rétractent avec leur porte-monnaie. En demandant le remboursement des bons qu'ils détiennent, ou en en refusant le renouvellement, ils condamnent les gouvernants qu'ils ont soutenus de leurs suffrages. En exportant leurs capitaux, ils ébranlent le franc.

Qui a dit que les pauvres n'ont pas de patrie ? Les riches, ou plus largement les épargnants, n'en ont pas davantage. Leur seul souci est de préserver leur avoir, quitte à menacer la monnaie et à mettre l'État en difficulté. Ce sont eux qui refusent de faire confiance à ces cascades de gouvernements qui leur semblent incapables de gérer les finances, eux qui édifient le mur d'argent : un mur dont François Bloch-Lainé (un inspecteur des Finances qui a vu le Cartel à l'œuvre) dira qu'il est fait d'une multitude de petits cailloux plutôt que de pierres de taille.

Jacques Bainville confirme ce propos. Ce ne sont pas, dit-il, les puissances d'argent qui ont « voulu abattre la démocratie ». « La vérité est que plusieurs millions de porteurs de Bons de la Défense nationale se sont rués aux guichets de la poste et au bureau de perception dès qu'ils ont craint de ne plus être remboursés ou dès qu'ils se sont rendu compte qu'on les rembourserait en francs à deux sous qui menaçaient de devenir des francs à un liard. A ce moment-là, les théories du change, de l'inflation, de la dépréciation monétaire, etc., ont été comprises jusqu'au fond des campagnes comme par de vieux arbitragistes. Et les électeurs du Cartel n'étaient pas les derniers à courir après leur argent. Car ce n'était pas les " gros " qui détenaient les coupures de cent francs à un mois, ni les livrets de caisse d'épargne, ni les titres de rente qui affluaient à la Bourse sans trouver d'amateurs. Les " gros " avaient pris leurs précautions. Ils n'avaient pas attendu la panique pour acheter de la Royal Dutch... »

C'est « le plébiscite du bas de laine », celui qui vaut tous les suffrages, et qui exclut toute fraude électorale. Il atteste l'attachement des Français les plus modestes aux valeurs les plus traditionnelles : d'instinct, ils préfèrent les pièces d'or et les comptes postaux aux titres mobiliers et aux comptes en banque, les petites et moyennes entreprises aux grosses affaires de dimension inhumaine. Ce comportement « balzacien » les rapproche du monde conservateur et les éloigne des partis progressistes dont ils ne comprennent pas les contradictions.

Car la gauche, volontiers socialisante et anticapitaliste dans ses discours, pactise en fait, chaque fois qu'elle en a l'occasion, avec le grand capitalisme, et le grand capitalisme le lui rend bien, en la soutenant contre ses adversaires. Se rappeler Laffitte face aux ultras de la Restauration. Se rappeler, après 1830, la mobilisation des banquiers – Davillier, d'Eichthal, Fould, Delessert... – en faveur de Louis-Philippe et face aux légitimistes.

Dans *le Souverain captif*, André Tardieu explique pourquoi « le mur d'argent n'est pas à sens unique ». « Cet argent, dit-il, les financiers, qui ne sont pas des philanthropes, le mettent à la disposition de tous les partis, mais d'abord des partis dont ils pensent obtenir soit le meilleur résultat, soit le moindre mal. La Compagnie des Agents de change et la Banque Bénard furent parmi les premiers souscripteurs de *l'Humanité* et du *Populaire* : c'étaient là ces commanditaires dont M. Jaurès disait à Charles Péguy qu'il en avait plus besoin que de rédacteurs. »

QUAND LA GAUCHE ET LE CAPITALISME FONT BON MÉNAGE

Les gens de finance ne s'encombrent pas de principes. Ils servent d'abord leurs propres intérêts. « Tel, qui avait bruyamment mené la lutte contre le communisme, a découvert les mérites de ce régime le jour où les Soviets lui ont passé des commandes. Tel autre, alarmé par les bruits de nationalisation de son industrie, signifiait que, désormais, ses ressources seraient exclusivement réservées à ceux qui l'attaquaient. »

C'est encore André Tardieu qui fait ce constat; lui aussi qui suggère : « Quand M. Oustric, à la demande de M. Léon Blum, plaçait le fils de celui-ci dans une affaire industrielle, avec un traitement confidentiel deux fois plus fort que les traitements ordinaires, il ne songeait certes pas à préparer la société future; non plus que n'y songeaient les industriels qui, aux élections de 1932, subventionnaient le Cartel des gauches par peur des monopoles, qui leur ont été effectivement épargnés. » Georges Sorel appelle ce genre d'initiative : payer une prime d'assurance.

Il reste vrai que les partis de droite, à l'heure des élections, ne font pas fi des subventions des Comités industriels ou financiers. Après le scrutin de 1924, qui a porté le Cartel des gauches au pouvoir, la Chambre décide d'enquêter sur la provenance des fonds électoraux. Mais quand un des enquêteurs demande que les investigations portent aussi sur le financement de la gauche – le président socialiste de la Commission d'enquête, Pierre Renaudel, les fait brusquement interrompre.

Entre les deux guerres, le grand maître de la Banque de Paris et des Pays-Bas (qui n'est pas encore familièrement dénommée Paribas) s'appelle Horace Finaly : ami d'adolescence de Léon Blum, intime de Paul Painlevé, conseiller d'Edouard Herriot, il est ouvertement l'adversaire de Raymond Poincaré et finance la presse de gauche. Entré dans la banque par la petite porte, grand brasseur d'affaires, « il faisait et défaisait les ministres, il imposait les hommes de son choix et leur dictait sa volonté » (*Journal des Débats*, juin 1937). Il est né à Budapest et mourra à New York.

Dans le même temps, Octave Homberg, patron de la Société générale, assure que « le financier a sa place marquée dans le gouvernement même de la cité moderne », et il ne se prive pas de critiquer la politique budgétaire du Bloc national. Marthe Hanau, d'une famille de petits commerçants juifs de l'avenue de Clichy, qui dirige la *Gazette du Franc* et commande à un bataillon de courtiers et de démarcheurs, avant d'être poursuivie pour escroquerie et abus de confiance, subventionne les journaux de gauche, dont *le Quotidien*, organe du Cartel. Albert Oustric, fils d'un cafetier, se lance dans la banque, spécule sur la Huanchaca et la Snia Viscosa, avec l'appui de quelques hommes d'État qu'il a séduits ou corrompus, et notamment d'un garde des Sceaux qui fait arrêter les poursuites contre le banquier téméraire. L'Ukrainien Alexandre Stavisky se prévaut d'amitiés très officielles pour fonder à Bayonne un Crédit municipal qui émet des bons de caisse gagés sur des bijoux faux ou volés. Des ministres sont compromis dans le scandale. Nous l'avons vu, on retrouvera dans un chalet de Chamonix le cadavre de l'escroc, une balle dans la tête.

Dans toutes ces affaires, l'argent et la gauche, particulièrement la gauche radicale-socialiste, font bon ménage. C'est donc que le mur d'argent n'est pas exclusivement de droite. Il est le fait de tous les possédants – et les petits possédants sont plus nombreux et ont plus de poids que les nantis. Il est d'essence populaire, bien plus qu'oligarchique.

Si l'on trouve sans peine des gens de finance liés à la gauche, on en dénombrerait alors assurément d'autres qui inclinent à droite : les Rothschild, les Wendel, François-Marsal, Lemaigre-Dubreuil, Alfred Pose, Jean Jardin, tous plus ou moins à la frontière de la finance, de l'industrie et de la politique.

Mais, à droite comme à gauche, on l'a dit, il n'y a pas de front uni. Le « clan » des riches n'est qu'une vue de l'esprit. Les banquiers n'ont pas nécessairement le même point de vue que les industriels. Entre banquiers, les désaccords et les conflits ne sont pas rares : hier, Rothschild contre Pereire, ensuite Lazard contre Rothschild, ou maisons catholiques contre maisons protestantes... Entre industriels, les dissensions et les oppositions ne sont pas moindres : Wendel contre Schneider...

Il en résulte que le slogan du mur d'argent manque de consistance : ce mur est fait de matériaux trop divers pour être homogène. Le temps vient vite où il paraît nécessaire de rajeunir la formule, en lui donnant un peu plus de consistance, et si possible en la personnalisant. Les dynasties bourgeoises, puis les deux cents familles vont prendre la relève.

Les dynasties bourgeoises

Les « dynasties bourgeoises ». L'expression est de Georges Clemenceau qui, dès 1898, a écrit que « le monde d'à présent est tout aux dynasties bourgeoises ». Vite oubliée, la formule est réinventée trente ans plus tard par un publiciste qui marie le goût de la polémique et l'érudition historique : Emmanuel Beau de Loménie publie une série de volumes qui visent à démontrer comment de grandes familles bourgeoises ont imposé leurs volontés depuis le 18-Brumaire, comment elles ont trouvé leur cadre idéal sous la monarchie de Juillet, comment à force d'intrigues et de roueries elles ont dicté leur loi sous les Républiques à venir.

Grâce à Beau de Loménie, *la Responsabilité des Dynasties bourgeoises* fait l'objet de commentaires multipliés aux alentours de 1932. L'ouvrage dénonce « le jeu démoralisant du groupement de hautes familles qui, nées pour la plupart à la vie publique dans les remous de la Révolution de 1789, ont par la suite, pour consolider leurs positions, créé et renversé une série de gouvernements en jouant alternativement des principes de liberté et des formules d'ordre; et se sont ainsi, jusqu'aux périodes toutes récentes, maintenues à la tête de la société et des affaires ». « Nous retrouvons, ici et là, tantôt au premier plan, tantôt le plus souvent dans les coulisses, mais toujours bien placés et toujours influents, les fils, les petits-fils, les gendres, les héritiers directs des principales familles qui, s'imposant à nos régimes successifs, ont fondé les cadres dirigeants de la haute bourgeoisie contemporaine. »

Le talentueux pamphlétaire ne conteste pas la valeur de quelques-unes de ces dynasties. « Ce que je condamne, c'est le fait que pour consacrer, pour consolider leurs positions, elles ont, tantôt sans bien s'en rendre compte, tantôt de façon raisonnée, manœuvré constamment entre les partis et entre les systèmes. »

Pour documentée qu'elle soit, la démonstration laisse à désirer. Les combinaisons des grandes dynasties bourgeoises sont si habiles et si contradictoires qu'on n'en perçoit pas aisément le fil directeur. Un individu peut être machiavélique. Une famille peut moins facilement s'attacher à un même dessein sur une suite de générations. Le complot des dynasties bourgeoises devient encore moins crédible dès l'instant qu'on prétend confondre un grand nombre de familles au sein d'un groupement sans statut juridique et aux intérêts divergents.

Ce qui est vrai, c'est que la troisième République offre aux manœuvres des gens d'affaires un terrain éminemment favorable. « L'État, écrit Beau de Loménie, s'était réservé le moyen d'attribuer à qui il lui convenait les concessions des mines, des chemins de fer et des banques; il réglementait les droits de douanes; il déterminait les programmes de travaux publics. Et l'État, c'étaient pratiquement les hommes, les groupes qui, au gouvernement et dans les entourages de celui-ci, détenaient les influences dominantes... Sous le couvert trompeur d'une liberté économique théoriquement égale pour tous, les hommes et les groupes au pouvoir avaient bénéficié de privilèges de fait immenses. » Autrement dit, par le « jeu alterné des grandes influences d'affaires », la France de la troisième République était le théâtre d'une « économie accaparée ».

Sans doute. Mais accaparée par qui? Plus souvent par des groupes rivaux, voire hostiles, que par une mafia unifiée de dynasties bourgeoises. Il n'est pas évident que le Corse Spoturno, devenu le parfumeur François Coty, maître du *Figaro*, fondateur et patron de *l'Ami du peuple*, poursuive les mêmes fins que le socialiste Léon Blum, éditorialiste du *Populaire*. S'ils sont bourgeois tous les deux, ils n'appartiennent ni l'un ni l'autre à une dynastie, à moins qu'on n'assimile à des dynasties le « milieu » corse et la grande famille israélite.

Coty est sénateur, Blum est député. Ils ne semblent pas rentrer dans la catégorie de ceux que Beau de Loménie appelle les « pauvres élus, instruments des pouvoirs d'argent, tenus directement ou indirectement en main par les Caisses occultes ou la grande presse aux ordres des agents de publicité financière ». Ils sont élus, mais non point pauvres. Ils ne sont pas tenus par la grande presse, ce sont eux qui la tiennent.

Notre auteur cependant ne manque pas de multiplier les prototypes des dynasties bourgeoises : il cite les Perier, bien sûr, les Reille, les Montalivet, les Audiffret-Pasquier, les Saint-Aulaire, les Cochin, les Broglie, les Hennessy, les Lasteyrie... Mais n'est-ce point mêler les familles bourgeoises et les familles de l'aristocratie ? Les Audiffret-Pasquier remontent à des juristes d'Ancien Régime, les Lasteyrie sont alliés aux la Fayette, les Broglie sont ducs ou princes. Plus authentiquement bourgeoises sont les familles de notables locaux qu'on a déjà eu l'occasion de citer, comme les Motte, de Roubaix, les Gillet, de Lyon; ou bien les familles de confession protestante, comme les Say (Jean-Baptiste l'économiste, Léon le ministre des Finances), ou de confession israélite comme les Fould (ministres ou banquiers). C'en est assez pour brosser une galerie de portraits et pour évoquer de beaux enchaînements de carrières, à cheval sur la finance et la politique, avec le secours de belles alliances matrimoniales.

Il n'est pas douteux que l'histoire compte beaucoup de ces dynasties, plus ou moins bourgeoises, et qu'elles ont plus ou moins pesé sur le destin national, mais sans qu'on sache très bien dans quel sens. Beau de Loménie retient lui-même le cas de Casimir-Perier et du duc d'Audiffret-Pasquier, qui sont beaux-frères, parlementaires, dont les hôtels sont voisins sur l'avenue des Champs-Élysées et qui tous deux participent au conseil d'administration des mines d'Anzin; mais à la Chambre, l'un préside le centre gauche et l'autre le centre droit, qui sont irréconciliables.

N'empêche que le thème de la culpabilité des puissances d'argent est à la mode durant l'entre-deux-guerres. Un obscur sénateur de l'Aube (qui n'a rien d'un socialiste), nommé Lesaché, le reprend à sa façon lors d'une intervention à la tribune du palais du Luxembourg : « Les brasseurs d'affaires, dit-il, sont arrivés à être les maîtres absolus des principales affaires de notre pays. A raison des tantièmes opulents que procurent nombre de ces sociétés, à raison aussi de l'impunité et de l'irresponsabilité quasi absolues dont jouissent les Conseils d'administration, il s'est créé depuis une quinzaine d'années une oligarchie de deux cents à trois cents personnes que l'on retrouve partout et qui disposent d'une puissance redoutable ». Le mot « famille » n'est pas prononcé. Mais le nombre « deux cents » est déjà suggéré.

Ce propos date du 16 février 1933. Trois ans plus tard, ce même Lesaché précisera sa pensée devant le Sénat : « Si l'on consulte l'annuaire des sociétés par actions et si on prend la peine de rechercher la composition des conseils d'administration et les liens qui existent entre les sociétés, on constate que cent cinquante à deux cents noms reviennent constamment, et que ces cent cinquante à deux cents personnalités tiennent dans leurs mains les leviers de commande des principales affaires de notre temps. »

Cette fois, et avec le morceau d'éloquence d'Édouard Daladier au Congrès de Nantes, le mur d'argent cède le pas aux deux cents familles.

IV

LA FIN DES DEUX CENTS FAMILLES

A L'ASSAUT DES DEUX CENTS

Front unique, Front commun, Rassemblement populaire : tour à tour, de 1934 à 1936, la gauche se mobilise sous des enseignes diverses, qui finiront par se fondre dans la formule du Front populaire. Celle-ci emportera les suffrages, au sens propre du terme.

Contre quel adversaire l'opinion est-elle ainsi appelée à se rassembler ? Contre le péril fasciste, contre les Ligues, contre les décrets-lois de déflation, et, symboliquement, contre les deux cents familles. Le slogan fait recette.

La féodalité ainsi dénoncée passe pour avoir deux cents têtes, deux cents noms; avec pour chefs de file les douze régents élus de l'institut d'émission : à savoir, en 1936, six banquiers : Édouard de Rothschild, David-Weill, Hottinguer, Mallet, Neuflize, Mirabaud; et six industriels ou assimilés, Wendel, Vogüé, Darblay, Duchemin, Poulenc, Tinardon. Telles sont les têtes à abattre.

Ces têtes-là, ce sont pour nous de vieilles connaissances, au moins en ce qui concerne huit d'entre elles. Nous avons déjà évoqué les dynasties Rothschild, Hottinguer, Mallet, Neuflize, Mirabaud, Wendel, Darblay. Restent quelques nouveaux venus, derniers élus au conseil de régence : David-Weill, Duchemin, Poulenc, Tinardon.

Le plus fameux de ce quatuor est David-Weill, patron de la banque Lazard. Il est le rejeton d'une famille qui, au milieu du XIXe siècle, a quitté Sarreguemines pour tenter sa chance aux

États-Unis, d'abord en Louisiane, puis à San Francisco de 1857 à 1880, à New York de 1880 à 1884, enfin à Paris : les trois frères Alexandre, Simon, Elie, ont été rejoints par leur cousin Alexandre Lazard pour fonder, en 1843, à La Nouvelle Orléans, la banque Lazard Brothers and Co. Aussi longtemps qu'ils le peuvent, les Rothschild font barrage pour empêcher la maison Lazard de prendre pied au sein du Conseil de la Banque : ils lui reprochent de soutenir les intérêts anglo-saxons plutôt que les intérêts français. Pourtant, en 1924 et 1926, Lazard vient au secours du franc. La famille David-Weill excelle dans les montages financiers et les mariages d'entreprises (des mariages qui ne seront pas nécessairement féconds) : elle aidera Renault à prendre le contrôle de l'Américain Mack, Peugeot à s'adjuger Chrysler-France. Elle allie d'ailleurs le génie de la banque avec les vertus du mécénat. Grands collectionneurs, les David-Weill comptent parmi les plus munificents donataires des musées de France. Michel, fils de Pierre David-Weill, petit-fils du régent David, associé gérant de la banque Lazard, sera membre de l'Institut, président du Conseil européen du mécénat, membre du Conseil de la réunion des Musées nationaux de France – comme du Conseil des musées des États-Unis.

René Duchemin, chimiste de formation, placé à la tête de la Société Kuhlmann, est l'animateur de la jeune Association générale de la production française (AGPF), que financent le Comité des Forges, le Comité des Houillères et l'Union métallurgique et minière, et qui unifie le patronat face à la CGT ouvrière.

Autre industriel, autre chimiste, et censeur de la Banque avant d'en devenir régent, Camille Poulenc a créé un laboratoire de recherches pour la production de sels minéraux purs et rigoureusement contrôlés. Il a collaboré avec les Curie, puis, à l'enseigne des Établissements Poulenc-Frères, doté la France d'une industrie pharmaceutique. Le nom des Poulenc subsistera dans la raison sociale Rhône-Poulenc, après absorption par la Société des usines du Rhône.

Quant à Tinardon, il représente d'autres groupes industriels : la société Alais Froges et Camargue, puissante dans la chimie et l'aluminium, qui deviendra Pechiney; les papeteries Darblay, qui portent déjà le nom d'un ancien régent.

C'est contre ces symboles de la haute finance ou de la grande industrie que, dès l'été 1935, un programme est élaboré à l'échelle modeste du Ve arrondissement de Paris, mais il sera bientôt adopté à l'échelle nationale. Il y est dit en toutes lettres que l'objectif est d'« arracher la République aux puissances d'argent » et très précisément de « soustraire la Banque de France à la domination de la grande féodalité financière ».

Le programme du Rassemblement populaire, arrêté le 10 janvier 1936, s'en explique ouvertement : « pour soustraire le crédit et l'épargne à l'oligarchie économique », il faut « faire de la Banque de France, aujourd'hui banque privée, la Banque de la France ». Ce qui implique la suppression du conseil des régents, l'élargissement des pouvoirs du gouvernement, la transformation du capital en obligations : toutes opérations à mener à bien sous le contrôle d'un nouveau conseil, où figureront des représentants du pouvoir législatif, du pouvoir exécutif et « des grandes forces organisées du travail » – comprenez : des syndicats.

Gaston Bergery, qui est un franc-tireur du parti radical (et qui plus tard, sous l'occupation allemande, se compromettra avec le vainqueur) juge un tel programme trop timide, et trop peu anticapitaliste. Curieux homme, ce Bergery : fils illégitime d'un gros financier allemand d'origine juive (Alfred von Kaulla), élevé bourgeoisement par sa mère, devenu un dandy des salons littéraires d'avant-garde, élu à Mantes avec l'étiquette radicale et l'appoint des voix communistes, militant de l'antifascisme, il anime un Front commun qui se donne pour mission d'« abattre la féodalité industrielle et financière » par la grâce d'une deuxième Révolution française, tout comme la première Révolution a abattu la féodalité aristocratique. Dans le journal de combat qu'il a fondé en 1934, *la Flèche*, Bergery vitupère : « France, voici tes maîtres. » Et il les désigne, sinon nommément, du moins sous leur raison sociale : la Banque de France, la Société générale, le Crédit lyonnais, la Banque de l'Union européenne, le Comité des Forges, le Comité des Houillères, les trusts chimiques, le Comité général des assurances, les Grands Moulins, le trust de l'Énergie, le pétrole, les agences de presse, la publicité. Voilà les citadelles à réduire. Le numéro spécial de *la Flèche*, daté de février 1936, est tiré à 400 000 exemplaires.

Pourtant, tous les partis qui composent le Front populaire font entendre des voix nuancées. Les communistes sont normalement les plus virulents. Ils appellent « le peuple de France » à se réconcilier contre « les deux cents familles et leurs mercenaires ». Les socialistes, qui ne veulent pas se laisser distancer, ont signé la « plate-forme d'action commune » pour « la libération de l'État du joug de la féodalité financière en établissant la souveraineté de la nation sur la Banque de France par la déchéance du conseil de régence ». Comme on le voit, le vocabulaire des champions de la lutte contre les deux cents familles ne se renouvelle guère. Paul Faure condamne les puissances d'argent, Léon Blum l'oligarchie financière et bancaire, Marceau Pivert les profiteurs et les ploutocrates.

Mais les radicaux, dont l'appoint est indispensable au Front populaire, sont partagés : Daladier réclame la nationalisation du crédit, que refuse Édouard Herriot. Peut-être les plus avertis d'entre les militants s'aperçoivent-ils que les mesures préconisées par le Front populaire pour décapiter la Banque de France ressemblent singulièrement à celles que mettent en œuvre, pour la Reichsbank et la Banque d'Italie, les nationaux-socialistes et les fascistes, dans le sillage de Hitler et de Mussolini. Les batailles pour l'étatisme et contre le libéralisme se rejoignent dans toutes les idéologies, par-delà les frontières.

Vers une réforme des statuts de la Banque

La campagne électorale est ouverte le 7 avril 1936 et, pour la première fois, les ondes de la radio confrontent les adversaires et les programmes.

Les Français votent selon un scrutin uninominal à deux tours, le dimanche 26 avril et le dimanche 3 mai. Triomphe du Front populaire.

Triomphe ? C'est beaucoup dire. Par rapport aux précédentes élections législatives, les partis de droite ne perdent pas plus de 3 % des suffrages. Mais ce déplacement suffit, grâce à la discipline des électeurs de gauche et au mécanisme du scrutin d'arrondissement, à modifier profondément la répartition des sièges. Les communistes passent de 11 élus à 72, les socialistes de 131 à 149 (et ils deviennent du même coup le parti le plus représenté), les radicaux socialistes reviennent de 157 à 109 : avec l'appoint de divers autres groupes, le Front populaire dispose de 386 députés, contre 212 pour les partis « modérés ». La victoire la plus marquante est celle des communistes, qui multiplient leur groupe par plus de six. C'est elle qui frappe l'opinion et détermine les mouvements sociaux consécutifs à l'élection. Si les communistes refusent de participer au gouvernement que forme Léon Blum, ils lui promettent leur plein soutien : cette tactique doit leur permettre de bénéficier des éventuels succès du Front populaire, sans risquer de les compromettre dans ses échecs.

A la Chambre nouvelle, dès le 6 juin, Léon Blum annonce le dépôt immédiat d'une dizaine de projets de loi, à voter d'urgence avant les vacances parlementaires. Au nombre de ces projets, à côté de la semaine de quarante heures et des congés payés, figure la démocratisation de la Banque de France.

La rue donne aux réformes un appui spectaculaire : le 14 juillet, de la Nation à la Bastille, les travailleurs célèbrent leur victoire, aux accents de *l'Internationale* et de *la Marseillaise*, sous les plis mêlés des drapeaux rouges et tricolores. Ils manifestent pour « le pain, la paix, la liberté ». Sans se douter que, trois ans plus tard, la paix chancellera; que, dans quatre ans, la liberté sera morte; et que le pain manquera bientôt après.

Pour l'heure, plutôt qu'à l'arrogante famille nationale-socialiste d'outre-Rhin, il importe de s'attaquer aux deux cents familles qui passent pour opprimer la France. La Chambre est à peine réunie que déjà les documents parlementaires s'enrichissent de textes vengeurs. Première en date, une proposition de loi déposée le 9 juin par Jacques Duclos et le groupe communiste tend « à instituer un prélèvement sur les grosses fortunes en vue d'associer aux charges de la crise les citoyens les plus fortunés du pays ». Cette proposition ne manque pas de dénoncer les responsabilités d'un François de Wendel, ni de désigner à la vindicte publique « certains membres des deux cents familles qui cumulent les conseils d'administration », par exemple Peyerimhof, administrateur de dix-huit sociétés, Ernest Mercier, de vingt-cinq, René Duchemin, de dix-sept... Le prélèvement devrait frapper, de 7 à 25 %, les fortunes supérieures à un million, et il rapporterait 15 milliards...

Autre proposition, datée du 18 juin : déposée par douze députés modérés, parmi lesquels Ernest Pezet et Robert Schuman, elle vise expressément « à modifier le statut de la Banque de France ». Son exposé des motifs commence par railler « le mythe des deux cents familles », qui repose « sur le privilège des deux cents plus forts actionnaires ». « Il s'agit bien d'un mythe, car l'assemblée générale n'a d'autres pouvoirs que l'élection des régents. Elle n'a le droit de discuter ni la politique de la Banque, ni les chiffres du bilan. Elle se borne à entendre la lecture du rapport du gouverneur. » Donc, on remplacera l'aimable assemblée générale des Deux Cents par celle de tous les propriétaires d'actions, et le Conseil général de la Banque sera composé, non plus de régents, mais de parlementaires, de membres du Conseil national économique, de hauts fonctionnaires et de personnalités élues par la nouvelle assemblée générale.

Mais le gouvernement n'entend pas se laisser distancer : le 19 juin, il présente un projet de loi aussi vigoureux que succinct, tendant à lui permettre « de modifier par décret les lois et statuts qui régissent la Banque de France ». Léon Blum et Vincent Auriol demandent « les pouvoirs nécessaires pour assurer dans la gestion de la Banque la prépondérance des intérêts économiques de la nation ». Ce serait la technique expéditive des décrets-lois. Mais à la réflexion, le gouvernement y renonce. Sûr des élus de la nation, il va leur soumettre le projet avec un double objectif : évincer les régents, introduire l'État dans la Banque.

En deux heures de discussion, la commission des Finances entérine le texte, qui figure à l'ordre du jour de la Chambre le 10 juillet, alors que la cotation en Bourse des titres de la Banque a été prudemment suspendue, à la demande du ministre des Finances.

A la Chambre des députés

Premier orateur inscrit, le Vendéen de Tinguy plaisante la réforme : si l'on donne le droit de vote, non plus à deux cents, mais à quarante mille actionnaires, il faudra « les réunir sur la place de la Concorde ou au Stade Buffalo ».

Le duc François d'Harcourt, qui est député du Calvados, s'étonne et s'inquiète : de la banque des régents, dit-il, vous voulez faire la banque du Front populaire. « J'ai stigmatisé le grave inconvénient qu'une banque d'émission dépendît trop étroitement de ce que, dans le jargon à la mode, on appelle la politique des deux cents familles. Pensez-vous apporter une modification efficace en substituant à l'omnipotence de quelques magistrats, la pression des partis politiques ou des groupements syndicalistes? » Et François d'Harcourt de rapprocher la méthode de Léon Blum de celle des fascismes totalitaires : « L'identification de la Banque avec l'État est le procédé en vigueur dans les pays à dictature qui exercent, semble-t-il, une attraction particulièrement vive, bien qu'inconsciente, sur le gouvernement de Front populaire. »

Riposte de René Brunet, rapporteur général du projet : la Banque de France présente aujourd'hui des traits périmés. Et de reprendre à son compte le thème des deux cents familles : « Dès le début, un certain nombre de familles de grands banquiers se sont installées dans le Conseil de Régence et n'en sont plus sorties. Par la suite, les présidents ou les administrateurs des trusts ou des sociétés économiques et financières les plus puissantes ont à leur tour pénétré dans le Conseil et ont réussi à exercer sur la direction de la Banque, organisme public, la prépondérance de leurs intérêts privés. » Conclusion, en forme de condamnation : « Ainsi s'est peu à peu constituée une véritable oligarchie économique et financière, maîtresse des destinées et des décisions de la Banque. »

Actuellement, précise le rapporteur, les douze régents élus sont, personnellement ou par leurs fils ou neveux, administrateurs de 95 sociétés, dont 31 banques, 8 compagnies d'assurances, 8 entreprises de navigation, 8 sociétés minières, 9 compagnies de chemins de fer, 12 industries chimiques... Scandale! La Banque de France n'a pas à dépendre des gens d'affaires, elle appartient à la nation.

Pour qu'il en soit ainsi, le rapporteur écarte trois solutions, dont la mise à exécution serait trop lente : racheter les actions de la Banque, procéder à une augmentation de capital au seul profit de l'État, transformer les actions en obligations. Mieux vaut, comme le propose le gouvernement, modifier les statuts et les organes de la Banque : démocratiser l'assemblée générale (un actionnaire, une voix), remplacer les quinze régents par vingt conseillers, représentant la production, le commerce, la consommation, les intérêts collectifs de la nation. Bref, libérer la Banque des puissances d'argent, et la confier aux forces du travail.

Vincent Auriol à l'ouvrage

Le ministre des Finances n'a plus qu'à confirmer et à préciser ce plan de réforme. Ce ministre s'appelle Vincent Auriol : un militant socialiste des pays de Garonne, sans compétence financière, mais bon à tous les emplois : on en fera un ministre de la Justice, un président de la future Assemblée nationale, voire un président de la quatrième République. En juillet 1936, il ne sait pas encore que, dans trois mois, il dévaluera le franc après avoir juré de ne pas y toucher. D'ailleurs, ne défend-il pas la monnaie en prenant la tutelle de la Banque de France ?

Le premier soin de Vincent Auriol, devant la Chambre, est de clouer au pilori les deux cents membres de l'assemblée générale de la Banque. Qui sont-ils ? On dénombre parmi eux trois organismes publics (la Caisse des dépôts, le Crédit mutuel agricole, la Ville de Paris), sept associations « de bienfaisance » (dont l'Académie des sciences, l'Assistance publique), des sociétés industrielles et financières et « de hautes personnalités qui toutes président aux destinées d'un grand nombre de conseils d'administration ». De la sorte, « le gouvernement économique et financier de la nation est héréditaire, oligarchique et comme de droit divin ». Voilà les deux cents familles exécutées.

La gauche applaudit, mais l'extrême droite elle aussi tient à passer pour anticapitaliste. M. de Tinguy, en ouvrant le débat, a rappelé que, pour Napoléon, « la Banque n'appartient pas seulement à ses actionnaires, elle appartient aussi à l'État ». Le royaliste Xavier Vallat interrompt le ministre pour citer le duc d'Orléans dénonçant « la dictature excessive de la fortune anonyme et vagabonde ». De son côté, Vincent Auriol ne se prive pas d'appeler à la rescousse l'encyclique *Quadragesimo Anno* s'élevant contre « le pouvoir économique discrétionnaire aux mains d'un petit nombre d'hommes, dépositaires et gérants d'un capital qu'ils administrent à leur gré ».

A cette évocation, on crie au centre « Vive le pape ! ». Mais Xavier Vallat rappelle ministres et députés aux réalités : « Le pape, lance-t-il, n'a pas dit qu'il fallait faire de l'inflation. »

Vincent Auriol ne réplique pas. Il s'en tient à sa réforme : « Nous proposons que l'institut d'émission soit l'image même de la France. » Traduction : l'image fidèle de l'État socialiste et de la France du Front populaire. En guise de péroraison, le ministre célèbre l'entrée dans l'institut d'émission « de cette grande force disciplinée et formidable du travail qu'est la CGT ». Il rassure les Français en leur affirmant que la Banque ne fera pas d'inflation. Il conclut : « En faisant éclater les cadres étroits d'une vieille institution, trop longtemps immuable, vous donnerez plus de force et plus d'allégresse à tous les artisans de la prospérité économique de la nation. » On applaudit « à l'extrême gauche, à gauche et sur plusieurs bancs au centre ». L'*Officiel* ajoute : « A l'extrême gauche et à gauche, Messieurs les députés se lèvent. » Ce qui veut dire que les radicaux ne se lèvent pas.

Explications de vote

Les explications de vote sont rapides, puisque la droite joue battue. Noël Pinelli, sur le mode désabusé, note qu'« il eût été franc, loyal, honnête de dire au pays qu'on transforme radicalement une banque privée en une banque d'État ». Et Joseph Denais de faire semblant de s'interroger : « Qu'est-ce que c'est que cette comédie, qui consiste à convoquer les 40 000 actionnaires, si l'on constate par avance, en s'en réjouissant, qu'ils ne répondront pas à la convocation ?... Il s'agit purement et simplement de payer une dette électorale. »

Après la discussion des articles, au cours de laquelle intervient Robert Schuman, le communiste Berlioz clôt le débat par des envolées lyriques, dignes de son patronyme : « C'est contre les deux cents familles que le pays s'est dressé aux élections. Les deux cents familles n'étaient autre chose que les deux cents plus forts actionnaires de la Banque de France, qui représentaient en même temps les oligarchies financières et industrielles entre les mains desquelles sont concentrées les richesses essentielles de notre pays et les principaux leviers de commande de l'économie nationale. La Banque de France ne doit plus pouvoir tenir le Parlement en échec. »

Suit un rappel du rôle funeste des régents. « Les régents de la Banque sont désignés par leurs pairs, les barons de l'économie générale, les barons de l'industrie et du commerce. Ces régents constituent une véritable dynastie. Pendant que disparaissent les uns après les autres les Bonaparte, les Bourbons, les Orléans, on voit que les Mallet, les Mirabaud, les Neuflize ou les Hottinguer continuent à occuper les sièges des régents. Ils donnent l'exemple du gouvernement le plus stable et le plus cohérent qu'on puisse imaginer. Non seulement ils durent toute leur vie, mais ils assurent leur succession par leurs gendres ou leurs cousins. »

Ce langage, qui se veut critique dans la véhémence, ne pourrait-il passer pour une apologie de la continuité dans un monde instable ? Le communiste de service ne travaille pas dans la nuance. Son propos, d'ailleurs, tourne bientôt inconsciemment au racisme, voire à l'antisémitisme : « Parmi ces banquiers et ces industriels, nous en trouvons qui sont d'origine étrangère... Il y a là un représentant de la banque Lazard frères, et chacun connaît les liens qu'elle a avec la maison Morgan, des États-Unis. Il y a là un délégué de la banque Rothschild qui représente, nul ne l'ignore, un capital international et anglais en particulier. »

Derniers couplets, toujours sur les deux cents familles : « Arracher l'institut d'émission à l'emprise des deux cents familles nous paraît être la première mesure de salut public à prendre. Le pays ne peut en particulier être rassuré au sujet de l'avenir de la monnaie tant que l'institut chargé de la défense du franc n'est pas soustrait à l'influence des deux cents familles qui, dans leur immense majorité, se sont ralliées aux thèses dévaluationnistes... La Banque de France, qui a été jusqu'ici aux ordres des deux cents familles, doit être mise au service de la nation. »

Mais les deux cents familles vont être chassées de la Banque, et le franc sera quand même dévalué.

Une dernière remarque de Georges Potut, qui fut le chroniqueur des changes de *l'Information*, sur l'indépendance de la monnaie vis-à-vis de l'État, et l'on passe au vote. Le président de séance annonce : 430 voix pour la réforme, 111 contre. L'*Officiel* rectifiera : 444 voix pour (dont celles de Léon Blum, Vincent Auriol, Jacques Duclos...), 77 voix contre (dont celle d'un Montalembert, qui est un gendre des Wendel), et nombre d'abstentions (dont celles de Robert Schuman et du duc d'Harcourt).

Ouverte après seize heures, la discussion est donc close avant vingt heures. En 200 minutes, les deux cents familles ont été condamnées. Une minute par famille.

Le projet passe au Sénat

La Haute Assemblée n'a plus qu'à voter à son tour. Le temps de permettre au rapporteur de mener sa tâche à bien, treize jours après la Chambre, le 23 juillet, le Sénat se prononce.

Abel Gardey, au nom de la commission des Finances, présente son rapport. Il n'a pas d'illusion sur l'issue du débat. Sans s'élever contre le texte du gouvernement, déjà adopté au Palais-Bourbon, il n'émet que de timides réserves : au Conseil général de la Banque, d'où seront expulsés les régents, il voudrait ajouter une petite représentation des actionnaires – et satisfaction lui sera donnée. A la Banque même, il rappelle que sa première mission est de défendre la monnaie, et très précisément d'assurer la convertibilité des billets en or, sur les bases de la loi monétaire.

L'intérêt de la séance est de confronter un régent au ministre, François de Wendel à Vincent Auriol. Sidérurgiste contre socialiste. Technicien de la chose monétaire contre ministre à tout faire. Porte-parole de l'aristocratie de l'argent contre élu du peuple de gauche.

François de Wendel, lui aussi, sait qu'il plaide une cause perdue. Plutôt que de défendre une institution du passé, il met les nouveaux maîtres du jeu en face de leurs responsabilités du présent et des menaces qui pèsent sur l'avenir.

D'abord, un discret rappel de sa position personnelle, qui est celle de tous les régents : « Il est un peu délicat pour moi de prendre la parole à propos d'un projet dont l'un des principaux objets est évidemment, du moins en apparence, de faire disparaître un Conseil dont je m'honore grandement de faire partie depuis plus de vingt-trois ans... Il est cependant des heures où certaines choses doivent être dites. »

Quelles choses ? Tout simplement que la tâche des pouvoirs publics, en cette année 1936, est de veiller à l'intégrité du franc plutôt que de conquérir des places. François de Wendel use d'un langage moins cru, mais qui dit bien ce qu'il veut dire : « Il importe que le gouverneur puisse défendre la monnaie contre les ministres qui passent et qui n'ont que trop tendance à régler par la planche à billets les difficultés de l'heure. »

Un conseil précis : « Ne réduisez pas la situation du gouverneur à celle d'un simple chef de rayon ministériel. »

Un souhait : « Que les futurs conseillers défendent la monnaie aussi bien que ceux qui les ont précédés. »

Une mise en garde : François de Wendel déplore « la logomachie qui consiste à dire qu'il faut que la Banque de France devienne la Banque de la France. La Banque a toujours été, elle est et elle doit être au service de la nation. Respectez son indépendance. Veillez à ce que la Banque ne devienne pas, sous une forme plus ou moins camouflée, une Banque d'État ».

A son banc, le ministre n'a sans doute rien entendu, et il se comporte comme s'il n'avait rien voulu entendre. Pas de réponse directe au régent. Seulement un flot de belles paroles qui reprend le discours officiel et les vieux arguments sur les deux cents familles : « Les deux cents membres de l'assemblée générale représentent 63 sociétés industrielles ou financières, 21 compagnies d'assurances, 13 agents de change, 10 banques, 4 sociétés métallurgiques et minières... Mais y voit-on le petit commerce, y voit-on l'industrie, y voit-on l'agriculture ? Nullement... Les douze régents qui tiennent dans leurs mains l'escompte, la monnaie, le crédit, occupent 150 sièges dans les conseils d'administration, eux ou leur famille... Près de 40 000 porteurs n'ont aucun droit, ni celui de nommer les censeurs, ni celui de nommer les régents, ni même celui d'entendre lecture du rapport annuel. »

L'arithmétique de Vincent Auriol n'est pas exactement celle du rapporteur. Et l'on voit mal pourquoi il se plaint que l'industrie ne soit pas représentée parmi les deux cents, alors même qu'il dénonce leur présence dans nombre de sociétés industrielles. Mais le ministre se satisfait de ce morceau d'éloquence, que complète un propos vengeur : « Ce que nous avons voulu, c'est que la Banque fût plus exactement l'image de la France qui travaille et qui épargne, et que soit respectée l'indépendance du labeur national et de l'État lui-même à l'égard d'une organisation qui laisse aux deux cents plus forts actionnaires le soin de diriger le crédit et les grands intérêts de la production, de l'épargne et du travail de la nation. » Fermez le ban.

Les sénateurs passent à la discussion des articles du projet. Henri Lémery, qui a été garde des Sceaux, formule une constatation : « L'absence complète de raisons déduites d'une évidente nécessité nationale ». Et il lance un avertissement : « C'est par les finances que les expériences marxistes jusqu'à présent tentées dans le monde ont échoué. C'est par elles qu'avortera celle dans laquelle se précipite, tête baissée, le Front populaire. » Lémery joue les Cassandre : il prédit que la réforme de la Banque de France débouchera sur une crise monétaire.

Président de la commission des Finances, Joseph Caillaux réplique avec hauteur. « La Banque de France, assure-t-il, ne sera pas une banque d'État » (mais elle le deviendra avant dix ans). « Nous sommes opposés à l'inflation. Nous ne voulons en entendre parler sous aucun prétexte » (mais elle ne va pas tarder à déferler). Pour mémoire, on rappelle que le père de Joseph Caillaux, Eugène, a été ministre sous Mac-Mahon et président du PLM, et que Joseph Caillaux lui-même, héritier d'une des grosses fortunes de France, a été président du Crédit foncier argentin et du Crédit foncier égyptien.

Après adoption de quelques amendements sans importance, l'ensemble du projet est voté par 190 voix contre 74. Parmi les « votes pour », on note celui de Maurice de Rothschild. Parmi les « votes contre », ceux de François de Wendel, sénateur de Meurthe-et-Moselle, et de son frère Guy, sénateur de la Moselle.

Le débat a duré quatre heures. C'en est assez pour exécuter un système vieux de cent trente ans. Mais les actionnaires répliquent à leur façon. Convoqués en assemblée extraordinaire, ils sont 775 à huer le représentant de la CGT (Léon Jouhaux) et le gouvernement; et puisqu'on leur a accordé deux représentants au sein du nouveau conseil général, ils élisent deux opposants notoires : Duhem, de la Confédération des groupements industriels et commerciaux, et Lemaigre-Dubreuil, qui préside la Fédération des contribuables, et qui passe pour être plus proche de l'extrême droite que ne l'a jamais été aucun des régents.

C'est bien la fin des deux cents familles. Mais c'est surtout la fin du mythe. Maintenant qu'elles sont évincées, on s'aperçoit qu'elles n'ont jamais eu de vraie réalité historique. « Les deux cents familles, écrira le professeur Pierre Birnbaum (*Histoire d'un mythe*), ne désignent ni un groupe économique spécifique, ni une classe sociale, ni une fraction de classe, ni une caste, ni même un *establishment.* » Le même commentateur conclura : « L'adhésion à la métaphore des deux cents familles révèle la pauvreté de l'analyse sociologique marxiste. »

ÉBAUCHE D'ÉTATISATION

La réforme de la Banque de France s'accompagne de diverses mesures qui élargissent le secteur public aux dépens du secteur privé, et tendent à donner à l'État la haute main sur l'économie : première étape, encore timide, vers de plus amples nationalisations.

Le principe de celles-ci a figuré dans le « programme de Belleville » de Gambetta, puis dans le manifeste du parti radical de 1901, il a été préconisé par Charles Gide au conseil économique de la CGT en 1918, et retenu dans les projets socialistes. Mais Jaurès et Jules Guesde ont marqué quelques réserves devant la formule de l'État-patron, et Léon Blum se dit hostile « à une expropriation révolutionnaire de certaines formes de propriété capitaliste » (déclaration au Sénat, le 1er octobre 1936). Les communistes eux-mêmes, tout en préconisant ouvertement « la socialisation des moyens de production et de transports » (programme pour les élections de 1936), pensent que « la nationalisation est une blague » aussi longtemps que l'ordre capitaliste reste en place.

Cependant, l'État a déjà gagné du terrain : il a pris en charge des activités industrielles et commerciales durant la guerre, il est devenu banquier en inaugurant le système des chèques postaux (1918), la Caisse nationale du crédit agricole et la Banque française du Commerce extérieur (1920), la Caisse centrale du Crédit hôtelier (1923), et en recourant de plus en plus à la vieille Caisse des dépôts et consignations. Il a hérité des services publics créés par les Allemands en Alsace-Lorraine.

Selon le programme du Front populaire, l'objectif est d'abord d'en finir avec les « marchands de canons », dont le double tort est de vendre à l'étranger (mais c'est la balance commerciale de la

France qui en profite) et de pousser aux armements (mais à l'heure où l'Allemagne se prépare manifestement à une nouvelle guerre, comment ne pas s'en féliciter ?). Ce qui importe, c'est de satisfaire l'opinion, qui s'indigne des bénéfices accumulés par les industriels de la mort.

La loi du 11 août 1936, trois semaines seulement après l'abolition du conseil de régence, met toutes les fabrications de matériel de guerre sous le contrôle de l'État, qui crée à cette fin un Service général de coordination et de centralisation; et elle donne à l'État le droit d'exproprier les entreprises qui fabriquent ou vendent des armes. Les premiers décrets en ce sens sont pris en octobre et décembre 1936 : les titres de propriété de ces établissements sont rachetés ou échangés contre des rentes. Sont concernés les établissements Hotchkiss, l'atelier de chars Renault, la cartoucherie Manurhin du Mans, la société des torpilles de Saint-Tropez, une partie des usines Schneider du Creusot. Dans le sillage de ces expropriations, les industries d'aviation, dûment nationalisées, sont constituées en sociétés d'économie mixte, dans lesquelles l'État est majoritaire.

Si les marchands de canons sont coupables de faire trop de profits, on ne saurait adresser ce reproche aux compagnies de chemins de fer, dont l'âge d'or se situe au siècle précédent et qui, notamment du fait de la concurrence de la route, sont cruellement déficitaires. L'État entreprend ici de venir au secours des « canards boiteux », et cet altruisme risque de le mener loin. Le 31 août 1937, un an cette fois après la réforme de la Banque de France, les chemins de fer sont nationalisés. Trente ans plus tôt, en 1907, le réseau de l'Ouest, déjà mal en point, avait été racheté par l'État. La situation de trois autres compagnies, Orléans, Est et Midi, s'était elle aussi dégradée, au point de requérir la garantie de l'État pour les intérêts des emprunts qu'elles émettaient. En 1937, c'est tout le rail français qui passe au secteur public.

Encore prudent, l'État n'ose pourtant pas procéder à une franche nationalisation. Il crée une société anonyme de droit commercial, la Société nationale des Chemins de fer français (SNCF). La puissance publique détient dix sièges sur vingt au conseil d'administration, nomme le président et fixe les tarifs. C'est pratiquement évincer les anciens magnats du rail, héritiers des Pereire, des Talabot ou des Rothschild. C'est aussi nourrir d'étranges illusions : le plan initial de la jeune SNCF prévoit que, dès 1938, la société réalisera le « petit équilibre » de ses finances, c'est-à-dire que les dépenses d'exploitation devront être couvertes par des recettes égales; et que, au plus tard en cinq ans, le « grand équilibre » permettra aux recettes de couvrir, non seulement les dépenses d'exploitation, mais aussi les charges de capital, anciennes ou nouvelles.

L'intention est bonne, mais les résultats seront désastreux. Par la faute de la guerre? Par la faute de l'auto et de l'avion? Bien davantage par la faute d'une gestion irresponsable, à coup sûr fort éloignée d'une gestion de type privé : sûre de l'impunité, c'est-à-dire de ne pas être mise en faillite, la SNCF sait que le contribuable réglera ses déficits.

Dans le même esprit, avec les mêmes illusions, la Chambre née du Front populaire entend réorganiser le marché du blé, dans la perspective de revaloriser et de régulariser les cours. Adoptée dès le 15 août 1936, une loi crée l'Office interprofessionnel du blé, qui fait du commerce du blé un service public, avec un pouvoir exécutif dont le directeur est nommé par le ministre de l'Agriculture. L'Office contrôle les transactions, fixe les prix, monopolise l'importation et l'exportation. A long terme, cette politique aboutira à la surproduction et contraindra l'État à brader à l'étranger des excédents invendables. Ce sera encore le contribuable qui paiera.

Les « deux cents familles » coûtaient moins cher. Mais le mythe a vécu. Les féodalités financières vont encore subir d'autres assauts.

Le 6 avril 1938, Léon Blum, qui a formé son second ministère et demande à la Chambre les pleins pouvoirs financiers, monétaires et économiques, soulève passions et clameurs. La droite tonne « A bas les Juifs! » La gauche riposte en criant (et en écrivant le lendemain) : « A bas les trusts! » Les deux formules renouvellent les vieilles imprécations contre les deux cents familles.

Une certaine droite va concentrer son tir sur les Juifs, une certaine gauche sur les trusts : il s'agit dans tous les cas de dénoncer la responsabilité des puissances d'argent. On aurait tort d'en conclure à une manière de « consensus » national à leur encontre. Désigner des boucs émissaires, ce n'est qu'une façon d'escamoter les vrais problèmes.

Au temps de Vichy

L'occupation allemande, de l'été 1940 à l'été 1944, ne peut qu'exacerber les invectives contre les puissances d'argent : d'abord et surtout contre les Juifs, mais aussi plus généralement contre le grand capitalisme – Juifs et capitalisme international se confondant en un même ennemi du Grand Reich.

Hitler, dès *Mein Kampf*, a donné le ton. Le Juif est « le bacille dissolvant de l'humanité... Les affaires d'argent et le commerce sont devenus son monopole exclusif ».

La guerre entreprise par l'Allemagne nationale-socialiste a pour objectif de libérer le monde de la dictature « judéo-capitaliste ». Adolf Hitler proclame et répète qu'il mène le combat contre « l'or, facteur d'oppression et de domination des peuples ». Et chacun doit comprendre que l'or symbolise à la fois la juiverie et le capitalisme anglo-américain.

Vichy, par nécessité plus encore que par conviction, fait écho à ces diatribes. Le franc n'est plus qu'un satellite et un sous-multiple du mark, les règlements extérieurs s'effectuent par la Caisse de compensation européenne, qui siège à Berlin. Une loi du 27 novembre 1940 peuple de fonctionnaires le conseil général de la Banque de France, héritier du conseil de régence : c'est poursuivre l'étatisation de la Banque, en faisant d'elle une annexe servile du Trésor.

Le vieux maréchal, faute de mieux, fait semblant de s'en prendre aux trusts. Dans son message du 10 octobre 1940, il condamne le régime précédent qui, sous une « apparence de libéralisme », impliquait en fait un « asservissement aux puissances d'argent », il proclame que « la coordination par l'État des activités privées doit briser la puissance des trusts et leur pouvoir de corruption ». Plus tard, il affirmera que « le nouvel État français n'est inféodé à aucun intérêt ou groupement d'intérêts particuliers », que « les lois dites sociales de la troisième République n'ont pas abaissé la féodalité capitaliste », que « la nouvelle organisation sociale subordonne le facteur argent au facteur humain ».

Dans le même temps, les Juifs sont pourchassés, persécutés, déportés. Leurs entreprises commerciales ou industrielles sont

« aryanisées ». Leurs familles sont démantelées : ceux des Juifs qui n'ont pu chercher refuge en Amérique se terrent en France ou périssent à Auschwitz.

Pourtant, il en est qui trouvent le moyen de se tirer fort bien d'affaire en « collaborant » avec l'occupant, qui paraît s'en accommoder. Ainsi Himmler confie-t-il son « bureau d'achat » au Juif Michel Szkolnikoff, d'origine russe, naguère petit brocanteur. Ce bureau, installé à Paris, 6, rue du Général-Appert, s'adjuge pour 6 milliards de francs de produits textiles destinés aux Allemands, militaires ou civils, non sans que le pourvoyeur « Michel » se réserve au passage 2 milliards de bénéfices. Lorsque à la Libération il sera possible de dresser l'inventaire de la fortune de Szkolnikoff, on mettra sous séquestre, dans le seul département de la Seine, les soixante immeubles que le trafiquant a pu acquérir en quatre ans : parmi lesquels l'hôtel du Louvre, l'hôtel de Paris et des pâtés de maisons du quartier des Champs-Élysées. Mais aussi, vingt-cinq immeubles à Monaco, l'hôtel Windsor à Monte-Carlo, neuf sociétés immobilières sur la Côte d'Azur, le Plaza, le Savoy et le Ruhl à Nice, le Martinez à Cannes, le Grand Hôtel à Aix-les-Bains, un palace à Biarritz, de nombreuses villas de luxe, neuf cents hectares en Sologne : fruits de la collaboration et du marché noir, accumulés en toute impunité et avec la bénédiction de la Gestapo. Michel Szkolnikoff, s'il n'a pu emporter avec lui son trésor immobilier, peut du moins passer en Espagne avec un gros bagage d'or et de pierres précieuses. Tous les Juifs n'ont pas été des martyrs.

Toutes les deux cents familles n'ont pas non plus été les victimes du combat anticapitaliste mené par Berlin et Vichy. Henry Coston notera goulûment la présence de quelques puissances d'argent dans l'entourage même du maréchal Pétain et dans ses gouvernements : ainsi de Jacques Barnaud, associé-gérant de la Banque Worms, et délégué général aux Relations économiques franco-allemandes; de Paul Baudoin, de la Banque de l'Indochine, à qui sont confiées les Affaires étrangères en 1940; de Pierre Pucheu, du Comptoir sidérurgique, à qui Darlan attribue la Production industrielle, puis l'Intérieur. Il est juste d'ajouter que ces trois ministres occasionnels lâcheront Vichy en temps opportun, et que Pucheu paiera même de sa vie son ralliement à Alger.

En regard, à Londres, le Comité français de la libération nationale est pris entre deux exigences contradictoires : d'une part, puisqu'il combat l'étatisme de l'Allemagne nazie et le corporatisme vichyssois, il doit bien afficher des objectifs libéraux : « la France nouvelle reconnaîtra l'utilité d'un juste profit » (de Gaulle, discours devant l'Assemblée consultative, le 18 mars 1944, à Alger). D'autre part, au moins pour répondre aux vœux du Conseil de la Résistance et du Front national, à dominante communiste, il doit promettre d'en finir avec les trusts. « La France nouvelle ne tiendra plus pour licite aucune concentration d'entreprises susceptible de diriger la politique économique et sociale de l'État et de régenter la condition des hommes » (de Gaulle, même allocution).

Est-ce une déclaration de guerre aux deux cents familles, ou à ce qu'il en reste ? Le même Henry Coston assure que les deux cents familles noyautent Londres, comme elles noyautent Vichy : il soupçonne la Résistance de liens avec la Banque Lazard, il souligne que René Mayer, commissaire au Comité d'Alger, est un neveu des Rothschild. Et Pierre Mendès France n'y a-t-il pas charge des Finances ? Et René Pleven, du même Comité, n'a-t-il pas commencé sa carrière comme directeur général pour l'Europe de l'Automatic Telephone Company ?

Mais, à ce compte, on trouverait partout Israël et l'Amérique...

PREMIÈRE VAGUE DE NATIONALISATIONS

Durant la guerre, le Conseil national de la Résistance, dans lequel prédominent les tendances anticapitalistes, s'est donné pour programme de promouvoir des réformes économiques et sociales « impliquant l'éviction des grandes féodalités financières de la direction de l'économie ». L'opinion est alors tout acquise à ces réformes qui lui sont présentées comme des conquêtes populaires. Nationaliser, c'est châtier et déposséder les collaborateurs de l'ennemi, c'est soustraire au secteur privé, fief des deux cents familles, des entreprises dont la vocation est le service public, c'est transférer à l'État les leviers de l'économie.

Le général de Gaulle accède au pouvoir alors que la France,

encore engagée dans le combat, hérite d'une économie de guerre qui fait à l'État la plus grande place. A ses yeux, la nationalisation de l'énergie et du crédit doit permettre d'orienter « l'ensemble de l'activité nationale » (à la radio, le 24 mai 1945). Quelles que soient les réserves que lui inspire un excès d'étatisme, il professe que « les épreuves de la patrie » ont imposé ces réformes « à l'esprit et au cœur de tous les combattants victorieux de la Résistance », réformes qui ont pris « le caractère d'une sorte de charte d'avenir ». Dans ce domaine, ajoute-t-il, « le champ est vaste et le temps nous est compté » (A l'Assemblée constituante, le 23 novembre 1945).

Sans doute ne déplaît-il pas au général de bien tenir en main ces « leviers de commande », comme il plaît à tout militaire de s'assurer le plein concours de l'intendance. Mais le secteur de l'économie n'est pas celui pour lequel se passionne le général de Gaulle. Les nationalisations ne sont pour lui que la pâture qu'il jette à ses alliés de gauche, dans l'espoir qu'ils le laisseront mener à sa guise la politique étrangère de façon à remettre la France à sa juste place dans le monde.

Les nationalisations ont commencé en janvier 1945 avec les usines Renault, qui ont travaillé pour l'occupant. Louis Renault est dessaisi de ses actions, inculpé, et sa société est transformée en régie d'État : il s'agit là d'une sanction d'ordre pénal plus que d'une mesure d'ordre économique. Mais le résultat est le même : une affaire privée du secteur concurrentiel se trouve étatisée. Sur l'élan, Berliet suit le sort de Renault; et en mai 1945, la société Gnome-et-Rhône qui fabrique des moteurs devient la SNECMA : encore une opération de police et d'épuration, qui relève de la politique plus que de l'économie.

Le mois de décembre 1945 voit se précipiter le rythme des nationalisations programmées par la majorité de gauche de l'Assemblée constituante. Cette Assemblée a pour mission de donner une Constitution nouvelle à la France, mais elle considère qu'il est de son devoir et de ses attributions de refondre le cadre de l'économie française, avant même de remodeler le cadre constitutionnel.

Logiquement, c'est la Banque de France qui ouvre la série des réformes. Léon Blum l'a débarrassée de ses régents, Philippe Pétain a fonctionnarisé son conseil général, il ne reste plus qu'à déposséder les actionnaires. Par 521 voix contre 35, l'Assemblée constituante vote le projet de loi présenté par René Pleven, qui transfère à l'État toutes les actions de la Banque. La loi qui fait de l'État son actionnaire exclusif porte la date du 2 décembre : comme si l'on voulait saluer la mémoire du vainqueur d'Austerlitz, qui jadis avait dit sa volonté d'être le maître de toutes choses « surtout dans ce qui regarde la Banque ».

Curieusement, l'institut d'émission demeure une société commerciale, puisque son capital reste représenté par des actions réunies sur une seule tête : celle de l'État, propriétaire unique.

En même temps que la Banque de France, la loi du 2 décembre 1945, en six titres et dix-huit articles, nationalise les quatre principales banques de dépôts, de façon à éliminer « l'oppression des puissances d'argent » : le Crédit lyonnais, qu'avait fondé Henri Germain en 1863 : la Société générale, née en 1864, fille elle aussi de la prospérité du second Empire; le Comptoir national d'escompte de Paris, qui remonte à 1848 et a eu des malheurs au temps de Boulanger, enfin la toute jeune Banque nationale pour le Commerce et l'Industrie (BNCI) qui a pris en 1932 la suite de l'infortunée BNC et qui dispose d'un large réseau au-delà des mers. Au total, 400 000 actionnaires qui recevront des parts bénéficiaires à 3 % amortissables en cinquante ans.

Simultanément, la création du Conseil national du Crédit, présidé par le ministre de l'Économie et des Finances, donne au gouvernement la pleine maîtrise des circuits de financement. Le nouveau domaine bancaire de l'État se superpose d'ailleurs à d'autres établissements spécialisés, tels que la Caisse des dépôts, le Crédit national ou le Crédit agricole.

Même si le secteur privé conserve les banques d'affaires, voilà les pouvoirs publics désormais en mesure de diriger le crédit et l'économie. Il n'y a apparemment plus de place pour les deux cents familles.

SUITE DE L'OPÉRATION

Une réforme administrative accompagne la réforme financière : la création de l'École nationale d'administration vise à doter l'État du moyen de former ses plus hauts fonctionnaires.

Fini, le quasi-monopole des « Sciences-po » qui, à l'ombre d'Émile Boutmy et d'Eugène d'Eichthal, ont enfanté des générations d'inspecteurs des Finances et de conseillers d'État, grands commis du pouvoir ou grands patrons, tous plus ou moins voués à la défense et à l'illustration du libéralisme, voire des puissances d'argent! L'École libre des Sciences politiques devient l'Institut d'études politiques, simple école de préparation à l'ENA. Le 15 décembre 1945, de Gaulle inaugure cette ENA, « institution capitale qui allait rendre rationnels et homogènes le recrutement et la formation des principaux serviteurs de l'État » (*Mémoires de guerre*).

En nationalisant l'enseignement administratif, le général de Gaulle suit son instinct militaire : les écoles de Saint-Cyr et de Polytechnique sont-elles entre des mains privées? L'État doit former ses fonctionnaires comme ses soldats. Mais de Gaulle ne veut pas aller plus loin sur la route de l'étatisation. C'en est d'ailleurs fini pour lui des voluptés et des charges du pouvoir. Désabusé, « recru d'épreuves, détaché des entreprises », il se replie sur sa solitude champenoise. Il ne nationalisera plus.

D'autres nationalisent à sa place. Le nouveau gouvernement que préside le socialiste Félix Gouin – un élu des Bouches-du-Rhône, précédemment président de l'Assemblée constituante – en fait son affaire. Dans sa déclaration ministérielle, encore de style troisième République, après avoir parlé engrais et viandes, vin et pommes de terre, comme l'exige la rigueur des temps, Félix Gouin réchauffe les enthousiasmes en évoquant les nationalisations à venir.

– Le gouvernement, dit-il, définit dès aujourd'hui avec précision les secteurs auxquels il entend appliquer son programme de nationalisation. Dans le secteur public, le vote rapide des projets sur l'électricité et le gaz, les nationalisations de certaines banques d'affaires (*on applaudit très fort à gauche*), de certaines compagnies d'assurances et de compagnies minières (*nouveaux applaudissements sur les mêmes bancs*), la nationalisation partielle de la marine marchande, de la traction fluviale, de l'affrètement pour la navigation intérieure... seront poursuivies avec le maximum de célérité afin de mettre un terme aux incertitudes qui freinent la reprise des affaires.

Le débat qui suit souligne l'importance que certains partis

attachent notamment à la nationalisation des banques encore privées.

– Il y a, proclame Daniel Mayer au nom des irréductibles adversaires des deux cents familles, il y a un plébiscite des banquiers insupportable au suffrage universel.

A droite, pour ses amis libéraux, Joseph Denais réplique :

– Le plébiscite des caisses d'épargne n'est pas celui des banquiers.

C'est reprendre la vieille querelle du mur d'argent, soulevée vingt ans plus tôt quand le franc était menacé, moins par les gros capitalistes que par la foule des petits rentiers.

Le gouvernement Gouin oubliera les banques d'affaires, – ou bien il n'aura pas le loisir de s'en occuper. Mais il remplira ses promesses en ce qui concerne l'énergie et les assurances.

Le 29 mars 1946, les entreprises productrices de gaz et d'électricité, au nombre de 869, sont absorbées par l'État pour donner naissance à deux grands monopoles, Gaz de France et Électricité de France : 975 000 actionnaires recevront des obligations, indexées en intérêt et en capital, de la Caisse nationale de l'Énergie.

Parmi les victimes de l'opération, figure Ernest Mercier : un polytechnicien qui, du génie maritime, est passé aux affaires d'électricité. D'abord au Triphasé, puis à l'Union d'électricité qui, avec les sociétés qu'elle regroupe, alimente en courant les réseaux de la banlieue parisienne, le métro de Paris, les lignes électrifiées des grands réseaux. Il est le responsable des centrales de Gennevilliers et de Vitry, du barrage d'Eguzon. Il préside la Lyonnaise des Eaux, qui s'occupe alors d'électricité plus que d'eau. Mais la Lyonnaise est un « trust », Ernest Mercier est un « magnat ». L'EDF qui les évince leur succède rue de Messine.

Le 26 avril 1946, trente-quatre sociétés d'assurances, les plus importantes de la profession, sont transférées à l'État sans perdre leurs raisons sociales : l'État se substitue aux actionnaires, indemnisés avec des parts bénéficiaires. Le vœu formulé par Louis Blanc dès 1848 pour la nationalisation des compagnies d'assurances est exaucé à un siècle de distance.

Ce même jour, 26 avril, de 19 heures à 21 h 45, pour couronner sa dernière séance, l'Assemblée vote l'étatisation des charbonnages. A titre conservatoire, de Gaulle avait pris les devants par une ordonnance de décembre 1944 qui confiait provisoirement à l'État l'exploitation des houillères appartenant aux dix-huit compagnies minières du Nord et du Pas-de-Calais : cette décision a concerné 168 000 travailleurs et les deux tiers de la production française de charbon; mais elle n'a pas retiré aux compagnies privées la propriété des mines. Avec le texte voté par l'Assemblée constituante devant des banquettes vides, la nationalisation est complète et définitive. Qui donc oserait, contre le sentiment populaire, prendre la défense des « trusts » ?

La loi du 17 mai 1946 crée la Société des charbonnages de France, qui coiffe les Houillères de bassin : elle se substitue à 61 sociétés minières et à un million d'actionnaires. Aux Houillères du bassin de Lorraine reviennent les charbonnages de la maison de Wendel. C'est la cinquième fois, en deux siècles, que les Wendel sont chassés de leur domaine charbonnier : cette fois, ouvertement, parce qu'ils symbolisent un « bastion du capitalisme financier » et que l'économie ne peut plus « s'accommoder d'entreprises qui donnent la prédominance aux profits ».

Le raz de marée des nationalisations s'achève en vaguelette. La mode de la formule ne va pas au-delà du milieu de l'année 1945, au-delà du gouvernement Gouin qui rend l'âme et de l'Assemblée constituante qui se désagrège. L'opinion s'interroge : en a-t-on trop fait, ou pas assez? A-t-on vraiment tordu le cou aux puissances d'argent, et fallait-il leur substituer des bureaucraties ?

Le programme des nationalisateurs n'est pas pleinement réalisé, puisque certaines réformes sont en panne. Pourtant, les Français ont le vague sentiment d'avoir dépassé la mesure. Ils sont saturés de réformes de structures. Ils se demandent si les nationalisations vont tourner à l'avantage de la chose publique, des usagers, du personnel. Ils pensent surtout que d'autres problèmes restent pendants : ceux de la production, du ravitaillement, des prix, de la monnaie. Les nationalisations n'ont-elles été qu'un dérivatif ?

Elles dotent l'État d'un patrimoine d'organismes à statuts multiples. Dans l'ample catalogue des entreprises nationales, on trouve désormais des établissements publics au nombre desquels figurent pêle-mêle, à côté de l'EDF, de GDF, ou des Charbonnages de France, l'Aéroport de Paris, les ports autonomes, l'Office des céréales, la SEITA (tabac), la RTF (audiovisuel), la SNEP (presse), le BRGM (recherches minières), la Régie Renault, les Mines de potasse d'Alsace, et bien d'autres sociétés; on trouve aussi des entreprises d'économie mixte à participation d'État, comme l'agence Havas, la SNCF, la SNECMA, Air-France, la Compagnie nationale du Rhône, la Générale transatlantique... Sans oublier la Comédie-Française, l'Opéra, la télévision, les établissements hospitaliers, les Transports parisiens, l'Imprimerie nationale, et d'autres institutions hétérogènes, qui font de l'État un mineur, un transporteur, un entrepreneur de spectacles, un banquier, un assureur, un électricien, un journaliste, un médecin, un constructeur d'avions ou de voitures, toutes professions pour lesquelles il n'est pas nécessairement plus compétent, ni meilleur gestionnaire que les entrepreneurs privés.

Le général de Gaulle a tôt fait de prendre ses distances par rapport à la politique des nationalisations. Il ne les désavoue pas toutes, parce qu'« il fallait, après la Libération, en réaliser pour des raisons psychologiques, économiques, morales ». Mais il constate qu'elles ont été par la suite complètement dévoyées et qu'on en a largement mésusé parce que des féodaux s'en sont emparés. Il condamne l'abus qui en a été fait. « On en a même ajouté qui n'avaient jamais été prévues. Il n'y a aucune espèce de raison, par exemple, pour que les entreprises d'aviation restent à perpétuité nationalisées. Il n'y a aucune espèce de raison pour que Berliet reste sous le régime absurde sous lequel on le maintient. Il n'y a aucune espèce de raison pour que Renault reste perpétuellement nationalisé, du moment que Louis Renault est mort » (Conférence de presse du 12 novembre 1947).

Deuxième vague de nationalisations

Trente-cinq ans après la première vague de nationalisations, une deuxième déferle. Entre-temps, la quatrième République a fait place à la cinquième. En mai 1981, les socialistes emportent à l'Assemblée nationale la majorité absolue; ils font équipe avec les communistes. Jean Le Garrec, ministre dans le gouvernement de Pierre Mauroy, assure qu'« une trentaine d'hommes concentrent tout le pouvoir économique entre leurs mains ». Les deux cents ne sont donc plus que trente ? La concentration capitaliste s'est donc aggravée ?

Au programme commun de l'Union de la Gauche figure une nouvelle tranche de nationalisations. François Mitterrand entend « casser le processus de concentration capitaliste », en lui substituant un processus de concentration étatique. « Nous considérerons comme indispensable, dit-il en 1980 (*Ici et maintenant*) le transfert à la collectivité publique des entreprises industrielles maîtresses des secteurs clés de l'économie, soit qu'elles jouent le rôle d'un service public, soit qu'elles vivent de fonds publics, soit qu'elles exercent un monopole, soit qu'elles contrôlent les branches essentielles pour le développement de l'économie nationale. » Et d'énumérer les secteurs visés : « les ressources du sous-sol, l'armement, l'industrie spatiale et aéronautique, l'industrie nucléaire et, dans leur plus grande partie, l'industrie électronique et l'industrie chimique. De son côté, la puissance publique prendra des participations financières qui seront majoritaires dans la sidérurgie et le pétrole, et qui pourront l'être dans les transports maritimes, le traitement et la distribution des eaux, le financement des télécommunications, les concessions d'autoroutes. » Voilà pour les entreprises industrielles. François Mitterrand ne manque pas d'ajouter à la liste « la totalité du secteur bancaire et financier, et notamment des banques d'affaires et les principaux holdings financiers », ainsi que « les assurances, à l'exception des véritables mutuelles ». C'est pratiquement transférer à l'État le contrôle de l'économie.

Ces promesses ne seront pas toutes tenues, parce que la nouvelle majorité mesure les difficultés que soulèverait leur pleine réalisation, et parce que, à pied d'œuvre, elle perd la foi dans le total succès de son entreprise. Comment financer le rachat de tant de sociétés, si ce n'est en créant des titres de papier ? Comment persuader l'opinion que l'État fera mieux que les libres entrepreneurs ? On découvre que la nationalisation des banques ne peut aisément s'étendre jusqu'aux firmes étrangères, qu'il faudrait indemniser en devises, ni jusqu'aux petites banques régionales, lorsque les dépôts à vue n'atteignent pas un milliard de francs. On s'aperçoit que nationaliser l'eau, ce serait souvent l'enlever à des collectivités locales, et simplement substituer l'État à des communes.

Mais, pour l'essentiel, le gouvernement socialiste nationalise comme il avait prévu : trente-neuf banques d'affaires sont enlevées à leurs animateurs – Paribas à Pierre Moussa, le CCF à Jean-Maxime Lévêque, la maison Rothschild aux héritiers de la dynastie. Les grandes assurances sont étatisées. Les « trusts » industriels sont démantelés, après étatisation. La plupart appartiennent au secteur concurrentiel : Saint-Gobain, Thomson, Rhône-Poulenc, la Compagnie générale d'Électricité (CGE), Péchiney (PUK), Dassault, Matra... qui rejoignent dans le patrimoine public Elf-Aquitaine, Usinor, Sacilor, Havas, et beaucoup d'autres. Les grands patrons des entreprises qui passent sous la coupe de l'État sont éliminés, même et surtout s'ils ont fait leurs preuves : ainsi Ambroise Roux, qui a eu le tort de porter au niveau international la CGE, qui exporte et fait des profits. Chez Dassault, on ne maintient en poste le fondateur qu'à titre symbolique, et parce qu'on sait que les jours du vaillant nonagénaire sont comptés.

Toutes ces nationalisations de la deuxième vague sont votées et réalisées dans un climat de victoire socialiste et de revanche sociale. L'objectif est de « changer la vie ». Mais l'enthousiasme de la première heure tombe vite. On s'aperçoit que le transfert a coûté cher, puisqu'il a fallu gonfler la dette publique, et que le budget doit venir au secours des entreprises déficitaires. On découvre aussi que l'assainissement financier du secteur n'est concevable qu'à la condition de « dégraisser des effectifs » parfois pléthoriques : les nationalisateurs doivent choisir entre l'aggravation du chômage et l'aggravation du déficit. Loin de résoudre le problème de l'emploi, ils l'exacerbent. Ce faisant, ils déçoivent leurs mandants, et risquent de donner au personnel, aux usagers, à l'opinion, le regret des anciens meneurs de jeu. Les nationalisations réhabiliteront-elles les deux cents familles ?

Pourtant, le pire est évité. Conscients des périls que court leur initiative, les socialistes au pouvoir limitent les dégâts : plutôt que de caser partout des camarades à la tête des entreprises happées par le secteur public, ils y mettent souvent des administrateurs honnêtes et compétents, – quitte à décevoir les syndicats. Et plutôt que de tourner le dos aux lois du marché, ils font en sorte de réduire les déficits ou de conforter les excédents – quitte à élaguer les branches mortes en se séparant des activités non rentables. C'est sagement renoncer au credo collectiviste et se rallier aux règles capitalistes de gestion. Au prix de ce reniement, les nationalisations ne sont pas toutes désastreuses, même si globalement elles restent un poids lourd pour les finances publiques.

Ainsi s'explique le revirement du sentiment général au regard des nationalisations. Les purs de la doctrine sont désabusés. Les convertis sont prêts à abjurer leur foi émoussée. Quand viendra l'heure des privatisations, les champions de l'étatisme n'oseront plus livrer qu'un combat d'arrière-garde. Les féodaux du secteur public sont prêts à rendre la main aux féodaux du secteur privé.

Le mythe s'effondre

En vérité, l'âge des deux cents familles est révolu. Si le XIXe siècle a pu être propice à quelques dynasties de ploutocrates, le XXe siècle les condamne : non pas seulement en droit, avec l'abolition du conseil des régents de la Banque de France et l'étatisation progressive de l'économie, mais dans les faits : parce que les familles cèdent devant les groupes ou les individus; et parce que le temps des managers succède à celui des possédants, autrement dit parce que la compétence et la technicité l'emportent sur l'argent. Les patrons, assurent Harris et Sédouy (*les Patrons*) « ont perdu le pouvoir, du moins au sens qu'on accordait à ce mot-là au XIXe siècle, celui des deux cents familles d'avant-guerre ». Ne sont-ils pas désormais coincés entre l'État, qui réglemente et qui surimpose, et les syndicats qui revendiquent?

Le capitalisme change de visage : les grandes fortunes tendent à se fractionner, sinon à s'émietter; les grandes entreprises s'émancipent de la tutelle des banques. Dans le même temps, les techniques nouvelles requièrent une mobilisation de capitaux d'une telle dimension qu'il n'est souvent plus possible à des particuliers, ni à des groupes financiers, de répondre à des besoins d'une échelle jadis insoupçonnée. Par exemple, il n'est plus guère concevable qu'une famille, si riche soit-elle, ni une firme, si puissante soit-elle, ait la possibilité de financer des centrales nucléaires. Recherches et réalisations exigent l'intervention de la puissance publique, l'apport de toute la nation, le recours au budget et au crédit de l'État, avec l'échelonnement des investissements dans le temps. Ce qu'un Rothschild pouvait faire au XIXe siècle pour une ligne de chemin de fer, un Rothschild du XXe siècle ne peut plus le faire pour l'industrie de l'atome.

Les capitalistes en sont parfaitement conscients, et ils s'effacent d'eux-mêmes dès lors qu'ils se sentent dépassés. Non pas qu'ils renoncent à participer de leurs fonds au capital des sociétés, ni qu'ils se désintéressent du cours ou du rendement des actions qu'ils ont en portefeuille. Mais ils se bornent à un rôle passif. Ils sont spectateurs, et non plus acteurs. Ils achètent ou vendent en Bourse, ils encaissent leurs dividendes, mais pour la gestion des entreprises ils s'en remettent aux conseils d'administration. Les assemblées d'actionnaires se déroulent selon une procédure stéréotypée, comme une « grand-messe » au rituel consacré. Même si, pour la forme, quelques voix s'élèvent pour critiquer le conseil, lui adresser des remontrances ou des vœux, chacun sait par avance que le tour est joué : les votes par procuration assurent aux dirigeants une majorité de tout repos, et les scrutins ne sont qu'une parodie de démocratie financière. Comment pourrait-il en être autrement ? La foule des petits porteurs d'actions est à la fois impuissante et incapable : impuissante par sa dispersion, incapable faute des compétences nécessaires. Elle ne peut que faire confiance aux meneurs de jeu.

Mais ces meneurs de jeu eux-mêmes, qui composent les conseils d'administration, n'ont pas, pour la plupart, le moyen de diriger utilement les sociétés. Eux aussi ne sont plus, en règle courante, que des figurants. Ils se comportent comme les simples auditeurs d'un cours magistral, professé par des présidents autocrates. Ils écoutent docilement les rapports, ils font semblant de prendre part à la discussion, ils encaissent leurs tantièmes et leurs jetons de présence. Eux aussi doivent faire confiance. A qui ? Aux vrais responsables de l'entreprise, qui ne sont pas forcément les plus gros porteurs d'actions.

Dans certaines affaires, les administrateurs ignorent les décisions les plus importantes qui engagent l'avenir : ainsi, tel constructeur d'automobiles fait étudier, essayer et réaliser un modèle de voiture, du succès duquel dépend le sort même de l'entreprise, sans que la plupart des membres du conseil en soient avisés ou consultés; car le modèle doit être tenu secret jusqu'à sa présentation officielle, pour ne pas alerter la concurrence. L'avis des administrateurs importe moins que celui des ingénieurs qui conçoivent le modèle, des techniciens qui le mettent au point, des économistes qui calculent son marché.

Le temps des managers

Les vrais responsables de l'entreprise sont donc, non pas ceux qui apportent les capitaux, mais ceux qui apportent les idées et qui savent les concrétiser. Plutôt que les bailleurs de fonds, ce sont des manieurs de fonds : ils bâtissent, ils organisent, ils créent. S'ils accèdent à la direction générale, voire à la présidence de la société, c'est en fonction de leur utilité. Si les petits actionnaires délèguent leurs pouvoirs aux gros actionnaires, ceux-ci, qui font fonction de propriétaires, délèguent à leur tour leurs pouvoirs à ces « managers », desquels dépendent la production, le chiffre d'affaires, les profits, la croissance. Il n'y a pas démission de la propriété, il n'y a que transfert d'autorité. Les possédants cèdent la place aux techniciens. C'est le capitalisme de la compétence et de l'efficacité.

Par accident, un gros actionnaire peut être compétent et efficace, un riche peut faire un brillant P-DG, un héritier des deux cents familles peut être digne de conserver le premier rang. Il n'y a pas incompatibilité entre la fortune et le talent. Mais, en règle générale, le pouvoir économique passe aux mains d'individualités sorties du rang – ou des grandes écoles – qui sont des « self made men » plutôt que des « fils à papa ».

Si l'entreprise appartient au secteur public, l'État la confie à un haut fonctionnaire, du style « inspecteur des Finances », que sa formation prédispose à une bonne gestion – à moins que ce même État, mal inspiré, ne remette l'affaire à quelque politicien, qui ne manquera pas de la fourvoyer sur de mauvais chemins. C'est là que gît la différence entre les entreprises privées, qui sont condamnées à prospérer ou à périr, et les entreprises publiques, que leur statut met à l'abri de la faillite, et qui peuvent s'égarer impunément, quitte à demander aux contribuables le moyen de leur survie.

Manager : le mot est américain. *To manage*, c'est diriger, administrer. Dès 1785, le chevalier de Chastellux rapporte ce vocable de son voyage aux États-Unis : « Un manager, ou maître des cérémonies, préside aux amusements. » En 1941, le philosophe James Burnham, marxiste repenti, donne au mot son sens moderne et ses lettres de noblesse en publiant *The managerial Revolution*, qui paraît en France six ans plus tard sous le titre *l'Ère des organisateurs*.

Le manager est celui qui « aménage » l'entreprise. Il symbolise une nouvelle race de patrons : les patrons de droit gestionnaire, que légitime leur capacité technique, substitués aux patrons de droit divin, que légitimait le pouvoir de l'argent.

En France ce dernier est battu en brèche, à l'échelle nationale, par de nouvelles forces politiques et sociales : dans les Assemblées élues, les avocats et les enseignants parlent plus haut et pèsent plus lourd que les chefs d'entreprises; dans le monde de l'économie, les syndicats entament ou ébranlent le pouvoir patronal. Au sein même des entreprises, les managers s'imposent.

A la galerie de portraits des représentants des deux cents familles, se superpose ou s'oppose désormais la galerie des « organisateurs ». On pourrait même, pour le plaisir de la symétrie, imaginer une galerie des deux cents grands commis. Qualifiés par leur bagage de technicien, ou bien ils se voient confier par les conseils d'administration le soin de conduire la société, ou bien ils accèdent aux fonctions dirigeantes par la seule évidence de leur mérite.

Au règne des héritiers succède le règne des managers, et ce sont souvent les héritiers eux-mêmes qui, pour la défense de leurs propres intérêts, remettent le pouvoir de décision à de plus qualifiés.

Les grands commis

Les grands commis de l'État représentent un type particulier de « managers ». Ils sortent des grandes écoles, soit de Polytechnique, soit de HEC ou des Sciences politiques – et plus tard de l'ENA. Ils entrent dans la carrière par l'Inspection des Finances, peuplent les cabinets ministériels, accèdent aux sommets de l'Administration, quelquefois même au gouvernement. Aux plus hauts postes de responsabilité, ils ne font pas nécessairement fortune.

Comme ils sont passés par les mêmes écoles, ils forment tout naturellement des chaînes de solidarité : ils se comprennent et s'épaulent. Entre anciens X, entre inspecteurs des Finances, des liens se nouent, des chapelles se constituent, des carrières s'affirment.

Polytechnicien, entrepreneur de travaux publics, Louis Loucheur entre au service de l'État par la grande porte : il est durant la Première Guerre mondiale chargé de l'Armement et des Fabrications de guerre, où il fait merveille. Par la suite, député du Nord, six fois ministre, il donne son nom à une loi sur un programme de logements. Jean-Noël Jeanneney en fait un « personnage flamboyant ». Léon Daudet le surnomme « Tout en or ».

Au Quai d'Orsay, Philippe Berthelot ne brille pas d'un moindre éclat. Fils du grand chimiste, il a préféré la filière de la diplomatie. Secrétaire général du ministère des Affaires étrangères, il règne sur le Quai, de Clemenceau à Briand, tient une place éminente dans les cercles littéraires, entre Giraudoux, Claudel et Paul Morand, dans l'aristocratie républicaine, et jusque dans les scandales du régime : compromis avec son frère André dans la faillite de la Banque industrielle de Chine, il reprend bientôt au Quai son rôle et son rang.

Raoul Dautry appartient à cette caste de hauts fonctionnaires que leurs mérites portent vers la politique. Organisateur des chemins de fer du Nord pendant le premier conflit, responsable de la fusion des réseaux au sein de la SNCF, il est ministre de l'Armement en 1939, ministre de la Reconstruction en 1945; puis il rejoint l'Administration, en tant qu'administrateur général de l'Énergie atomique.

Paul Delouvrier ne quitte l'Inspection des Finances que pour entrer dans les cabinets des ministres qui se succèdent rue de Rivoli : Aimé Lepercq, René Pleven, René Mayer... Délégué général au district de la région de Paris, préfet de la Région parisienne, il anticipe sur l'aménagement du territoire. Responsable suprême de l'Algérie, il y vit des heures difficiles en un temps décisif. Président de l'EDF, il en fait une entreprise digne du secteur privé : dans tous ces postes, Paul Delouvrier se révèle le type parfait du grand « manager » du secteur public.

Jacques Rueff témoigne différemment des vertus du haut fonctionnaire. Issu de Polytechnique et de l'Inspection des Finances, il est aussi bien fonctionnaire que philosophe, aussi bien diplomate qu'économiste. Il est de tous les comités d'experts. Il conseille les gouvernements européens, stabilise les monnaies – franc compris. A la Banque de France, à l'Académie, il témoigne d'un rare entêtement sur quelques idées simples. Mais il n'est pas toujours écouté, pas toujours compris.

François Bloch-Lainé, lui aussi inspecteur des Finances, et qui finira sa carrière officielle à la tête de la Caisse des dépôts et consignations, est censeur du Crédit national, président du Crédit lyonnais. Il est de ceux que consultent les gouvernements, et à qui les gouvernements confient le soin de rédiger les rapports délicats.

Manager à sa façon, et de la plus grande classe, voici Wilfrid Baumgartner. Les Baumgartner, qui viennent de la Hesse, sont bourgeois de Mulhouse depuis 1641. Ils tissent le coton, fabriquent des draps. Au XXe siècle, l'un d'eux, grand chirurgien, devient président de l'Académie de médecine. C'est son fils Wilfrid, orgueil de l'Inspection des Finances, qui sans déviation de carrière, passe à la direction du Mouvement général des fonds, est promu gouverneur de la Banque de France. A ce titre, il participe à la stabilisation du franc en 1958. Charles de Gaulle en fait, après Antoine Pinay, un ministre des Finances. Il n'a pas choisi la politique, c'est la politique qui l'a choisi. Il aurait pu aussi bien faire une grande carrière dans le privé. Il a épousé la fille d'Ernest Mercier. Rendu au secteur privé, il prend en charge Rhône-Poulenc, sans faire fi de postes d'administrateur chez Peugeot ou Péchiney.

Il serait loisible de poursuivre cette revue des grands commis : d'évoquer Pierre Massé, l'homme du Plan; Pierre Guillaumat, l'homme du pétrole; Francis Perrin, l'homme de l'atome; Georges Hereil, l'homme de l'avion... Tous ceux-là servent à la fois la chose publique et l'économie française, puisque les secteurs les plus avancés de l'économie, échappant à l'initiative privée, sont du ressort de l'État. Sans que l'argent joue un rôle primordial dans leur carrière, ces « managers » de la fonction publique contribuent à façonner le visage de la France.

Ils sont en quelque sorte les pionniers du secteur public. Dans le secteur privé, d'autres pionniers ont fait merveille : d'abord dans la naissante industrie automobile.

Les pionniers de l'automobile

Si le XIXe siècle a été le grand siècle du chemin de fer, le XXe est celui de l'automobile. Le chemin de fer a mobilisé les grandes fortunes de l'époque, et engendré de grandes fortunes. L'automobile est bien davantage l'affaire des techniciens et des managers. Ses pionniers sont des aventuriers de la mécanique, plus souvent que des spéculateurs. Mais la construction automobile, d'abord artisanale, finit par exiger des capitaux considérables et, de ce fait, elle ouvre un nouveau chapitre de l'histoire de l'argent. Aux États-Unis, Henry Ford, fils d'un agriculteur, est apprenti à Detroit avant de concevoir et de lancer la production des voitures en série, qui fera de lui une puissance.

En France, l'industrie automobile naît aussi de quelques initiatives individuelles, dont beaucoup sont vouées à l'échec, mais dont certaines sont triomphales. La réussite familiale des Peugeot est exemplaire.

Les Peugeot, depuis des siècles, travaillent au pays de Montbéliard, et ils lui resteront fidèles. Ils y ont été collecteurs de poix, si l'on en croit leur patronyme, puis meuniers. Un moulin, c'est déjà l'ébauche d'une usine. La roue à aubes les conduit à la mécanique, à la petite métallurgie. Les Peugeot font des scies, des baleines de parapluies, des cerceaux de crinolines. Ils fabriquent des vélos, puis, en 1889, la première auto qui soit commercialisée au monde. Leurs ateliers grandissent, toujours alentour du centre patriarcal. Les voitures de la marque s'illustrent dans les premières compétitions automobiles.

De génération en génération, la famille Peugeot s'affirme : Armand et Eugène, Robert, Jean-Pierre élargissent l'entreprise, lancent de nouveaux modèles, conquièrent les routes de France et du monde. Dans la politique, ils ne se risquent pas au-delà de la mairie de leur village ou du conseil général de leur canton. Un article des statuts des « Fils de Peugeot frères » stipule même prudemment que « les gérants ne pourront accepter aucun mandat politique », si ce n'est d'ordre local. Défense d'être député! Les deux cents familles ne font pas habituellement preuve d'une telle discrétion.

Les usines Peugeot, s'évadant quand même du berceau initial, s'étalent sur Sochaux, puis sur Mulhouse. Elles sont à Poissy quand la société rachète Simca à Chrysler, à Aulnay-sous-Bois et Rennes quand elle absorbe Citroën. Mais la famille Peugeot, sans cesser de figurer dans les conseils d'administration du groupe, sait en temps utile, quand l'entreprise prend des dimensions insolites, céder le premier rôle à des managers de qualité : Maurice Jordan, Jacques Calvet...

Autres pionniers de l'automobile : René Panhard et Émile Levassor sont les camarades de promotion, à l'École centrale, de l'ingénieur Sarazin qui a acquis le brevet du Wurtembourgeois Gottlieb Daimler : brevet d'un moteur à essence qui, en 1889, équipe un châssis à deux places et quatres roues. Panhard et Levassor sont bientôt en mesure de fabriquer des « pétroleuses », qui font beaucoup de bruit, dégagent des odeurs redoutables, soulèvent des nuages de poussière, mais qui roulent devant les populations éberluées. Le cabriolet Panhard-Levassor, en février 1891, fait sans panne l'aller et retour Ivry-Boulogne. En juillet 1894, une voiture Panhard-Levassor, ex aequo avec une Peugeot, enlève en six heures la course Paris-Rouen. En 1899, la marque crée la première automitrailleuse. Elle s'étend dès lors dans le domaine militaire, sans négliger le domaine civil : record du monde de l'heure, en 1926, avec 193,6 kilomètres, nouveau record en 1932, avec 210,3.

Émile Levassor est mort à la suite d'une embardée, lors d'une course, entre Montélimar et Orange. Paul et Jean Panhard lancent de petites voitures à traction avant et refroidissement par l'air; et des automitrailleuses tout terrain, qu'adopte l'armée. Mais Panhard conjugue ses réseaux commerciaux avec ceux de Citroën, qui finalement l'absorbe.

Le polytechnicien André Citroën a exploité à Paris, dans un petit atelier, un brevet d'engrenages à chevron, acheté en Pologne. Pendant la guerre, en six semaines, il fait bâtir sur le quai de

Javel une usine qui produit cinquante mille obus par jour. Sur place, dès 1919, il se lance dans la construction automobile à la chaîne et propose à bas prix une voiturette. Gros succès populaire, que conforte une débauche de publicité. En 1934, la société Citroën innove encore avec une traction avant, promise à une grande carrière. Mais André Citroën, hardi novateur, est aussi un joueur impénitent. Des difficultés financières le contraignent à déposer son bilan. L'affaire est reprise par son principal créancier, la maison Michelin, et plus tard elle passe dans le patrimoine industriel de Peugeot.

Parmi les premiers aventuriers de l'automobile, le marquis de Dion, associé au mécanicien Georges Bouton, tente sa chance dans le tricycle à vapeur, puis dans la voiture à pédales. Élu député de Nantes, puis sénateur, il se fait au Parlement l'avocat zélé de l'automobile.

Dans un hangar de Billancourt, avec le concours de deux serruriers, le jeune Louis Renault, recalé de l'École centrale, construit sa première voiture : un quadricycle, à moteur de Dion-Bouton, qui fait l'objet de soixante commandes. Il sort 179 voitures en 1900, 5 100 en 1910. Il est en 1913 le premier constructeur français pour le chiffre d'affaires (57 millions), et le premier qui se soit rallié aux préceptes du taylorisme. Ses voitures, de 8 à 50 chevaux, se vendent alors aux États-Unis, en Espagne, en Allemagne, en Autriche, en Russie.

Vient 1914 : la plupart des légendaires taxis de la Marne sont des Renault. Converties, les usines produisent du matériel de guerre, des obus, des camions et camionnettes, des moteurs pour les avions Breguet, Caudron, Farman, Morane, des tracteurs, mais aussi des chars d'assaut légers (1 850 unités).

Dans la paix retrouvée, Louis Renault relance sa production automobile, renouvelle sa gamme, de 4 à 40 chevaux, développe son secteur des véhicules industriels, persévère dans les moteurs d'avions et les blindés, innove dans les automotrices. L'usine de Billancourt déborde sur l'île Seguin.

La Seconde Guerre est fatale à Renault, qui doit travailler pour l'occupant. En 1944, ses usines sont détruites à 80 %. Lors de la vague de nationalisations qu'on a eu l'occasion d'évoquer, l'entreprise est mise sous séquestre, tandis que Louis Renault est inculpé. Le pionnier disparaît, la Régie continue.

L'histoire de l'automobile française retient les noms d'autres entrepreneurs d'une notoriété plus éphémère : Louis Rosengart l'ensorceleur, qui tour à tour collabore avec Citroën et Peugeot avant de tenter sa propre aventure; Ettore Bugatti, l'Italien de Molsheim, qui construit des voitures pour champions. Ceux-là illustrent un temps de facilités trompeuses. L'industrie automobile exige mieux que de l'audace et de l'argent. Elle ne pardonne pas aux improvisateurs. Elle dévore même des courageux. De Dion est mort, Panhard a vécu, Citroën s'est fait absorber, Renault est tombé dans le secteur public, Peugeot seul a tenu.

Peugeot et, dans le domaine du pneu, Michelin. Comme pour Peugeot, c'est une famille qui impose ses initiatives et sa continuité. Rien à voir avec les deux cents familles de brillante ascendance. Jules Michelin, au XIXᵉ siècle, dispose à Clermont-Ferrand d'une petite fabrique de caoutchouc, qui périclite. Ses fils, Édouard et André, reprennent l'idée du vétérinaire anglais Dunlop, qui fait rouler des vélos sur des boudins d'air comprimé. Ils les rendent démontables en cas de crevaison. André, en pilotant une Peugeot dans la course Paris-Bordeaux-Paris, démontre, après avoir crevé une cinquantaine de fois, les vertus du pneumatique. Dès lors, les autos seront montées sur pneus. La société Michelin éclate dans 45 usines, dont seulement 17 en France : elle essaime en Italie, en Angleterre, puis en Espagne, en Allemagne, en Amérique, tout en restant attachée aux traditions auvergnates. Elle propose sur rail la Micheline. Les cartes et les guides Michelin sont la bible de l'automobiliste. Répandue sur le monde, experte en moyens publicitaires, la société Michelin n'en reste pas moins, dans sa citadelle de Clermont-Ferrand, une maison mystérieuse.

Peugeot et Michelin sont, en quelque sorte, des anachronismes. Ils prolongent le système des dynasties familiales en un temps où, pour l'essentiel, des individus et des entités ont pris la relève : des individus, s'il s'agit d'entrepreneurs hardis dont le « règne » se limite à leur propre carrière; des entités, toutes les fois qu'une raison sociale, mariée à une masse de capitaux, se confond plus ou moins durablement avec une entreprise.

En règle générale, les grandes sociétés – celles de l'automobile, mais aussi bien celles des autres secteurs industriels ou commerciaux – requièrent de tels investissements qu'un particulier n'y peut suffire. Seuls y parviennent des groupes d'intérêts, souvent bancaires, qui peuvent confier les responsabilités à un « manager ». Dans ce nouveau système, il n'est décidément pas souvent de place pour les survivants des deux cents familles, si ce n'est à l'intérieur des groupes financiers.

Fils de leurs œuvres

Sans doute trouverait-on sans peine, hors du secteur automobile, quelques échantillons de ces artisans, venus de rien, et parvenus jusqu'aux sommets de la réussite, qui n'ont de famille ni dans leur ascendance ni dans leur descendance. L'illustration la plus parfaite de ces succès limités à une génération est fournie par Aristide Boucicaut : il s'est fait lui-même, sans rien devoir à autrui, ni à un capital hérité. Né dans une petite boutique de chapellerie de Bellême, dans le Perche, il aide son père à vendre des casquettes aux herbagers. A dix-huit ans, il s'en va sur les marchés de Normandie, déballant la nouveauté pour le compte d'un ambulant. A vingt-cinq ans, il vient à Paris tenter sa chance. Rue du Bac, au Petit Saint-Thomas, il est commis, puis second, puis chef du comptoir des châles. A quarante-deux ans, il s'associe avec un ami pour fonder un petit commerce de mercerie, à l'angle de la rue du Bac et de la rue de Sèvres, sur vingt-cinq mètres carrés, à l'enseigne du « Bon Marché ».

Aristide a de petits moyens et de grandes idées. Il commence par ouvrir ses portes aux passants : entrée libre! Il poursuit en vendant à prix fixe et étiqueté, ce qui exclut le marchandage, et en s'offrant à reprendre les marchandises qui auront cessé de plaire, ce qui permet les « rendus ».

Le Bon Marché grandit, s'annexant les immeubles voisins, gagnant de proche en proche, multipliant les rayons, conquérant une clientèle élargie. Aristide Boucicaut rase le pâté de maisons, reconstruit un nouveau Bon Marché : « une cathédrale moderne faite pour un peuple de clients », dit Zola. Il a ses ateliers de confection, ses dépôts, son catalogue, ses services d'expédition et de livraison. Chacun des trois mille cinq cents employés est intéressé aux affaires de la maison. Le Bon Marché fait école dans Paris : avec la Samaritaine des Cognacq, le Printemps des Jaluzot, puis des Laguionie. Le petit colporteur de Bellême a réinventé le commerce. Plus qu'un manager, il est un patron.

D'autres animateurs, dans d'autres domaines, sortent pareillement de milieux modestes et réussissent d'étonnantes ascensions sociales. Encore au XIXe siècle, Henri Germain montre comment le talent peut suppléer au capital. Issu d'une bonne famille lyonnaise, il apprend le droit, travaille chez un agent de change, fait un stage industriel aux Forges de Commentry. En 1863, avec trois négociants, un banquier et quelques administrateurs de sociétés, il fonde le Crédit lyonnais, banque de dépôts appelée à s'évader de Lyon et à essaimer autour du bassin méditerranéen; en 1878, à Paris sur le boulevard des Italiens, il fait construire un fastueux siège social. Lui-même se fait élire à la Chambre des députés, comme représentant de l'Ain, et il ne dédaigne pas les honneurs de l'Institut. Pourtant, maître absolu du Crédit lyonnais, il n'en sera jamais qu'un actionnaire parmi beaucoup d'autres : il en détient à l'origine 1 000 actions, sur 40 000; et plus tard, au maximum 6 000, sur 400 000 : le type parfait du manager-patron.

Autant ou plus que le XIXe siècle, le XXe verra de prodigieuses ascensions sociales, au bénéfice de citoyens sortis du néant ou de l'anonymat et qui enfantent de petits empires.

Patrons du XXe siècle

L'Ajaccien Spoturno, après des débuts difficiles, se rend célèbre dans l'industrie des parfums sous le nom de François Coty; il s'empare du *Figaro*, fonde *l'Ami du peuple*, se fait élire sénateur de la Corse – sans dédaigner le concours du bandit Romanetti. Sa fortune passe pour considérable, à l'échelle internationale. Le Périgourdin Sylvain Floirat se fera gloire de n'avoir aucun diplôme d'aucune sorte et d'avoir débuté comme apprenti charron; il est tour à tour carrossier, constructeur d'autocars, transporteur routier, en attendant de devenir gérant ou président-directeur général d'innombrables entreprises, depuis Matra jusqu'à Europe 1 et Télé Monte-Carlo. Marcel Bleustein fait ses études à l'École primaire de la rue de Clignancourt à Paris; mais, transformé en Bleustein-Blanchet, il fonde Publicis, Radio-Cité,

Régie Presse, et marie sa fille Elisabeth à Robert Badinter. Paul Ricard, fils d'un marchand de vins marseillais, lance un pastis, et, président de la Société Ricard, s'offre les îles de Bendor et des Embiez, un aérodrome et un circuit automobile au Castelet. Marcel Bloch, qui sera Bloch-Dassault, puis Dassault, déjà nommé, conquiert renom et puissance en construisant avec Potez des prototypes d'avions, en lançant Mystère et Mirage, sans omettre de diriger *Jours de France* et de se faire élire député de l'Oise, pour finir doyen de l'Assemblée nationale. Louis Dreyfus, fils d'un marchand de bestiaux, s'initie au commerce des céréales, les transporte sur les mers, cependant que l'armateur se double d'un banquier. Gilbert Trigano, tout juste nanti de son brevet, lance Trigano-Vacances, puis le Club Mediterranée, avant de devenir conseiller en tourisme dans le gouvernement socialiste de Laurent Fabius.

Fils d'un boulanger, Eugène Schueller se fait colporteur pour payer ses études. Préparateur de chimie, il met au point un produit capillaire qu'exploitera la société l'Oréal. On le voit passionné d'affaires de celluloïd, de matières plastiques, de vernis cellulosiques. Il prend le contrôle des Établissements Lumière, puis des peintures Valentine. Entre-temps, il plaide pour le salaire proportionnel ou l'impôt sur l'énergie. L'Oréal, qui absorbe Monsavon, prend une dimension internationale et survit à son fondateur. La famille Bettencourt héritera de la fortune d'Eugène Schueller, et François Dalle sera le brillant manager de la florissante entreprise.

Francis Bouygues commence petitement avant de devenir le roi du béton. Grand bâtisseur, il édifie à Paris le Palais des Congrès et l'Arche de la Défense, à Riyad l'Université, sous la Manche il creuse le tunnel qui doit relier l'Angleterre au continent. Comme pour couronner son œuvre, il pose une antenne sur les toits des immeubles : une antenne capable de recevoir les ondes de TF1, la chaîne qu'il s'adjuge pour trois milliards de francs.

Ce ne sont là que certaines des fulgurantes carrières de quelques pionniers qui « se sont faits tout seuls ». Il en est d'autres, dont le mérite est peut-être moindre (parce que d'extraction plus bourgeoise) mais dont la fortune est aussi remarquable : Marcel Boussac est le fils d'un confectionneur de Châteauroux, militant du parti radical. D'abord adjoint à son père, puis chemisier à

Paris, il crée avec les cotonniers Paul Lederlin (qui sera sénateur et siégera dans plus de soixante conseils d'administration) et René Laederich (qui sera régent de la Banque de France) le Comptoir d'achat de l'industrie du traitement chimique du coton, et le Comptoir de l'industrie cotonnière. Il acquiert filatures et tissages – dans les Vosges, et jusqu'en Pologne ou au Sénégal –, s'intéresse à la couture (Christian Dior), à la presse (*le Populaire*, puis *l'Aurore*), aux courses de chevaux. Son opulence ne sera entamée que sur le tard, avec la crise du textile et le déclin de *l'Aurore*.

Descendant de quatre générations de petits « sucriers », établis depuis 1820 à Thumeries, dans le Nord, Ferdinand Beghin triomphe dans le sucre (la société Beghin-Say), puis dans la fabrication du papier journal. Prenant place parmi les magnats de la presse au *Figaro* ou à *Paris-Match*, il est consacré « empereur français du sucre et du papier ». Il investit tous ses bénéfices dans ses propres affaires.

Parallèlement, Jean Prouvost, héritier du Peignage, encore artisanal, qu'a fondé son grand-père Amédée en 1851 à Roubaix, s'affirme dans le textile (peignage, filature, Lainière de Roubaix) et glisse lui aussi vers le secteur de la communication, comme directeur de *Paris-Midi*, de *Paris-Soir*, puis comme président de *Marie-Claire* et de *Paris-Match* où il rejoint Beghin, enfin de *Télé 7 jours* et de *Télé-Luxembourg*. Entre-temps, aux heures sombres de 1940, il est devenu un éphémère ministre de l'Information. Nouveau mariage de la politique et des affaires.

Beghin et Prouvost sont trop riches pour n'être que de simples managers. Mais, à la tête de la Compagnie générale d'électricité (CGE), Ambroise Roux en est un, parfaitement authentique. Polytechnicien, ingénieur des Ponts, il ne dédaigne pas de s'essayer dans quelques cabinets ministériels; il est ensuite porté aux conseils d'administration, voire à la présidence de sociétés performantes : Edison, Télécommunications, Pétrofigaz, Compagnie des Lampes, Radiotechnique, Génie spatial... A l'occasion, il conseille les gouvernements de droite, pour se voir évincé par les gouvernements de gauche.

Et voici d'autres multimillionnaires, seuls artisans de leur promotion : Yves Rocher, parfumeur de choc; Jean-Noël Bongrain, fromager d'avant-garde, Maurice Bidermann, roi de la fripe et des fringues, Georges Salomon, maître du ski, Pierre Bellon, restaurateur de grande série, Gérard Mulliez, père des hypermarchés Auchan, Philippe Bouriez, passé de Revillon aux hypermarchés Radar et Cora; Jean Mantelet, artiste du moulin à légumes; Jean-Baptiste Doumenc, petit berger du Rouergue, tout juste nanti de son certificat d'études, qui devient le président d'Inter-Agra, le partenaire privilégié de l'Union soviétique et de l'Afrique progressiste, au point de mériter d'être surnommé le « milliardaire rouge ». Tous ceux-là ne doivent rien qu'à eux-mêmes.

SUITE DE L'ARMORIAL DES COFFRES-FORTS

Pays de la treille et du vin, la France peut se flatter de compter parmi les privilégiés de la fortune quelques noms des grands crus et des spiritueux : non seulement Paul Ricard, déjà cité, mais Kilian Hennessy, responsable du mariage du cognac et du champagne, Frédéric Chandon de Briailles, associé à la réussite de Moët et Chandon (on les retrouvera à l'heure des multinationales). Gaston Burtin, en qui se rencontrent Mumm, Veuve Clicquot et Lanson-Pommery, Laura Mentzegopoulos, que Félix Potin a conduite à Château-Margaux; Anne-Marie Heriard-Dubreuil, majoritaire chez Rémy Martin et chez Nicolas, Claude Taittinger, maître-viticulteur en Champagne et en Californie, dont le frère Jean Taittinger règne sur un empire hôtelier (Crillon, Louvre-Concorde, Martinez...), Geneviève Cointreau, présente aussi chez Rémy Martin, Jean-Pierre Moueix, qui collectionne les châteaux du Bordelais, Gustave Leven, patron de la source Perrier. Pour tous et toutes ces riches de la boisson, l'argent, c'est d'abord du liquide...

Dans la hiérarchie des plus grandes fortunes, celles des maîtres de la communication figurent à un bon rang : pour mémoire, on rappelle Marcel Bleustein-Blanchet, P-DG de Publicis, et Sylvain Floirat, qu'on a vu chez Hachette et à Europe 1 et que prolonge Jean-Luc Lagardère. Voici Robert Hersant, empereur du *Figaro* et de ses satellites, sans parler de la Cinq; voici Marcel Dassault, lorsqu'il fait de *Jours de France* son hochet; Daniel Filipacchi, passé de *Salut les Copains* à *Paris-Match*. Ajoutons-leur Jimmy Goldsmith, qui jongle un moment avec *l'Express* et les Presses de la Cité, et Simone Del Duca, magicienne de la presse du cœur.

Dira-t-on que les Goldsmith viennent de Londres, et les Del Duca de Milan ? Paris les a adoptés.

Autres fortunes d'exception : celles du baron Bich, empereur du stylo à bille et du briquet jetable, qui exporte hors de France les deux tiers de sa production; de Serge Kampf, grand pourvoyeur de services informatiques; de Léon Cligman, grand manipulateur du textile; de Denis Dafforey, héritier des « Carrefour »; de Jean Delorme, Napoléon de l'Air liquide; de Charles et Alain Mérieux, qui gardent en main, à Lyon, le laboratoire familial; de Jean-Claude Decaux, maître dans l'affichage.

Il n'est pas dit que tous ces noms passeront à la postérité. Les fortunes se constituent plus facilement qu'elles ne se conservent et ne se transmettent. Ce que le père a gagné, le fils peut le perdre. L'impôt, les aléas monétaires, les crises sont d'implacables agents d'érosion.

Dans ce florilège de l'argent, que reste-t-il des deux cents familles, quelles nouvelles dynasties peuvent prendre la relève ? Incontestablement, les Rothschild sont toujours là : le baron Edmond – mais il réside en Suisse, et ses affaires bancaires sont souvent domiciliées à Genève; le baron Guy – dont les participations à Londres ou à New York complètent opportunément les intérêts qu'il garde en France. Le clan de Wendel reste présent, en la personne d'un Seillière – Ernest-Antoine Seillière de Laborde, directeur général de la Compagnie générale d'Industrie; la lignée bancaire des Vernes se prolonge avec Pierre Vernes et son fils Bertrand. La maison Lazard est représentée par Michel David-Weill, qui détient une bonne part de Lazard-France et de Lazard-Brothers; et par Éliane Lazard, qui réside aux États-Unis. Rothschild, Wendel, Vernes, David-Weill : c'est ce qui subsiste de la descendance des régents de la Banque de France.

Mais il est d'autres « héritiers », ou d'autres héritières. Georgette Deutsch de la Meurthe porte le nom d'une famille qui s'est illustrée dans l'aéronautique et l'automobile, et corollairement dans l'industrie pétrolière; son fils épouse une Servan-Schreiber, famille notoire dans le journalisme, voire dans la politique. Philippe et Francine Meyer sont les rejetons d'André Meyer, qui a dirigé la banque Lazard à New York, et leur a laissé un confortable magot, de quelques centaines de millions de dollars. Antoine Bernheim, dont la mère était une Schwob d'Héricourt, cumule les sièges de P-DG ou d'administrateur dans l'immobilier, le commerce et les transports. Ennemont Bizot, par sa femme, a recueilli l'héritage du géant de l'industrie Edmond Gillet. Liliane Bettencourt, qu'on donne pour disposer de la plus grosse fortune de France, a recueilli l'Oréal d'Eugène Schueller.

Donc il reste des riches, et les rescapés du nivellement n'ont pas nécessairement perdu toute influence au sein de la nation, voire jusque sur la gestion des affaires publiques.

Les riches absous

Mais la notion même de « riche » devient imprécise : non seulement parce que l'impôt (sur le revenu, sur la fortune) grignote ou détruit la richesse, mais parce qu'il l'invite à se faire discrète, voire secrète.

Jules Romains a porté ce problème sur la scène. Dans *Jean le Maufranc*, il présente un personnage que le fisc condamne à la dissimulation. L'État lui a menti, en mettant la Liberté sur le fronton des monuments publics. A ce mensonge, Jean le Maufranc riposte en camouflant ses biens : « J'ai pris l'État en haine, la collectivité en haine. Alors, je fraude tant que je peux. Toute ma fortune est dissimulée, introuvable. J'espère qu'on va instituer de nouvelles déclarations, de nouvelles comparutions, de nouveaux serments, parce que, avoir un agent devant moi et le berner, c'est devenu un plaisir, un acte sportif qui me fouette le sang. »

Dans *Boën, ou la possession des biens*, le même Jules Romains montre un patron incapable de mesurer son actif et son passif, de confronter son avoir et son endettement : « Je suis peut-être riche, et je me sens moins rassuré qu'un pauvre. Parce que rien ne me garantit que je ne suis pas pauvre. Et si je me mets à penser que je suis pauvre, ça devient d'une pauvreté à donner le vertige, d'une pauvreté dont on ne voit même pas le fond... Qu'est-ce que j'ai ? Depuis quinze ans que je trime, qu'est-ce que j'ai fini par avoir ?... On se moque des vieux grigous d'autrefois. Ils descendaient dans leurs caves par exemple. Ils soulevaient une trappe. Leur avoir était là. Nous autres, ça reste un peu des chiffres. »

Que le calcul de la richesse soit ou non difficile, la réprobation de la richesse est mouvante : l'opinion condamne volontiers le riche, s'il n'est qu'un héritier (c'est l'ancien riche) ou un spéculateur (c'est le nouveau riche). Mais elle absout de bonne grâce l'enrichi du hasard : le Français moyen rêve pour son compte propre d'un gros billet gagnant au Loto national, d'un pari heureux au tiercé ou au casino. Il accepte qu'on devienne riche par la chance, sinon par le travail.

Il finit même par accepter qu'on devienne riche par le profit, ce qui aurait été inconcevable naguère. Un « profiteur » était voué aux gémonies, lorsque Marx faisait la loi. Le XXe siècle, dans sa deuxième moitié, et plus particulièrement dans son dernier quart, réhabilite le profit en même temps que l'entreprise privée et l'initiative individuelle. L'anticapitalisme « primaire » est passé de mode. Les socialistes eux-mêmes, oubliant leur doctrine, répudiant la guerre sociale et la lutte des classes, réconcilient l'entreprise et le travailleur, et se gardent de clouer le patron au pilori. Bernard Tapie est un héros populaire. Les nationalisations d'hier paraissent anachroniques, et les privatisations semblent salutaires. Vive le profit, s'il profite à l'économie!

Ce n'est donc plus toujours un crime que d'être riche. Le riche n'est plus nécessairement cette « brute inexorable » que dénonçait Léon Bloy, dans le souvenir des Juifs usuriers du Moyen Age. Ce n'est même pas un crime que d'être très riche. Quand des magazines comme *l'Expansion* ou *le Nouvel Observateur* publient le palmarès des Français les plus opulents, ceux-ci suscitent des sentiments mêlés, où l'éblouissement le dispute à la convoitise. Leurs fortunes atteignent d'ailleurs des sommets dont l'altitude échappe aux normes des comparaisons courantes. On ose à peine convertir les francs lourds en francs anciens : si tel roi de la construction aéronautique, ou telle héritière des cosmétiques dispose de 7 ou 8 milliards de francs (dans les années 1980), à quoi bon traduire en 700 ou 800 milliards de francs anciens? Ces sommes vertigineuses ne sont pas accessibles à la commune mesure. Quant aux champions de la richesse, ils sont moins un sujet de jalousie que d'émerveillement : leur ascension semble relever du conte de fées, et les Français, éternels enfants, apprécient volontiers les coups de baguette magique.

Mais les adversaires de toute réussite ne désarment pas : ils contre-attaquent. Puisque le slogan des deux cents familles a perdu de ses vertus politiques, ils le ressuscitent sous d'autres formes, de telle sorte que le phénix renaisse de ses cendres. Aux puissances d'argent, ils accolent simplement d'autres étiquettes : elles vont devenir les trusts, les monopoles, les multinationales. Et, faute de pouvoir définir les frontières entre ces entités, on les confondra plus ou moins, au point de ne plus démêler qui relève des deux cents familles, qui relève des trusts ou des multinationales : l'essentiel étant seulement de les assigner devant le tribunal de l'opinion, en les livrant à l'envie, à l'admiration ou à la réprobation publique.

V

TRUSTS, MULTINATIONALES ET NOYAUX DURS

Des formules de rechange

Puisque le slogan des deux cents familles a fait son temps, puisque la réforme de la Banque de France l'a démonétisé, et que les grandes dynasties bancaires ou industrielles ne font manifestement plus la loi, il faut imaginer des formules de remplacement, encore capables de mobiliser les « masses populaires » contre les puissances d'argent.

La tâche est difficile : les deux cents familles faisaient image, et leurs contempteurs ne trouvent pas aisément une cible nouvelle. Il leur faut se résigner à dépersonnaliser l'adversaire. Faute de mieux, ils dénoncent tour à tour le patronat de combat, les trusts, les grands monopoles, les multinationales, les « noyaux durs ». La succession rapide de ces clichés atteste que chacun d'eux s'use vite.

D'ailleurs, les pamphlétaires semblent abandonner, au moins provisoirement, le thème des deux cents familles. Henry Coston, leur pourfendeur patenté, ne s'entête pas : « Les deux cents familles, convient-il, ne forment en fait qu'une seule et même famille, une sorte de caste qui n'est plus l'aristocratie et qui n'est plus la bourgeoisie, qui tient des deux par les liens du sang et de la fortune, et qui constitue une véritable oligarchie dont l'État est la chose, quelle que soit la forme du régime. » (*Le retour des deux cents familles*.)

Dans les discours, les deux cents familles avaient pourtant du bon. Avec elles, on sortait de l'anonymat, on désignait nommément l'ennemi. Sans elles, on n'arrive plus à mobiliser l'opinion sur une expression abstraite, dont la définition même échappe le plus souvent au travailleur de base et à l'électeur non initié.

Le patronat ? Chacun sait qu'il y a loin du magnat de la grande industrie au petit entrepreneur et au petit boutiquier. Les trusts ? Le mot est américain, et son sens précis échappe au Français moyen. Les monopoles ? Le vocable prête d'autant plus à confusion que les monopoles d'État sont plus apparents et plus puissants que les monopoles privés. Les multinationales ? A supposer qu'on puisse les définir, elles comptent plus sur l'échiquier économique que sur l'échiquier politique. Les noyaux durs ? La formule, un peu ambiguë, ne fait guère recette.

Il n'empêche : pour prendre le relais des deux cents familles, l'opposition, qu'elle soit de droite ou de gauche, se contente de ce qui lui semble désigner au moins mal la ploutocratie du XXe siècle finissant.

Donc, on ouvre le feu en s'attaquant au patronat : simple résurgence du Comité des Forges ou du Comité des Houillères naguère proposés à la vindicte publique comme les responsables d'une mainmise sur le pouvoir et d'une intervention dans les joutes électorales.

Face à la CGT, qui au lendemain de la Première Guerre mondiale est l'unique organisation des travailleurs, le patronat s'est lui-même unifié pour la première fois en 1919 au sein d'une Association générale de la production française (AGPF) dont Roger Priouret nous a conté l'histoire (*Origines du patronat français*). Cette Association est née sur l'initiative du ministre du commerce Étienne Clementel. Elle a d'abord été présidée par un membre du Comité des Forges, puis confiée à un simple « manager » sans fortune personnelle, René Duchemin, chimiste aux usines Kulhmann, et dont on a vu qu'il a été régent de la Banque de France. L'AGPF n'a pas alors grande surface : elle emploie tout juste quatre secrétaires, avec un budget annuel de 600 000 francs. Ses fonds proviennent pour l'essentiel du Comité des Forges, du Comité des Houillères et de l'Union métallurgique et minière.

René Duchemin représente le patronat (qui n'ose pas encore dire son nom) aux négociations de 1936 qui aboutiront aux Accords Matignon sur la semaine de 40 heures et les congés payés.

Avec Claude Gignoux, l'AGPF devient la CGPF, Confédération générale du Patronat français, dont la raison sociale ne cache plus la raison d'être. « Patrons, soyez des patrons! » aime à dire Gignoux, comme pour galvaniser ses troupes, que ne ménage pas le Front populaire. Homme de combat, Gignoux a dirigé la *Journée industrielle*, il a été député de la Loire et sous-secrétaire d'État à l'Économie nationale. Il dirigera plus tard *la Revue des Deux Mondes*, et sera appelé par de Gaulle au comité d'experts chargé de la réforme économique et financière.

Entre-temps, il y a la guerre, et Vichy dissout la CGPF, aussi bien que le Comité des Forges ou le Comité des Houillères, pour leur substituer des comités d'organisation, qui sont surtout des comités de répartition. Les chefs d'entreprise y adhèrent obligatoirement, et c'est par eux qu'ils obtiennent les matières premières sans lesquelles cesserait toute activité. C'est le temps où Jean Bichelonne, ex-major de Polytechnique, règne sur la Production industrielle.

A la Libération, la centrale patronale renaît sous le sigle CNPF (Confédération nationale du Patronat français). Georges Villiers, qui vient d'une entreprise moyenne de la région lyonnaise, en est le président, avant Paul Huvelin, François Ceyrac, Yvon Gattaz, François Périgot : tous sont des managers et des porte-parole du patronat, plutôt que de grands capitalistes.

Pour nous, la question est de savoir si ce patronat représente un groupe de pression sur le plan politique. Assurément, il a pour mission de rassembler les chefs d'entreprises, de les représenter auprès des pouvoirs publics et de tenir tête, s'il y a lieu, aux centrales ouvrières. Un groupe de pression n'est pas nécessairement un groupe de corruption.

Le patronat intervient-il dans les élections? Roger Priouret note que la « caisse Boutmy » du CNPF a versé quelque argent dans la trésorerie de tous les partis, avec une préférence pour le MRP et une exception pour le parti communiste. Il rappelle aussi que certaines personnalités politiques de premier plan, comme Paul Reynaud, Edgar Faure ou Pierre Mendès France ont volontiers consulté les dirigeants patronaux. Ce qui est parfaitement normal pour un chef de gouvernement.

Emmanuel Beau de Loménie, pamphlétaire de droite, va plus loin. Dans une plaquette sur *le Référendum des affairistes* (de

1962), il assure que le CNPF de Georges Villiers, avec la « caisse de la rue de Penthièvre », subventionne tous les partis, y compris le parti communiste, sans demander aux candidats des engagements précis, mais en les neutralisant par ses générosités. Et de souligner les liens entre politique et finance : Georges Pompidou et la banque Rothschild, Couve de Murville et la haute banque protestante... Le père de Michel Debré n'a-t-il pas épousé une Wendel ? Louis Jacquinot une Simone Lazard ? Le général de Gaulle lui-même n'est-il pas entouré de gens compromis avec la haute finance ?

Déjà, dans ses *Dynasties bourgeoises*, Beau de Loménie s'est attardé sur le cas de la famille Giscard d'Estaing. L'aïeul, Agénor Bardoux, est ministre de Mac-Mahon. Il a épousé une Georges-Picot, petite-fille d'un Montalivet, ministre de Louis-Philippe, arrière-petite-fille d'un autre Montalivet, ministre de Napoléon Ier ; la famille semble en mesure de servir tous les régimes. Le fils d'Agénor, Jacques Bardoux, est tour à tour sénateur de la troisième République, conseiller national du maréchal Pétain, député de la Quatrième. Son gendre, Edmond Giscard d'Estaing, siège dans nombre de conseils d'administration, et le fils d'Edmond, Valéry, fait une grande carrière politique sous la Quatrième et la Cinquième, tout en épousant Anne-Aymone de Brantes, qui descend des Schneider.

Une telle généalogie ne prouve pas grand-chose : car il est toujours facile de jouer avec les parentés, les alliances, les amitiés, – qui n'excluent pas le talent et le mérite. En contrepartie, il est honnête de remarquer que le camp des grandes familles, et particulièrement le camp du patronat, est moins uni qu'il n'y paraît. Il existe un Centre des jeunes dirigeants d'entreprises, un Centre chrétien des patrons et dirigeants, un Centre de recherche des chefs d'entreprises, un groupe de doctrine « Entreprise et Progrès », une Association des grandes entreprises françaises (AGREF), une Association française des entreprises privées (AFEP), une Confédération des petites et moyennes entreprises. Cette diversité ne favorise pas l'unité d'action. Lors de la naissance de la Communauté charbon-acier (CECA), on a vu la Chambre syndicale de la sidérurgie s'opposer au CNPF.

De toute façon, les banques et les grands banquiers, même avant les nationalisations de 1981, jouent un rôle plus effacé que naguère. Les industriels ont-ils pris le relais ? Ils ne pèsent guère, dans bien des cas, sur les votes des Parlements et les décisions des gouvernements : c'est contre le sentiment patronal que la Communauté européenne a admis le Royaume-Uni dans son sein, ou que, trente années durant, le Plan a prétendu régenter l'économie française.

Si groupe de pression il y a, la pression n'est pas toujours décisive.

Les trusts

Le patronat n'est donc pas le croque-mitaine rêvé. Quel autre épouvantail peut-on lui substituer ? Car il s'agit bien, autant que possible, d'épouvanter le Français moyen en brandissant devant ses yeux une menace à la fois concrète et secrète, propre à lui faire comprendre que la société dans laquelle il vit est aux mains de puissances incontrôlables et insaisissables. Pour quelque temps, le mot *trust* va symboliser cette menace. Il est assez chargé de mystère pour faire peur et mobiliser l'opinion populaire, dûment chapitrée.

C'est le mot qui compte, plus que la chose. Il est anglo-américain, et par conséquent tout désigné pour servir de repoussoir, dans le langage des admirateurs des systèmes marxistes. Son apparition, en France, remonte à la fin du XIXe siècle, très précisément à 1888, lorsque *l'Économiste français* l'introduit en évoquant la « singulière révolution » qui vient de se produire aux États-Unis dans l'organisation de l'industrie et du commerce. « Un trust, dit le périodique, est une association de personnes qui, étant engagées dans une même industrie, remettent à un comité directeur unique la direction de leurs diverses entreprises individuelles. » Autrement dit, le trust résulte de la fusion ou du regroupement de plusieurs sociétés, de façon à dominer un marché : phénomène de concentration capitaliste.

Un tel regroupement suppose la confiance de ceux qui se rassemblent : du verbe *to trust*, avoir confiance. Comparer l'anglais *true*, vrai, fidèle, l'allemand *treue*, fidèle, le français *trêve*, pacte de confiance.

Sur le mot trust, se forgeront des mots éloquents : le verbe *truster*, signifie accaparer; le *trusteur* est un accapareur; le *trustee* est un administrateur investi de la propriété d'un bien, et qui doit le gérer au profit de tiers; l'*investment trust* est une société de placements collectifs; la loi *antitrust* est destinée à s'opposer à l'action des entreprises qui prennent trop de puissance...

Rien ne vaut un monosyllabe, au pourtour mal délimité, pour exercer une suggestion sur les esprits simples. Le mot trust présente au surplus, pour le travailleur français, cet autre avantage d'être d'origine étrangère et de consonance américaine : il appelle les prolétaires de tous les pays à s'unir face au péril du grand capitalisme occidental.

Peu importe, pour les politiciens qui dénoncent les trusts, les subtilités que retiennent, à leur sujet, les juristes et les économistes. Ceux-ci distinguent savamment les *ententes*, qui résultent de promesses ou de contrats, les *pools*, qui sont des accords de courte durée tendant à soutenir les prix ou à répartir les profits, les *corners*, qui sont des manœuvres d'accaparement, les *holdings*, sociétés dont le capital représente des actions de sociétés subordonnées, les *cartels*, qui visent à harmoniser des politiques commerciales et à restreindre la concurrence, les *conglomérats*, résultats de l'absorption de sociétés dans des secteurs dissemblables.

Restent les *trusts*, dont les entreprises constituantes s'unissent pour confier à un organisme commun la gestion de leurs intérêts : véritables syndicats financiers, ils font perdre leur indépendance aux sociétés qu'ils contrôlent.

Le premier trust, qui demeure exemplaire, est celui qui, le 2 janvier 1882, regroupe aux mains de neuf « trustees » les actionnaires de quarante sociétés pétrolières : la Standard Oil Company devient le Standard Oil Trust, qui coiffe toutes ses filiales. Le patron de l'affaire reste John Davison Rockefeller, qui élit domicile à Broadway. Capital social : 70 millions de dollars. Dans chaque État où agit le trust est fondée une Standard locale : Standard Oil du New Jersey, de New York, de Pennsylvanie, plus tard du Kentucky, du Kansas, du Nebraska, de Californie, de Louisiane. La Standard primitive, celle de l'Ohio, n'en est qu'une parmi d'autres. Neuf syndics gèrent l'ensemble de la combinaison, de la citadelle de Broadway. « Même le pape avec son Église catholique, écrit un journaliste, ne dispose pas d'un instrument aussi parfait que John Rockefeller avec la Standard Oil. » Est-ce un reproche, est-ce un compliment ? Mais la légende du grand homme ne balance pas : « Dieu a créé le monde, Rockefeller l'a réorganisé. » Il l'a réorganisé dans le cadre d'un trust.

La nouvelle Standard Oil fait école, et rapidement de nombreux secteurs de l'industrie américaine donnent naissance à des trusts. De même que Rockefeller passe pour le roi du pétrole, l'opinion sacre des rois de l'acier ou du rail. Elle persiste à personnaliser les maîtres du jeu, les Mellon, Morgan, Vanderbilt... qui, pour se faire pardonner leur trop grande fortune, attachent leur nom à des fondations culturelles.

Aux États-Unis, l'influence politique de ces « rois » et de leurs trusts est notoire : plusieurs d'entre eux approchent des marches du pouvoir, ou disposent des moyens de pression qui permettent d'asseoir leur influence. En contrepartie, les lois antitrust, amorcées par le Sherman Act, font barrage à la toute-puissance des trusts. La jurisprudence antitrust est vigilante. En 1911, elle contraint la Standard Oil Trust à la dissolution et à l'éclatement. Les autorités antitrust ont des moyens de poursuite et de répression. Le chef de la division antitrust du ministère de la Justice précise même qu'il s'opposerait à toute fusion concernant l'une des deux cents premières entreprises industrielles. Deux cents ? Décidément, on n'échappe pas à l'arithmétique sommaire qui fait le succès de la formule des deux cents familles.

Image d'un trust allemand : Krupp

En Allemagne, le *Konzern* n'est qu'une variante du trust. Le terme désigne une association d'entreprises réalisée par des moyens financiers et visant à une action commune. Exemple type : la firme Krupp.

Au départ, les Krupp, descendants de Krop hollandais, passent du petit commerce à la petite industrie : en 1811, Friedrich Krupp installe une modeste fonderie près d'Essen. La Ruhr restera le cadre de l'envol familial, et la métallurgie son domaine d'activité. Alfred, fils de Friedrich, dirige l'affaire durant plus de soixante années et il en fait l'une des plus importantes aciéries de la planète. Il met à profit des circonstances éminemment favorables :

le Zollverein, qui ouvre les frontières des États allemands, l'essor du chemin de fer, qui exige des rails, des roues de locomotives, des bielles, la tension internationale, qui stimule les armements lourds, blindages et pièces d'artillerie. Alfred, roi du canon (*Kanonenkönig*), livre ses pièces à la Prusse, mais aussi à l'Autriche, à la Russie, à la Turquie, à la France, aux États-Unis, à la Chine, au Japon. Ses usines couvrent 300 hectares, elles emploient 7 000 travailleurs en 1873, et plus de 20 000 en 1887. Son empire s'étend, en amont, sur des charbonnages et sur des mines de fer en Espagne.

Avec la génération suivante et un deuxième Friedrich, la dynastie poursuit son ascension vers les sommets de la puissance : ascension industrielle, par l'achat des gigantesques chantiers navals de Tegel; ascension financière, grâce à une gestion plus rigoureuse de l'entreprise; ascension politique, lorsque Friedrich est élu au Reichstag et appelé par l'empereur Guillaume à la Chambre des seigneurs, puis au Conseil d'État. Les Krupp ne dédaignent pas, à l'occasion, d'élargir leur marché en obtenant l'augmentation des crédits militaires.

L'héritière de la famille, en 1902, s'appelle Bertha, et devient Krupp von Bohlen en épousant le baron Gustav von Bohlen und Halbach. Tous les Parisiens apprendront à la connaître lorsqu'ils recevront les obus d'un canon 420 à longue portée, sorti des usines Krupp, et baptisé « la grosse Bertha ». Au lendemain de la guerre, comme l'Allemagne vaincue perd le droit de fabriquer des armements, Gustav Krupp se reconvertit dans les fabrications civiles, mais conçoit une double réplique : d'une part, il produit du matériel dans la clandestinité, d'autre part il se rallie au national-socialisme. Après l'évacuation de la Ruhr qu'avaient occupée Français et Belges, Krupp reprend son expansion : 190 000 ouvriers, un milliard de marks de chiffre d'affaires, des livraisons de matériel à l'Espagne et jusqu'au Japon. Il investit dans la chimie de synthèse, contrôle 12 sociétés minières, 35 entreprises métallurgiques, 50 comptoirs commerciaux, s'adjoint des maisons d'édition, de presse et de cinéma. Gustav Krupp von Bohlen compte parmi les grands dignitaires du régime nazi. Son fils Alfred, qui adhère au parti national-socialiste, devient président de la société Krupp en 1943.

La chute d'Hitler n'entraîne pourtant que provisoirement la

chute de Krupp. Si Alfred est arrêté, il est bientôt acquitté à Nuremberg; traduit encore devant un tribunal militaire américain et condamné à douze ans de prison, il est libéré au bout de trois ans. L'entreprise, placée sous séquestre, est promise au démantèlement; mais, convertie à des activités de paix, elle redevient la plus grande puissance industrielle de l'Europe. Quand Alfred Krupp meurt en 1967, il est encore le roi de la Ruhr. Après lui, victime de difficultés financières, la firme se disloque.

Dès lors, la villa Hugel, qui fut au sud d'Essen le château des Krupp, n'est plus qu'un musée de famille : cette bâtisse cossue, de la fin du XIXe siècle, au temps où les marchands de canons faisaient de trop belles affaires, domine un lac artificiel, au cœur d'un parc où alternent gazons et bosquets. Dans la galerie de famille, on suit la progression des maîtres de forges. On les voit offrant tour à tour des presses à battre monnaie, des moules pour couler cuillers ou fourchettes, des appareils agricoles et des locomotives. On glisse rapidement sur les canons et les croiseurs de bataille. On salue au passage Bertha, la jolie dame à nattes bouclées qui fut la marraine du 420. On termine sur les 3 500 catégories de la production contemporaine des Krupp, et sur la maquette d'une centrale atomique de leur façon.

La dynastie s'est muée en société anonyme, le trust n'est plus qu'un chapitre d'histoire.

D'AUTRES TRUSTS EUROPÉENS

Les groupes de taille géante, du type konzern avec plus ou moins de variantes, ne manquent pas en Allemagne. Naguère, l'IG Farben était une communauté d'intérêts du secteur chimique : IG, ces initiales désignaient précisément une *Interessen Gemeinschaft*. Depuis la guerre, la chimie allemande s'enorgueillit de Bayer, BASF et Hoechst, tandis que la construction électrique parade avec Siemens et AEG, la construction automobile avec Daimler-Benz, la métallurgie avec Hoesch ou Thyssen, à côté de Krupp.

On se doit au préalable d'évoquer une autre grande figure de la sidérurgie allemande, celle de Hugo Stinnes : né à Mülheim sur la Ruhr, ce marchand de charbon s'est taillé un empire, au point de devenir un redoutable magnat. Dans l'anarchie des lendemains de la Première Guerre mondiale, le konzern Stinnes spécule sur le mark en déconfiture, achète n'importe quoi à bas prix, revend à bon compte, se constitue des réserves d'or, tout en étendant son champ d'activité aux transports fluviaux, au tourisme, à la presse. Hugo Stinnes joue un rôle dans le combat des réparations; élu au Reichstag, il devient quasiment le dictateur de l'économie allemande, il fait et défait les gouvernements. Mais il disparaît en 1924, et son konzern ne lui survit pas.

Le konzern Thyssen, lui aussi, naît près de Mülheim. L'ancêtre August Thyssen y a installé une fabrique de fers plats : point de départ d'une puissante affaire qui s'étend par concentration verticale. En amont, les Thyssen acquièrent un domaine charbonnier tandis qu'ils font venir leur minerai de fer de Lorraine, de Russie, d'Afrique du Nord. En aval, ils se lancent dans la construction mécanique ou les chantiers navals (à Brême, à Flensburg), ils distribuent gaz et électricité, sans omettre de coiffer leur édifice industriel par d'amples réseaux commerciaux.

En 1926, la August Thyssen AG s'insère dans le groupe des Vereinigte Stahlwerke (Aciéries réunies) qui rassemblent cinq konzern sidérurgiques à l'instigation d'A. Vögler, l'ancien manager du konzern Hugo Stinnes : le groupe produit alors en Allemagne 25 % de la fonte et 20 % de l'acier. Fritz Thyssen travaille dans le sillage d'Adolf Hitler. Mais en 1939 la signature du pacte germano-soviétique le révolte. Il fuit en Suisse, puis en France. Arrêté en 1940, interné à Dachau, il est libéré par les Américains et va mourir en Argentine. En 1953, sans lui, renaît la August Thyssen-Hütte AG, grosse productrice de coke et d'acier. Le gratte-ciel Thyssen est l'orgueil de Düsseldorf.

En Belgique, la carrière de la famille et du groupe Empain est moins mouvementée, mais elle appartient aussi à l'histoire. Édouard Empain, fils d'un petit instituteur de village, ne peut faire d'études supérieures, faute d'argent. Il n'en devient pas moins un maître des tramways et de l'électricité. Il collabore à l'œuvre de Léopold II au Congo, s'intéresse à l'exploitation des diamants du Kasaï, participe à la création du métro de Paris et, dans les sables de la banlieue du Caire, fait surgir une ville artificielle, qui sera Héliopolis. Le roi lui octroie un titre de baron. Son petit-fils Édouard Jean Empain joue un rôle fondamental dans la restructuration de l'industrie du matériel électrique en Europe, sans négliger, à l'occasion, de s'adjuger ce qui subsiste de Schneider.

L'Italie, coutumière des miracles, juxtapose étrangement les expériences aux frontières de l'étatisme, et des réussites libérales aux limites de l'anarchie. Du côté de l'étatisme, l'IRI, Institut pour la Reconstruction industrielle, établissement de droit public, fédère et contrôle des sociétés par actions de droit privé, en mariant les avantages d'une organisation centralisée et d'une gestion selon les règles de l'économie de marché. Devenue dans les années 1970 la colonne vertébrale de l'économie italienne, sous la férule de Giuseppe Petrilli, elle déborde du secteur industriel pour s'étendre aux services : téléphone, navigation maritime et aérienne, autoroutes... Mais les libéraux lui reprochent de n'être qu'un camouflage de l'État, les dirigistes ne pardonnent pas à ses entreprises de se comporter selon les règles du secteur libre.

Du côté de la véritable économie de marché, qui en Italie n'exclut pas les transactions parallèles (de « l'économie immergée »), ne manquent pas les sociétés hors des normes communes, plus ou moins apparentées à des trusts, mais souvent incarnées dans des personnages hauts en couleur.

La famille Agnelli règne sur Fiat, Lancia et Alfa Romeo, mais s'intéresse aussi aux affaires de ciment (Unicem), d'assurance (Toro-Assurance), de distribution (les grands magasins Rinascente) ou d'édition (Rizzoli, *Corriere della Serra, la Stampa*).

Autres étoiles du capitalisme péninsulaire : Carlo de Benedetti, avec ses holdings CIR, Cofide, Sabaudia, est présent dans la banque, la mode, l'alimentation, l'édition, et pas seulement en Italie : il étend son empire sur Olivetti, Buitoni, Davigel, Yves Saint-Laurent, Mondadori, il convoite la Société générale de Belgique. Un champion de l'éclectisme.

Comme lui, Silvio Berlusconi, maître de quelque cinq cents sociétés, mise sur divers tableaux. En Italie, avec sa firme Fininvest, il est présent dans la banque, dans l'assurance, dans la construction (il est le n° 1 italien du secteur) et surtout dans la communication : il possède un quotidien, *il Giornale*, un théâtre à Milan, le Mazzini, trois chaînes de télévision dans la péninsule : Canale 5, Italia Uno, Rete Quatro. « Sua Emittenza », Sa Seigneurie émettrice s'intéresse aussi à la télévision française. Quand l'État socialiste se déleste de la Cinq, il se l'adjuge avec Jérôme Seydoux et Christophe Riboud. A l'heure des privatisations, alors que la Cinq est remise aux enchères, il la partage avec Robert Hersant.

De Pozzano, près de Trévise, Luciano Benetton et sa famille dirigent un empire textile qui vend polos, pulls et vêtements dans 4 500 magasins en franchise, répartis dans 57 pays, jusqu'au-delà du rideau de fer et en Extrême-Orient. Quatre cent cinquante sous-traitants, deux mille modèles par saison. Benetton, mis en appétit, se lance dans la finance et l'assurance. Il crée un fonds d'investissement et prend des participations de-ci de-là.

La firme Montecatini atteint au gigantisme : née en 1888 dans une petite localité de Toscane, elle bénéficie en 1910 de l'impulsion de l'ingénieur Guido Donegani qui l'amène à la production de l'acide sulfurique, à partir des pyrites dont l'Italie est abondamment pourvue. Après quoi, la Montecatini étend son activité aux produits chimiques, à l'industrie chimique organique, aux textiles artificiels et à la pétrochimie. Elle fusionne en 1966 avec la société Edison, dont le secteur électrique a été nationalisé et qui garde un vaste domaine dans la chimie lourde et les fibres synthétiques. Montedison, fille des deux entreprises, prend une place éminente parmi les grands trusts mondiaux de la chimie – sans négliger de s'évader vers le secteur de la communication, en s'appropriant le *Messagero*; vers le grand commerce, avec la chaîne de magasins Standa, et vers les assurances, avec la Fondiaria, de Florence. Cependant que Montedison, pour 40 % de ses actions ordinaires, est passée entre les mains de Raoul Gardini, maître du groupe Ferruzi, champion de l'agro-alimentaire, roi du sucre.

Thyssen, Empain, Montedison : ce ne sont là que des échantillons des puissances industrielles et financières qui, au XXe siècle, dominent la scène européenne. On en pourrait passer bien d'autres en revue, dont l'influence n'est pas moindre à l'échelle nationale et internationale. Ces « trusts », que fustigent et réprouvent les contempteurs de l'argent, jouent-ils vraiment un rôle en dehors de leur sphère naturelle d'action? Débordent-ils du domaine économique sur le domaine politique?

Il est évident que leur influence n'est pas négligeable : par les liens d'amitié qu'ils sont en mesure de tisser, par les concours qu'ils peuvent obtenir, par les arguments financiers dont ils disposent, par les organes de communication qu'ils contrôlent, ils ont les moyens de peser sur les dirigeants de leurs pays respectifs, voire sur les institutions communautaires de leur ressort. Rien ne prouve qu'ils n'en usent pas. Rien ne prouve qu'ils en abusent.

A coup sûr, leur seule existence et leur seule importance permettent aux pourfendeurs de la ploutocratie de mener campagne contre les trusts, ces pelés, ces galeux qui engendrent le mal capitaliste. L'assaut est surtout verbal, mais il est systématiquement répétitif, comme l'était l'assaut contre les deux cents familles. A force de clamer que les trusts sont les responsables des malfaçons de l'économie, des inconséquences de la politique, des injustices de la société, leurs adversaires espèrent, sinon les ébranler, du moins jeter sur eux un durable discrédit.

Les Krupp, marchands de canons, ne font-ils pas figure de fauteurs de guerre ? Un baron Empain n'a-t-il pas compté parmi les fauteurs du colonialisme ? La firme Montecatini ne s'est-elle pas rendue coupable des pollutions chimiques qui corrompent l'air et la mer ? Les trusts sont tenus pour les artisans de la misère humaine.

Après les trusts, les monopoles

Dans l'arène politique, il faut souvent renouveler les banderilles. Les taureaux ne sont pas facilement mis à mort, et le public se lasse vite des vaines estocades.

Le mot « trust » perd bientôt de ses vertus agressives. Pour flétrir les puissances d'argent, leurs adversaires imaginent de les désigner comme des monopoles. Dans les réunions publiques et dans les éditoriaux de presse, ce vocable revêt quelque temps une appréciable efficacité. Le Français moyen ne sait pas au juste ce qu'il signifie, pas plus qu'il ne savait ce que pouvait être un trust. Mais le mot sonne bien. Il peut même être prononcé à la méridionale, « un monnoppolle », ce qui lui confère un sens plutôt dérisoire, ou plus gravement « un mônôpôle », ce qui le rend accablant. Ni l'étymologie ni la science économique n'ont à s'en offusquer.

Étymologiquement, le mot désigne l'entreprise ou l'homme qui est seul à vendre une marchandise. Le vendeur unique ne fait-il pas la loi sur le marché? Doté de cette exclusivité redoutable, n'est-il pas investi d'une puissance illimitée?

Pour l'économiste, voire pour l'historien, le monopole se confond avec l'accaparement. Si un spéculateur acquiert toute la quantité disponible d'un bien, il est en mesure de la revendre sans concurrence, au prix qui lui conviendra, et d'en obtenir des profits qui lui assureront un pouvoir exorbitant.

Le mot est grec, et Aristote traite du phénomène dans sa *Politique*. A l'en croire, « la connaissance des astres permit à Thalès de prévoir qu'il y aurait abondance d'olives. Ayant donc ramassé tout ce qu'il pouvait avoir d'argent, il prit à loyer, avant la fin de l'hiver, tous les moulins à huile de Milet et de Chio. Il les eut à bon marché. Quand la récolte fut faite, beaucoup de gens se présentèrent pour avoir des moulins, et Thalès les loua au prix qu'il voulut ». De cet exemple, Aristote conclut que « le monopole est un moyen prompt de faire fortune ».

Vingt-deux siècles plus tard, il peut toujours exister des situations de monopole : monopoles personnels, comme ceux qui résultent de certains talents individuels; monopoles fonciers, pour les détenteurs de terres ou de mines sans rivales; monopoles de droit, résultant de privilèges légaux ou de brevets d'invention, délivrés et garantis par la puissance publique; monopoles de fait, engendrés par la découverte et la mise en œuvre de procédés nouveaux; monopoles de concentration, résultant de la réunion de plusieurs activités ou de plusieurs entreprises sous une direction commune, excluant toute possibilité de concurrence : ces derniers types de monopoles pouvant se rapprocher des trusts, des konzern ou des cartels.

Pratiquement, le vrai monopole ne saurait être qu'exceptionnel, sauf si la loi s'en mêle, et à moins qu'on ne considère comme monopole l'initiative couverte par une marque. Les brevets eux-mêmes peuvent être tournés, et ils n'assurent pas une protection éternelle. Seuls les artifices de la publicité incitent à croire que tel produit est unique; on lui trouve toujours des substituts.

Au demeurant, en tous pays, le législateur veille à interdire des situations de monopole absolu. Durant la Révolution française, les champions de la Terreur s'en sont pris aux accapareurs, qui bien souvent n'accaparaient que des biens de consommation courante. Dans les États-Unis de la fin du XIXe siècle, le Sherman Act a ébauché une politique antimonopolistique, qu'on a déjà eu l'occasion d'évoquer à propos de la lutte contre les trusts. A l'échelle européenne, le Traité de Rome a pris soin d'interdire les ententes visant à « restreindre ou fausser le jeu de la concurrence », et de condamner l'abus de « position dominante ». En France, une Commission technique des ententes a veillé à écarter tout risque de monopole.

Dans ces conditions, quand les politiciens et les économistes de formation marxiste s'élèvent avec véhémence contre les monopoles, ils s'attaquent à des moulins à vent. Les « grands monopoles » qu'ils dénoncent ne sont le plus souvent qu'une vue de l'esprit.

Les vrais monopoles sont précisément ceux qu'ils n'attaquent pas : à savoir les monopoles du secteur public, ceux de l'électricité, du rail, de la poste, du téléphone, de la vente du tabac, longtemps de la télévision et de la radio.

Au contraire, dans le secteur privé, les monopoles « purs et parfaits » sont rares. Peugeot ne prétend pas au monopole de la construction automobile, ni Péchiney à celui de l'aluminium, ni Michelin à celui du pneumatique, ni l'Oréal à celui des cosmétiques, ni Saint-Gobain à celui du verre, ni Félix Potin à celui de l'épicerie. Il n'est même plus possible de concevoir un monopole dans le cadre français. L'ouverture du Marché Commun a supprimé les frontières intereuropéennes, mis en concurrence les entreprises communautaires, et exclu toute espérance de monopole. Elle a même ébranlé les monopoles d'État : le monopole des poudres a été entamé pour les explosifs civils, comme celui du SEITA (Service) devenu la SEITA (Société) par l'importation des tabacs étrangers.

Décidément, les monopoles n'offrent pas un bon champ de bataille aux adversaires des puissances d'argent. Ils ne s'entêtent pas. Le thème des multinationales va prendre la relève.

APRÈS LES MONOPOLES, LES MULTINATIONALES

Ce ne sont encore que des variantes des trusts, ce n'est encore qu'une étiquette nouvelle pour les géants de la finance. Mais le terrain est meilleur : la gauche, oubliant qu'elle a chanté *l'Internationale* et rêvé de l'unité de tout le genre humain, n'ignore pas qu'elle touche une fibre sensible en faisant appel aux sentiments de xénophobie, qui sommeillent toujours dans l'inconscient du Français moyen. Qui dit multinationale suggère antinationale : une entreprise qui relève de plusieurs nations n'est-elle pas apatride, presque par définition ? La gauche joue la carte de la patrie en dénonçant les tares et les responsabilités des multinationales.

Mais qu'est-ce au juste qu'une multinationale ? Juridiquement, il n'en existe pas. Toute société a un siège social, donc une nationalité. Mais sont étiquetées multinationales les entreprises qui, pour une large part, hors de leur pays d'origine situent leur personnel, dépensent pour leur installation et leur équipement, réalisent des bénéfices. Pour désigner la firme qui, avec un siège social unique, a de par le monde plusieurs filiales, ou plusieurs centres de production et de distribution, ou des capitaux à majorité étrangère, l'expression « transnationale » serait plus correcte. Elle est retenue par quelques commentateurs; mais elle n'a pas fait fortune dans le vocabulaire de la polémique politique, précisément parce qu'elle est moins chargée de sens équivoque, et qu'elle prête moins à l'opprobre.

Donc, sus aux multinationales! Elles symbolisent à merveille les superpuissances du capitalisme, parfois plus puissantes même que les États, et toujours en mesure d'ignorer les frontières, de choisir entre les lois, de tourner les unes avec le concours des autres, de jouer sur les changes et de se jouer des contrôles des changes. Ainsi s'inscrivent-elles dans la lignée des deux cents familles, censées dicter la politique de leur choix aux gouvernements et subordonner l'économie à leurs désirs.

Le phénomène est-il nouveau ? Elles étaient déjà multinationales, à leur manière, les grandes banques de la Renaissance, celles d'Augsbourg, de Gênes, de Florence ou de Venise, avec les Fugger ou les Médicis. De même, presque par hypothèse, la haute banque protestante ou israélite du XIXe siècle faisait éclater le cadre des nations. Le XXe siècle renouvelle, généralise et amplifie la formule, d'autant plus naturellement que les miracles de la technique ont réduit la planète à la dimension d'une province.

Les multinationales poussent comme champignons dans un monde désormais fait pour elles.

Elles s'épanouissent aussi bien dans le secteur primaire, quand par exemple elles extraient du pétrole des entrailles de la terre, que dans le secteur secondaire, quand elles construisent des automobiles, ou dans le secteur tertiaire, quand elles imposent leur loi dans le commerce ou la banque.

Leur prolifération tient à la nécessité dans laquelle se trouvent les entreprises les plus ambitieuses de produire et de vendre aux meilleures conditions.

Afin de produire au mieux, il leur faut s'évader de leur pays d'origine pour se procurer au moindre prix les matières premières qui leur font défaut sur place (cas type : la Royal Dutch exploitant le pétrole de l'Insulinde), pour abaisser les coûts salariaux (recherche d'une main-d'œuvre bon marché à Hong Kong ou en Corée), pour éliminer ou réduire les charges de sécurité sociale et les exigences des syndicats (implantations au Tiers Monde plutôt que dans les pays développés).

Afin de vendre au mieux, il leur faut autant que possible éluder les entraves administratives et les barrières douanières, s'introduire sur des marchés de grande consommation, se rapprocher de la clientèle, diversifier les risques politiques ou monétaires : ce qui implique éclectisme et souplesse.

Les multinationales savent à merveille s'adapter aux milieux et aux circonstances. Leur succès tient, autant qu'à leurs moyens, à la flexibilité de leur diplomatie : elles portent parfois le mimétisme à la perfection.

Exxon

Si l'on classe les multinationales selon leur chiffre d'affaires (de 1976), sept d'entre elles sont américaines sur les dix premières. Exxon et la General Motors figurent en tête, devant Ford et quatre affaires de pétrole (Texaco, Mobil, Standard Oil of California, Gulf). S'intercalent laborieusement aux troisième, septième et neuvième rangs, la Royal Dutch-Shell, la National Iranian Oil et la British Petroleum : illustration correcte de la suprématie des États-Unis.

Le n° 1, qu'il convient de saluer à son mérite, c'est Exxon : simple camouflage de la vieille Standard Oil of New Jersey, autrement dit de la firme centenaire de John D. Rockefeller, longtemps célèbre à l'enseigne d'Esso. Elle a des filiales au Canada, au Venezuela, en Allemagne, en Angleterre, en France. Elle s'est approvisionnée en pétrole aux États-Unis, mais aussi au Venezuela, au Moyen-Orient. En France même, elle a exploité de petits gisements (Parentis, Mimizan...), elle transforme les produits pétroliers (avec Esso-Chimie, la Socabu). Ce qu'elle fait en France, elle le fait un peu partout sur la planète.

En 1938, alors qu'elle produit 15 % du pétrole brut mondial, ses oléoducs couvrent plus de 8 000 kilomètres, sa flotte compte 200 pétroliers déplaçant 1 400 000 tonnes, sa valeur en Bourse dépasse 1,5 milliard de dollars. Comme il convient, son siège social se situe au New Jersey – 117 Main Street, à Flemington. Mais le bureau principal est à New York. Abandonnant le 26 de Broadway, où cependant les neuf étages de la première bâtisse ont fait place à quinze, puis à trente étages, elle loge dans ce Centre Rockefeller qui a été édifié de 1929 à 1939 au cœur de Manhattan entre la 5ᵉ et la 7ᵉ Avenue, entre la 48ᵉ et la 51ᵉ Rue. Cinq hectares de terrain, dix-huit tours, 70 étages, 25 000 fenêtres : une belle opération d'urbanisme et de publicité. John D. Rockefeller y a son buste de pierre, au 56ᵉ étage. Son petit-fils, Nelson Rockefeller, est vice-président des États-Unis : encore un mariage de la politique et de l'argent.

En 1960, la Standard Oil of New Jersey, avec 750 000 actionnaires et 170 000 salariés, a un budget du même ordre de grandeur que celui de l'État canadien, une marine supérieure à toute la flotte grecque. Elle extrait encore 13 % du pétrole du monde libre, en raffine 16 %, en vend 18 %.

Aux États-Unis, elle coiffe des sociétés de recherche et de transport, elle possède des sociétés d'extraction, notamment au Texas, en Oklahoma, dans les Rocheuses. Au Canada, elle contrôle l'Impérial Oil. En Amérique latine et aux Antilles, la Creole, la Lago. Les participations de la Standard assurent sa présence en Irak, en Iran, en Arabie Saoudite (avec l'Aramco) aussi longtemps que les gisements ne sont pas nationalisés. Par filiales interposées, elle raffine aux portes du Venezuela (Aruba), en Afrique du Sud (Durban), en Inde (Bombay), en Angleterre

(Fawley), en Allemagne (Hambourg), en Italie (Livourne), en France (Port-Jérôme, Fos, Bordeaux...).

Le nationalisme des pays arabes chasse la Standard, comme toutes les compagnies occidentales. La crise du Suez, la guerre du Kippour, la montée de l'OPEP les ont évincées des gisements du Moyen-Orient. Mais du même coup, le prix du baril a prodigieusement augmenté : si bien que la Standard, si elle ne dicte plus les prix, encaisse des profits accrus. Le pactole pétrolier n'a pas fini de couler.

La Jersey, dans le même temps, est la victime ou l'héroïne d'une petite mésaventure : elle doit changer de nom. Car elle s'est vu reprocher par les autres Standard Oil, issues du démembrement de 1911, d'utiliser le sigle S.O., dont elle a fait Esso en 1926, pour sa plus grande gloire dans le monde entier. Les Standard de Californie ou d'Ohio se jugent tout aussi qualifiées pour brandir la même enseigne. La Jersey diversifie donc ses marques, selon les États : Esso, Enco, Enjay, Humble... Elle perd plusieurs des procès que lui ont intentés les compagnies sœurs et rivales. De guerre lasse, elle se résigne à chercher une nouvelle raison sociale. Ce n'est pas facile : le nom doit être simple, universel, ne prêter ni à confusion, ni à ridicule. Trois ans de recherches, auxquelles collaborent des équipes de sociologues et des organisateurs, concluent à « Exxon ». En novembre 1972, c'est chose faite : la compagnie adopte cette dénomination, qui doit apparaître sur tous les produits finis du groupe. La substitution, qui d'ailleurs respecte le réseau Esso dans les pays où le litige n'a pas été soulevé, coûte 100 millions de dollars.

Exxon, nouvelle reine du pétrole, garde son siège à New York, 125 Avenue des Amériques. Elle occupe alors 144 000 personnes, pour un chiffre d'affaires de 22 milliards de dollars, et une production de pétrole encore voisine de 14 % de tout le pétrole produit dans le monde. Pour 83 % (en 1970), les revenus d'Exxon proviennent de ses investissements à l'étranger.

La reine du pétrole est aussi la reine des multinationales.

D'AUTRES BELLES AMÉRICAINES

Dans la hiérarchie des multinationales américaines, et du même coup dans celle des multinationales du monde, la General Motors dispute le premier rang à Exxon, tantôt en prenant l'avantage, tantôt en lui cédant le pas, selon qu'on retient le chiffre d'affaires, le total des actifs, le bénéfice net ou le nombre des salariés.

La General Motors, G.M., est le premier employeur civil; elle est le premier constructeur automobile. A Detroit, elle fabrique les Cadillac et les Chevrolet; à Flint les Buick, à Pontiac les Pontiac, à Lansing les Oldsmobile. En Allemagne, elle s'appelle Opel, au Royaume-Uni Vauxhall, en Australie Holden. Sans limiter sa production aux voitures, elle fait aussi bien des moteurs d'avion, des locomotives diesel, des appareils ménagers – les fameux Frigidaire. En France, GM fabrique des pièces détachées à Gennevilliers, des transmissions à Strasbourg.

Fondée en 1908, en plein essor dix ans plus tard, la GM a pris une telle dimension qu'il lui arrive (en 1949) de provoquer une action en justice de la part du gouvernement fédéral pour violation de la loi antitrust. Simple incident de parcours : la GM est furieusement américaine et orgueilleusement multinationale. Elle compte plus de trente divisions autonomes spécialisées, plus de cent usines implantées dans trente pays. Elle n'ignore pas les crises de conjoncture, mais ne renonce pas pour autant à sa prépondérance. Très spécialement, elle tient à devancer Ford.

A la différence de la General Motors, Ford est une famille, autant qu'une entreprise. Tout comme Exxon est née de Rockefeller, la Ford Motor Company est née de Henry Ford, petit monteur réparateur d'une manufacture de machines agricoles du Michigan. Il bricole son premier prototype en 1892, un quadricycle dont le moteur, de quatre chevaux, est refroidi par de l'eau et ne possède pas de marche arrière. Dix ans plus tard, il crée à Detroit une société d'études et de recherches puis, en 1903, la Ford Motor Company, qui ne tarde pas à prendre du poids. En 1910, l'entreprise, qui emploie 4 200 personnes, produit déjà 34 500 voitures. Elle lance la construction en série du modèle T, avec standardisation des pièces : 75 000 unités en 1912, un million en 1919 (après l'intermède de la guerre, qui a mobilisé l'usine dans la fabrication de matériel militaire). Pour exporter ses automobiles, Henry Ford se dote de toute une flotte marchande. Entre-temps, il a innové sur le plan social, en faisant participer son personnel aux bénéfices, et sur le plan commercial, en offrant à ses collaborateurs des facilités d'achat à crédit à long terme.

La dynastie Ford prend la suite de Henry Ford Ier, d'abord avec son fils Edsel, puis avec son petit-fils Henry Ford II. L'empire Ford compte alors 21 usines, 15 navires, 200 000 hectares de forêts et de mines. Il contrôle des filiales sur tous les continents – en Angleterre, en Allemagne, au Canada, au Mexique, au Brésil, en Argentine, en Afrique du Sud, en Australie : 23 milliards de dollars de chiffre d'affaires en 1973, avec une production de 6 millions de véhicules, pour un effectif de 475 000 personnes dans plus de 200 usines. La principale reste près de Detroit, sur la Rivière Rouge. En France, l'usine de Blanquefort, près de Bordeaux, produit des boîtes automatiques. Ford vend plus à l'étranger qu'aux États-Unis : son marché, comme sa production, est multinational.

Mais les multinationales américaines sont légion, et l'on n'en finirait pas de les passer en revue. On retiendra les plus significatives, à la fois chargées d'histoire et d'avenir.

IBM, c'est l'International Business Machines Corporation : comme l'informatique n'a pas de patrie, la société a vocation d'ignorer les frontières. Elle a débuté en 1911 par la fusion de trois firmes spécialisées dans les machines comptables et les appareils de mesure, pour l'exploitation de brevets de machines à cartes perforées. Après avoir perfectionné un matériel électro-comptable, elle lance en 1944 un premier calculateur électromécanique, et en 1948 un premier calculateur électronique. L'IBM World Trade Corporation naît en 1949, pour gérer, hors des États-Unis, les affaires de la firme réparties entre trois zones : Amériques, Europe, Extrême-Orient. Usines, laboratoires et bureaux couvrent 127 pays et dominent le marché des ordinateurs, dont se succèdent les générations. En France, IBM produit à Corbeil-Essonnes, Bordeaux, Montpellier, Boigny. Son laboratoire se situe à La Gaude, au-dessus de Nice. Il est advenu à un Français, Jacques Maison-Rouge, d'être le président d'IBM : consécration de la multinationalité.

Parmi les « belles américaines » de dimension internationale et d'ambitions multinationales, on n'a que l'embarras du choix, même sans retenir les étoiles du secteur pétrolier. Kodak fournit l'exemple d'une entreprise qui est tombée sous le coup de la loi antitrust pour excès de gigantisme : l'affaire est née de l'initiative d'un jeune Américain, George Eastman, passionné dès l'enfance par la photographie et qui, à vingt-trois ans, prépare les premières plaques au gélatino-bromure d'argent. Il prend des brevets et fonde en 1880, à Rochester, sa propre entreprise – avec six ouvriers. Quatre ans plus tard, il invente une pellicule de papier, en attendant le film transparent de nitrocellulose. Sa société, passant du stade artisanal au stade industriel, devient en 1892 la Eastman Kodak Company, qui se spécialise dans la fabrication de matériels et de produits photographiques et cinématographiques. Kodak, ce n'est qu'une onomatopée arbitraire, évoquant le déclic de l'appareil; mais c'est par avance une onomatopée internationale, à vocation multinationale. Le nom propre devient un nom commun. De fait, l'entreprise s'élargit au monde entier : treize filiales aux États-Unis, quarante-quatre hors d'Amérique; et elle étend ses activités aux instruments d'optique, aux matières plastiques, aux produits chimiques organiques, aux textiles artificiels. Ses principaux centres de production se situent dans l'État de New York, le Tennessee, le Massachusetts, l'Illinois, le Texas, mais aussi en Angleterre, en France (Kodak-Pathé), en Allemagne, en Australie : mainmise planétaire sur la pellicule et la prise de vues.

Autre échantillon d'une multinationalité d'origine américaine : Coca-Cola étend son empire sur tous les continents, et son nom, colporté par une publicité délirante, compte parmi les plus familiers à tous les peuples de la terre, jusque dans la Chine communiste. La boisson est née en 1886, aux États-Unis, très précisément à Atlanta : c'est une boisson gazeuse, à base de substances végétales, qui combine des extraits de feuilles de coca décocaïnisées et des noix de cola, avec sucre, caramel, eau purifiée et gaz carbonique. La compagnie chargée de son exploitation a vu le jour en 1892 : elle fabrique, met en bouteilles et commercialise. D'abord conçue pour le seul marché américain, elle entreprend à partir de 1919 la conquête du monde. C'est bientôt chose faite : le marché du Coca-Cola couvre toute la planète. Et son succès est tel qu'il suscite une concurrence, également de dimension multinationale : celle de Pepsi-Cola.

Pour mémoire, et parce qu'il serait fastidieux de détailler le palmarès américain des multinationales, on notera : dans le secteur de la construction électrique, la Westinghouse, née en

1872 dans l'État de Pennsylvanie, et dont la compétence s'étend des générateurs et des turbines à l'électronique, aux techniques spatiales et à l'énergie nucléaire, sans négliger la télévision et les appareils ménagers, avec de puissantes filiales au Canada et sur le vieux continent; la General Electric, de vingt ans plus jeune, mais qui se targue d'un chiffre d'affaires inégalé dans son domaine, pivot d'un univers de technologie avancée, dont le quartier général pour l'Europe se situe à Genève; l'ITT (International Telephone and Telegraph), fondé en 1920, et qui dès 1959 réalise 70 % de ses affaires hors des États-Unis : 350 divisions, 350 000 employés, un conglomérat qui diversifie ses activités bien au-delà des lampes et de l'équipement électrique, des télécommunications et des radars, jusque dans l'immobilier (Levitt), l'hôtellerie (Sheraton), la location de voitures (Avis), les assurances (au Royaume-Uni, aux Pays-Bas, en Allemagne); Radio-Corporation (RCA), que la loi antitrust dégage de ses deux tuteurs, General Electric et Westinghouse, et qui étend ses activités à la radio, aux disques, aux calculatrices, et jusqu'à la location de voitures (Hertz), présente au Japon et en Inde comme en Europe. Dans le secteur plus précis des télécommunications, l'American Telephone and Telegraph (ATT), qui remonte à 1885, revêt des visages multiples : elle est la Western Electric pour la construction du matériel, la Bell pour les recherches, l'Intelsat pour les communications spatiales.

Vedettes encore de la multinationalité, d'essence américaine : dans la banque, la Chase, la First, la Morgan; dans la distribution, Sears Roebuck; dans l'automobile, Chrysler; dans l'aviation, Boeing, Douglas; dans la chimie, l'Union Carbide, la Dow Chemical; dans la sidérurgie, le Bethleem Steel, l'US Steel... Ce ne sont là que des échantillons de la capacité qu'ont les États-Unis de se répandre sur la planète pour produire ou pour vendre.

Du Pont de Nemours

Le cas de Du Pont de Nemours mérite un traitement spécifique, pour quelques bonnes raisons : l'entreprise se situe en rang flatteur dans la hiérarchie des sociétés américaines, elle se classe dans les tout premiers rangs par son ancienneté, elle mérite la multinationalité à la fois par la diffusion universelle de sa production et par son origine : cette affaire, parfaitement américaine, est française de nom et de création.

Dupont, c'est bien en France le nom le plus banal qui soit. Il ne désigne rien d'autre que celui dont le logis est voisin d'un pont, comme un Dubois est présumé voisin d'un bois. La famille des Dupont en question habite, dans la France du XVIIIe siècle, près de la petite ville de Nemours.

A flanc de coteau, dominant les maisonnettes d'un village qui s'appelle Chevannes, une église trapue, au toit d'ardoise, tout habillée de lierre. A gauche du clocher, seule subsiste une tombe, entourée d'une grille. Sur le marbre clair, des caractères creux dessinent une épitaphe qu'il est assez facile de déchiffrer : « Ci-gît le corps de noble, bonne, vertueuse, raisonnable, économe et bienfaisante dame, Madame Nicole Charlotte Marie-Louise Le Dée, épouse de Messire Pierre Samuel Dupont. »

C'est l'aïeule. L'épitaphe, composée en 1785 par Pierre Samuel, a été regravée en 1907 par les soins de ses descendants.

Tout à côté de Chevannes, au-delà du Betz, restent les bâtiments d'une ferme et une petite orangerie. C'est ce qui subsiste de Bois-des-Fossés, où vivaient les Dupont quand ils étaient citoyens du Gâtinais.

Pierre Samuel est né à Paris en 1739, d'un père horloger et huguenot. Après de solides études, il a fréquenté les Encyclopédistes – et beaucoup écrit. Le physiocrate Quesnay le remarque, Turgot en fait son secrétaire; le marquis de Mirabeau, qui possède près d'Egreville le château du Bignon, cède à Pierre Samuel, à un prix d'ami, quelques pièces de ses terres autour de Bois-des-Fossés : le voilà châtelain-fermier, s'occupant de la terre autrement qu'en économiste. Il s'est marié avec une demoiselle Le Dée de Raucourt (la « noble, belle, bonne, vertueuse... ») qui lui donne deux enfants, Victor et Eleuthère.

A l'occasion, il se rend à Paris, pour saluer Franklin. Louis XVI lui remet des lettres de noblesse, « pour lui et sa postérité ». Dupont devient du Pont.

S'il ne répugne pas à l'anoblissement, il ne renie pas ses origines bourgeoises et ses idées libérales. A l'heure des États généraux, Pierre Samuel se fait élire par le Tiers dans le bailliage de Nemours. Comme, dans l'assemblée, les Dupont ne manquent pas, il se distingue de ses homonymes en devenant du Pont de Nemours, puis en redevenant prudemment, aux heures agitées de la Révolution, un Dupont sans particule.

Libéral, Pierre Samuel l'est comme ses amis physiocrates. A la constituante, il défend le droit de propriété, dénonce le danger du papier-monnaie et se fait l'avocat de toutes les libertés. Ses fils sont casés : Victor, l'aîné, est secrétaire de l'ambassadeur de France aux États-Unis; Eleuthère, le benjamin, étudie la chimie à la poudrerie d'Essonnes sous la direction de Lavoisier. L'Amérique pour l'un, la chimie pour l'autre, c'est tout le destin des Du Pont de Nemours qui s'ébauche.

Pierre Samuel, prêt à flétrir les excès de la Révolution, imprime rageusement ses propres pamphlets. Le 10 août, avec Eleuthère, il combat aux côtés des gardes suisses pour défendre le roi. Sa tête est mise à prix. Sous un déguisement, il quitte Paris, rejoint Bois-des-Fossés. Mais les terroristes l'y découvrent, l'arrêtent, le condamnent à la guillotine. L'ordre d'exécution ne parvient à la prison de la Force que le 10 thermidor. Le 9, Pierre Samuel a été libéré. A quoi tient l'histoire? Vingt-quatre heures plus tard, la dynastie des Dupont aurait été décapitée, leur prodigieuse épopée n'aurait pas eu lieu.

Dans la paix presque retrouvée, Pierre Samuel revient à Bois-des-Fossés, où il écrit sa *Philosophie de l'univers* et rédige ses *Mémoires.* Le Conseil des Anciens, où il représente le canton de Nemours, le porte à sa présidence. L'Académie des sciences morales et politiques l'appelle en son sein. Veuf de Nicole Le Dée, il se remarie avec Marie-Françoise Robin, qui est la veuve de Pierre Poivre, l'ancien intendant de l'île Bourbon.

La Révolution n'en a pas fini avec lui. Dans le journal qu'il a fondé, *l'Historien,* il dit son fait au Directoire, qu'il accuse de tyrannie. Inculpé, menacé de déportation à Cayenne, il prend le large : Victor, qui a été nommé consul à Charleston, puis à Philadelphie, a préparé le terrain outre-Atlantique. Pierre Samuel prend le temps de fonder une société pour réunir quatre millions de francs. Figurent parmi les souscripteurs Necker, Beaumarchais, La Fayette, La Tour-Maubourg, le banquier suisse Bidermann. C'est la première société Du Pont de Nemours. A La Rochelle, avec toute la famille, Pierre Samuel embarque sur un vieux sloop chargé de sel.

Trois mois de traversée. Le 31 décembre 1799, les du Pont débarquent à Newport. Ils ne sont pas des immigrants démunis. Ils ont des amis sur place. Ils apportent des idées et quelques capitaux. Eleuthère, au cours d'une partie de chasse, observe que les Américains tirent le dindon sauvage avec de la poudre anglaise. Pourquoi pas de la poudre américaine? Eleuthère obtient des ingénieurs d'Essonnes les plans d'une fabrique et les secrets de la fabrication. Près de Wilmington, dans le Delaware, les Du Pont établissent leur poudrerie. Quand en 1812 éclate la guerre entre l'Angleterre et les États-Unis, ils sont en mesure de produire la meilleure poudre du monde.

Ils ont participé à la conclusion de l'accord franco-américain sur la cession de la Louisiane. Pierre Samuel, revenu en France en 1814, est membre du gouvernement provisoire que préside Talleyrand, et Chateaubriand parle de lui dans ses *Mémoires d'outre-tombe.* Trois ans plus tard, sur son lit de mort, l'aïeul des Du Pont est salué par le président Jefferson comme « un ami cher, un patriote, un honnête homme ». Son fils Victor est sénateur du Delaware. Eleuthère est membre du comité de la Bank of America. Les Du Pont sont en place.

A chaque génération, la famille trouve un meneur de jeu : Henry, puis Eugène, puis Lammot. Elle glisse de la poudre à la chimie, de la chimie au textile. Elle invente un caoutchouc de synthèse (le néoprène), une peinture cellulosique (le duco), elle engage un jeune professeur, Wallace Carothers, qui dans son laboratoire de Wilmington découvre le nylon. Suivent l'orlon, le dacron, le téflon. Du Pont de Nemours règne sur les fibres textiles, avec une gamme d'au moins 1 200 articles. Le groupe élargit son domaine à l'électronique, au médical, aux produits de protection des cultures et aux plastiques de haute technologie.

Une centaine d'usines aux États-Unis, des filiales en Amérique du Sud, en Europe, au Japon. Cent laboratoires de recherches. Plus de cent mille travailleurs.

La réussite des Du Pont est une réussite américaine. En France, l'entreprise n'aurait même pas pu démarrer, puisque la fabrication de la poudre est un monopole d'État. De l'autre côté de l'Atlantique, les Du Pont ont trouvé le champ libre, ou du moins presque libre; l'État américain, dans sa hantise des trusts, contrarie lui aussi un essor dont on ne percevait plus les limites, et qui portait Du Pont à participer au capital de la General Motors.

C'est une réussite technique : les Du Pont ont été servis par leur passion de recherche et d'innovation. Ils ont lancé des produits qui ont fait la conquête du monde.

C'est une réussite humaine : celle de l'audace, de la persévérance, du refus de l'échec; une réussite familiale : celle de la continuité, de la solidarité, de la hiérarchie – mais avec décentralisation des pouvoirs. Les descendants directs de Pierre Samuel Du Pont et de Nicole Charlotte Le Dée sont plus d'un millier. Certains sont avocats, hommes politiques, assureurs, ingénieurs, cinéastes, architectes, fermiers. Une fille Du Pont a épousé le fils Roosevelt. Chaque année, au 1er janvier, jour anniversaire, ils se retrouvent à Wilmington, en souvenir du débarquement de l'ancêtre.

Quelques-uns d'entre eux, de temps en temps, font le pèlerinage de Nemours, de Bois-des-Fossés, de Chevannes. A Nemours, ils parcourent avec un étonnement amusé la bourgade que leur aïeul représenta à la Constituante et sous le Directoire. A Bois-des-Fossés, non sans émotion, ils contemplent les allées ombreuses que parcourut le philosophe. A Chevannes, au pied du clocher couvert de lierre, ils saluent la tombe de l'aïeule, souche de la dynastie – et de la multinationale.

L'IMPÉRIALISME AMÉRICAIN

Du Pont de Nemours, tout envahissant qu'il soit dans le monde, n'a pas la vocation de l'impérialisme. Mais d'autres entreprises américaines, moins réservées, agissent en conquérantes, voire en colonisatrices, et les adversaires des multinationales ne manquent pas de leur reprocher des pressions d'ordre politique sur les gouvernements étrangers.

A cet égard, les États-Unis, comme Janus, présentent deux visages. Officiellement, ils réprouvent toute colonisation. Quand Monroe a défini la politique que résume la formule « l'Amérique aux Américains », c'est d'abord pour en écarter les colonisateurs européens. Le Nouveau Monde est chasse gardée. Son accès est interdit aux Russes, qui convoitent l'Alaska et la Californie, aux Espagnols, qui doivent perdre l'espoir de reconquérir l'Amérique latine, et qui seront, au terme du XIXe siècle, chassés de Cuba ou de Porto Rico comme des Philippines. Au XXe siècle, quand le président Wilson proclame « le droit des peuples à disposer d'eux-mêmes », il ne cache pas des arrière-pensées hostiles au colonialisme. Quand à son tour Franklin Roosevelt entend refaçonner le monde, il condamne explicitement les ambitions impérialistes de la France et de l'Angleterre. Il contribue de son mieux à évincer la Hollande de l'Indonésie, la France de l'Indochine, l'Angleterre de Suez. Désormais, l'Amérique courtise le Tiers Monde et le pousse à l'émancipation. Roosevelt néglige seulement d'étendre cette même condamnation à la politique expansionniste de l'Union soviétique.

Mais, dans le même temps, les États-Unis colonisent sans vergogne et sans remords pour leur propre compte : ils sont nés d'une « marche vers l'Ouest » qui a mené les colons des rives de l'Atlantique à celles du Pacifique, sans trop se soucier des indigènes. Ils ont grandi en s'annexant les îles Hawaii, Guam, la zone du canal de Panama. En Afrique, l'American Colonization Society acquiert un territoire qu'elle nomme Liberia.

Les impératifs de la sécurité dictent à Washington une politique qui n'est plus exactement celle de l'anticolonialisme. Par nécessité stratégique, les États-Unis tiennent des positions solides aux Antilles et aux Bermudes; sur le Pacifique, avec les Samoa, les Marshall, les Carolines, les Mariannes, ils sont maîtres de leurs communications. Ils gardent des privilèges ou des amitiés aux Philippines et à Formose. Aux pays sous-développés, ils promettent non seulement des dollars, mais du matériel et des techniciens. Les prêts des États-Unis ne sont ni aveugles, ni tout à fait désintéressés. Pour soustraire les nations assistées au danger soviétique, ils sont politiques au premier chef : ils supposent des conditions, des garanties, des contrôles.

Les États-Unis s'intéressent d'autant plus aux pays en voie de développement qu'ils en ont besoin. La carte de ces pays se confond presque avec celle des régions qui produisent les matières premières nécessaires à la dévorante industrie américaine : antimoine du Mexique, bauxite, manganèse, béryl, cuivre, étain de l'Amérique du Sud, uranium du Zaïre, amiante et chromite d'Afrique équatoriale, étain de Malaisie, caoutchouc de l'Insulinde, pétroles du Moyen-Orient...

C'est là qu'interviennent les grandes sociétés capitalistes; elles s'emploient à mettre en valeur un gisement, un domaine, une région. L'importance de ces multinationales est parfois telle que tout un pays peut dépendre d'elles : le roitelet local ou l'Assemblée élue sont sans pouvoir auprès de ces puissantes compagnies. Qui l'emporte, de l'État qui prétend administrer, ou de la société qui exploite ? Cette forme de colonisation renouvelle en quelque sorte les colonisations privées du passé, celles des Grecs, de la Hanse, des compagnies à charte.

Les sociétés en question ne sont pas nécessairement américaines. Voir, au Congo belge, la place qu'y a tenue l'Union minière du Haut-Katanga; dans l'Afrique de l'huile et de l'arachide le rôle d'Unilever; dans le monde du pétrole, l'action de l'Anglo Iranian, de la Royal Dutch et de la Shell. Mais, plus et mieux encore, les multinationales américaines sont outillées pour acquérir les matières premières, créer des réseaux d'agences et d'agents, installer des magasins pour le troc ou la vente d'objets de consommation courante, qui absorbent le pouvoir d'achat distribué aux indigènes : elles ont des flottes, des chemins de fer, des ports, des entrepôts, elles créent des logements, des villages, des villes; bref, elles colonisent.

Ainsi fait la Firestone, championne du caoutchouc, lorsqu'elle tient au Liberia une place prépondérante. De même, la Standard Oil, avec la Gulf et Texaco, a pesé sur le destin de l'Iran. En Arabie Saoudite, l'Aramco a longtemps été maîtresse du jeu. Au Chili, l'Anaconda et la Kennecott ont régné sur le marché du cuivre. En Amérique centrale, l'United Fruits, contrôlant soixante compagnies et un million d'hectares, s'est taillé un empire, et l'on a pu railler les « républiques bananières », où la multinationale américaine monnayait son soutien aux dictatures locales et engendrait de véritables États dans les États.

Sans doute de telles ingérences, avec installation des techniciens et mise en place de solides bases, ont-elles pu être considérées comme des formes nouvelles de colonisation et des manifestations à peine déguisées d'impérialisme. Mais il faut croire que cette colonisation était précaire et cet impérialisme assez peu impérieux, puisque presque partout la formule n'a eu qu'un temps.

Les multinationales intéressées ont fini par rentrer dans le rang et par plier bagages. En Iran, en Arabie Saoudite, les gisements de pétrole ont été nationalisés, et les grandes compagnies remerciées sans façon. Au Chili, les sociétés américaines ont été invitées à cesser leurs activités. En Amérique centrale, la substitution de régimes démocratiques aux dictatures militaires a réduit le rôle de l'United Fruits. C'est dire que les multinationales ne font pas toujours la loi.

La Royal-Dutch-Shell

D'ailleurs, les Américains ne sont pas seuls sur terre. Au troisième rang des multinationales du monde, juste derrière Exxon et la General Motors, la Royal Dutch-Shell rappelle que les Anglais, eux aussi, ont compté et comptent toujours dans le macrocosme du commerce et de la finance.

En anglais, le mot *shell* désigne le coquillage : une coquille est toujours l'emblème de la compagnie. Elle est fondée en 1830, pour le transport et le trafic des coquilles, particulièrement de certains coquillages décoratifs d'origine japonaise et d'écailles perlières en provenance de la Sonde, dont raffoleront les Britanniques au temps de Victoria. Bientôt, du trafic de la nacre, la Shell passe à d'autres activités de transport : elle livre aux Anglais le thé, le riz, le coton d'Extrême-Orient, aux Asiatiques les textiles et la quincaillerie de Grande-Bretagne. Elle est capable de transporter n'importe quoi n'importe où : du pétrole russe vers le Japon, du pétrole de Bornéo vers l'Europe.

En 1892, son directeur général Marcus Samuel obtient le droit de faire passer ses pétroliers par le canal de Suez. Ce n'est pas un petit succès : l'administration du Canal redoutait qu'un navire-citerne ne mît le feu à tous les bâtiments qu'il croiserait. A l'enseigne du coquillage, un premier pétrolier, le *Murex,* passe de la mer Rouge dans la Méditerranée. En 1897, parce qu'elle a grandi, la Samuel and Co devient la Shell Transport and Trading Cy, dont le siège est à Londres. En 1901, quand le pétrole jaillit au Texas, la Shell fait ses offres de service : elle est en mesure de prendre livraison du kérosène américain et de le vendre en Europe.

Prenant ombrage de cette immixtion d'une société étrangère dans le pétrole américain, Rockefeller propose à Marcus Samuel de lui racheter la Shell. Trop tard!

Cependant, une autre compagnie est née dans la zone de prédilection de la Shell. Des chercheurs hollandais ont trouvé à Java une couche de pétrole de bonne qualité. Pour exploiter le pétrole des îles, un négociant nommé Auguste Kessler a fondé en 1890 une compagnie dite Koniklijke Nederlandsche Maatshapij, ce qui, en anglais, se traduit par Royal Dutch. Elle est royale, parce qu'elle a le soutien du roi Guillaume III; elle est néerlandaise, avec La Haye pour siège social. Son capital est modeste, sa production réduite. Son meilleur atout, c'est sans doute ce jeune Hollandais dont Kessler a fait son adjoint, Henri Deterding, qui n'a peur de rien, et qui est prêt à affronter le monde entier. Lorsque Kessler meurt en 1900, Deterding, à trente-quatre ans, prend sa succession.

Est-il hollandais, est-il anglais? Il est né à Amsterdam, dans la nationalité hollandaise. Il se fera naturaliser anglais. Peu importe : le pétrole est sa vraie patrie.

Deterding sait que les Pays-Bas ne sont pas assez puissants pour étayer une grande affaire, et que l'Angleterre, riche en charbon, manque terriblement de pétrole. S'il alliait la Royal Dutch à une entreprise anglaise, s'il s'assurait du même coup le patronage des deux gouvernements? Précisément, la Shell se trouve sur le chemin de la Royal, puisque les deux sociétés rivalisent à la production (à Bornéo) et sur les marchés d'Extrême-Orient. La coopération se noue en 1903, la fusion est opérée en 1907 sur la base de 60 % pour la Royal et 40 % pour la Shell. La Royal Dutch-Shell devient une puissance pétrolière. Siège principal : Londres. Marcus Samuel s'est effacé de lui-même en préférant aux querelles du pétrole les honneurs et la politique. Deterding est seul maître.

Très vite, le groupe prend du poids. Dès 1908, sa production atteint 1 200 000 tonnes, sa flotte jauge 150 000 tonneaux. Bien au-delà de l'Insulinde, son activité s'étend à toute la planète : en Roumanie, en Russie, en Égypte, au Venezuela, aux États-Unis même. Partout il possède des puits, des raffineries, des oléoducs, des dépôts, des navires-citernes : à la très grande gloire des Pays-Bas, mais aussi au profit du Royaume-Uni. La preuve en est que le Foreign Office soutient la Royal dans tous les pays et sur tous les marchés.

Entre la Standard de Rockefeller et la Royal de Deterding, la bataille est sans merci : elle se livre à la production, à la distribution, sur le terrain des prix. La guerre qui éclate en 1914 ne suspend pas la rivalité des deux compagnies. La paix, en modifiant l'équilibre des forces, ouvre à la compétition les lambeaux de l'empire turc : à qui les pétroles présents et à venir de l'Arabie, du golfe Persique, de la Mésopotamie ? La Royal Dutch est bien placée en Irak, et le pétrole fuse à Kirkuk. Elle est présente en Perse. Elle contrôle une cinquantaine d'entreprises, depuis la Shell Union Corporation, qui regroupe ses intérêts aux États-Unis, jusqu'à la Mexican Eagle pour le Mexique. En 1938, elle produit 30 millions de tonnes de brut (en Amérique du Nord, au Venezuela, au Moyen-Orient, dans les Indes néerlandaises). Son réseau de pipes s'allonge alors sur 11 000 kilomètres, sa flotte comprend 300 unités, qui déplacent 1 550 000 tonnes. La coquille jaune de Shell prend place au long de toutes les routes du monde occidental.

Deterding a épousé une jeune Allemande, Minna Knaack, qui le convertit au national-socialisme. Quand il renonce à la Royal Dutch en 1936, il passe la main à son fondé de pouvoir. Il se retire aux Pays-Bas et meurt en 1939 en Suisse, à Saint-Moritz. A ses obsèques, le Führer envoie une couronne de fleurs cravatée d'une croix gammée. Curieux destin multinational que celui de ce petit comptable hollandais qui, anobli par les Britanniques, a tenu tête aux Américains pour finir dans le sillage des Allemands... Ennemi des Rockefeller, ami de Hitler, Henri Deterding a-t-il réussi ou raté sa vie ?

Après la deuxième guerre du siècle, la Royal Dutch reprend son essor, mais elle se heurte à des nationalismes nouveaux, semblables à ceux qui ont déjà chassé les Occidentaux du Caucase soviétisé ou du Mexique impatient de s'approprier les richesses de son sous-sol : l'Iran se dote d'une société pétrolière nationale, avant d'évincer les capitaux étrangers, les pays arabes chassent les compagnies occidentales, l'Amérique latine elle aussi entend prendre la responsabilité de sa production de pétrole.

La Royal Dutch n'est pas ébranlée pour autant : elle fore, elle produit toujours (par exemple en mer du Nord), elle achète le brut et raffine, elle transporte, elle distribue. Son chiffre d'affaires et ses profits augmentent quand le pétrole est cher. Ils restent confortables en toute hypothèse.

Pour le moins, cette multinationale est binationale. Alors que les multinationales américaines sont de toute évidence américaines, la Royal Dutch-Shell est à cheval sur le Royaume-Uni et les Pays-Bas : elle est britannique par le siège social de la Shell, hollandaise par celui de la Royal Dutch – ce qui peut permettre quelques accommodements du point de vue diplomatique et fiscal. Un cas unique.

GULBENKIAN

Il y a mieux pourtant que le cas de la Royal Dutch. Il y a celui de Calouste Gulbenkian, parfait apatride ou parfait « multipatride ». Pas de doute : il est arménien d'origine, mais l'Arménie n'est pas une nation. Il est né à Scutari en 1869, mais Scutari est la plus européenne des villes d'Asie. Est-il turc ? Mais il est élevé en France et en Angleterre (au King's College) et il est naturalisé anglais en 1902. Il se fixe à Londres, dans une demeure cossue d'Hyde Park Gardens, mais il séjourne volontiers à Deauville ou au Cap-Martin. Le voilà ensuite conseiller financier de l'ambassade de Turquie à Londres, comme s'il redevenait turc. Il collectionne amoureusement les œuvres d'art, avec un sens aigu du bon placement, et les entasse dans l'hôtel particulier qu'il a acheté pour sa femme, avenue d'Iéna à Paris. Curieusement, en 1940, on le retrouve ministre plénipotentiaire d'Iran en France, et bientôt conseiller commercial en Iran. Est-il devenu iranien ? Quand la France est occupée, il s'installe à Vichy, puis, en 1942, il gagne Lisbonne : le Portugal est plus compréhensif que la France sur le chapitre des impôts. S'est-il fait portugais ? Quand il disparaît en 1955, c'est le Portugal qui hérite de ses trésors d'art, de l'Égypte antique aux impressionnistes français, et la Fondation Gulbenkian, à Lisbonne, recueille les participations acquises par le magnat du pétrole.

Ce Gulbenkian a refusé du gouvernement français la grand-croix de la Légion d'honneur, comme il a refusé d'être anobli par le gouvernement britannique. Mais il a, tout au long de sa vie, recherché et accepté des avantages plus matériels. Le petit Arménien est devenu milliardaire : à lui seul, sans être lié en permanence avec aucune compagnie, il est une multinationale.

A vingt-deux ans, sa carrière pétrolière commence au long de la Caspienne, alors qu'il visite les gisements de la péninsule d'Apchéron. Il observe les puits, renifle les senteurs de naphte, étudie l'extraction, la distillation, l'évacuation du pétrole, de Batoum à Bakou. Il décèle les promesses du site et les tares de l'exploitation. Premier contact avec un univers qu'il ne quittera plus.

Un personnage, ce Gulbenkian, avec sa chevelure noire, sa barbe raide qui encadre un visage blême, ses sourcils épais et broussailleux. Acteur accompli, diplomate subtil à la voix doucereuse, il est toujours prêt à s'entremettre sans oublier de faire rémunérer ses petits services. Il est fastueux sans ostentation, souple jusque dans l'obstination. Signe particulier : il aime la finance encore plus que le pétrole.

Virtuose du dessous de table, il devient le directeur d'une banque toute neuve, la Banque nationale de Turquie, et s'emploie à l'orienter vers les intérêts pétroliers. Il travaille habilement à regrouper Allemands et Anglais et réussit à mettre sur pied, en 1911, la Turkish Petroleum Company (TPC) dans laquelle, avec la Banque nationale de Turquie, il détient le plus gros paquet d'actions, tandis que la Royal Dutch et la Deutsche Bank y sont minoritaires, avec chacune 25 %.

Mais les Britanniques exigent que leur soient cédées toutes les parts non allemandes. Les Turcs, qui demandent l'autorisation de relever leurs droits de douane, ont de trop gros besoins d'argent pour ne pas se prêter à l'opération. Gulbenkian s'est entremis, non sans se faire réserver personnellement 5 % sur les bénéfices à venir de l'exploitation pétrolière. Il les gardera après la guerre, lorsqu'il aura manœuvré pour que la part de la Deutsche Bank revienne à la France.

Pour le grand public, Calouste Gulbenkian est désormais « Monsieur Cinq pour cent ». « Il vaut mieux, dit-il, avoir un petit morceau d'un gros gâteau, qu'un gros morceau d'un petit gâteau. » Comme il se méfie de la livre sterling, menacée de dépréciation, il exige, pour l'évaluation de sa part, une stipulation en shillings-or, ce qui lui vaut un autre surnom : « Monsieur Gold-shilling ». Pour plus de sûreté, il obtient d'être payé, non pas en espèces, mais en pétrole. De fait, le gâteau devient gros : le pétrole jaillit en Irak.

Ne peut-on en trouver aussi bien dans toute l'Arabie ? Anglais, Américains et Français convoitent les gisements à venir, et ils sont prêts à se les disputer âprement. N'est-il pas plus raisonnable de s'entendre ? A la conférence d'Ostende, en juin 1928, Gulbenkian trouve la formule de la coopération. D'un trait de crayon rouge, il entoure sur une carte l'ancien empire ottoman, dont il a été le sujet. « Engageons-nous, propose-t-il, à ne pas solliciter de concessions indépendantes à l'intérieur de cette ligne rouge. » Sur cette base, l'accord, qui restera secret, est signé à Londres le 31 juillet 1928; il détermine l'empire commun des membres de l'Irak Petroleum Company (IPC) : empire dans lequel Gulbenkian reste présent, toujours pour 5 %.

Ailleurs, il prodigue aussi ses talents. De main de maître, il mène l'acquisition de la Mexican Eagle par la Royal Dutch; il obtient et transmet à la Royal la concession des pétroles du lac Maracaibo, au Venezuela. Durant la Seconde Guerre mondiale, il négocie avec la Royal Dutch pour assurer le ravitaillement de la France en carburant. Il intrigue autour du pétrole iranien et intervient dans la querelle qui oppose l'Iran de Mossadegh aux Britanniques.

Lorsque les Américains, désireux de conquérir au Moyen-Orient des positions privilégiées, remettent en cause l'accord de la Ligne rouge, Gulbenkian menace de porter le litige devant les tribunaux et de faire des révélations déplaisantes. Soit! l'accord devient caduc, mais Gulbenkian se fait confirmer ses 5 %, avec quelques milliers de tonnes de pétrole en supplément.

L'IPC continue, Gulbenkian apparaît comme le dernier des champions de la Belle Époque. Dans son hôtel parisien, voisinent des tapisseries du XVIe siècle, deux Rembrandt en provenance de l'Ermitage, la *Diane* de Houdon, achetée au gouvernement soviétique; la terrasse est pavée de mosaïques italiennes. A Deauville, Monsieur Cinq pour Cent possède une « Folie Gulbenkian ». A Lisbonne, il jouit en paix de ses confortables revenus. Il ne verra pas les pays pétroliers s'emparer des gisements qu'ont trouvés et équipés les grandes multinationales. Quand il meurt, il est salué comme le dernier roi du pétrole.

Un cas limite : Nestlé

Toutes les multinationales, on l'a vu, ont une nationalité, puisqu'elles ont nécessairement un siège social. Toutes ont leur activité dominante dans leur patrie d'origine, même si elles se répandent sur le monde par leur production ou leur distribution. La General Motors est américaine, comme Du Pont de Nemours, comme Exxon, comme IBM. Peugeot est français, comme Michelin, comme l'Air liquide. De toutes ces entreprises, le chiffre d'affaires est réalisé à domicile, pour une part importante sinon pour l'essentiel.

Nestlé, maison suisse, offre cette particularité de ne réaliser en Suisse qu'une fraction infime de ses opérations. Plus qu'aucune autre, l'entreprise est véritablement transnationale. Son siège est à Vevey, ses actionnaires à droit de vote privilégié sont suisses. Mais Nestlé travaille sur les cinq continents, et beaucoup plus hors de Suisse que dans la Confédération. C'est la multinationale limite, présente à l'étranger trente fois plus que chez elle. La Suisse est au reste le pays qui, par tête d'habitant, réalise le plus d'investissements directs à l'étranger : deux fois plus que les États-Unis, six fois plus que la France, vingt-cinq fois plus que le Japon.

La genèse de l'affaire n'est d'ailleurs pas franchement helvétique. Quand en 1866 Charles et George Page fondent, à Cham, près du lac de Zoug, une fabrique de lait condensé, ils en importent la formule des États-Unis, où elle a vu le jour. Charles est consul des États-Unis à Zurich, George est fonctionnaire au ministère de la Guerre à Washington; et l'affaire naît à l'enseigne de l'Anglo-Swiss Condensed Milk Co.

De son côté, en 1867, le chimiste suisse Henri Nestlé, qui est né à Francfort mais tient un commerce à Vevey, invente la farine lactée, « poudre à base de bon lait suisse » : il s'intéresse à l'alimentation des enfants et ne ménage pas sa peine pour développer l'entreprise naissante. En 1871, il emploie trente ouvriers, produit 1 000 boîtes de farine lactée par jour, et les vend jusqu'en Amérique et aux Indes néerlandaises. En 1875, pour un million de francs, il cède l'affaire à Jules Monnerot, syndic de Vevey. L'un des témoins de la vente s'appelle Daniel Peter.

Avec la participation de banquiers genevois, l'entreprise grandit, au point de produire 4 000 boîtes par jour avant 1878. Mais en cette même année, elle n'est plus seule sur le marché. L'Anglo-Swiss des frères Page, qui dispose de vingt-cinq fabriques à travers l'Europe (dont six en Suisse, six en Grande-Bretagne, quatre en Allemagne, deux en France...) se lance à son tour dans la production de la farine lactée. Nestlé riposte en fabriquant du lait condensé, et s'implante en Norvège, en Angleterre, en Allemagne, en Espagne. En 1904, nouvelle initiative de Nestlé, qui conclut un accord avec Peter (le gendre de Cailler) et Kohler, pour la fabrication de chocolat au lait et sa distribution en Amérique du Nord.

Charles et George Page sont morts. Le champ est libre pour un rapprochement entre les deux firmes farouchement rivales. L'entreprise unique qui en résulte s'appelle « Nestlé and Anglo Swiss Condensed Milk Co ». La fusion, décidée en 1905, s'effectue sur un pied d'égalité. La comptabilité est à Cham, la direction à Vevey. Dix-huit centres de production assurent à la nouvelle maison une notoriété internationale. Plus tard, en 1929, une nouvelle fusion avec Peter Cailler Kohler lui confère une place déterminante sur le marché du lait et du chocolat.

Dès lors, Nestlé poursuit ses progrès à l'échelle de la planète. Le lancement du Nescafé, puis du Nescao, en attendant le Nesquik, élargit la gamme de sa production. Un accord conclu avec Maggi confirme sa vocation dans le domaine alimentaire, et Nestlé Anglo-Swiss devient Nestlé Alimentana S.A. Julius Maggi, d'une famille d'origine italienne, né en Thurgovie, a été meunier avant de fabriquer des farines légumincuses. Poursuivant sa diversification, Nestlé crée Findus, affaire de surgelés et achète Buitoni à Carlo de Benedetti.

Afin de faire échec aux barrières douanières, Nestlé a essaimé des usines en tous pays. Elle a scindé ses activités en deux branches : Vevey contrôle les affaires européennes. Le reste du monde est confié à Unila Inc, qui siège à Panama. Reproche-t-on à Nestlé son impérialisme conquérant ? Réponse : en nous implantant dans les pays du Tiers Monde, nous leur donnons du travail. Accuse-t-on Nestlé de faire mourir les enfants (du Tiers Monde ou des pays développés) avec son lait en poudre, substitué à l'allaitement maternel ? Ou de pousser les paysans des pays tropicaux à planter du café en délaissant les cultures vivrières ?

Réponses : le lait en poudre ne tue personne, et les exportations de café peuvent financer des achats de vivres. Reproche-t-on encore à Nestlé de ne donner le droit de vote qu'à ses actions nominatives ? Réponse : en préservant notre nationalité, nous sauvegardons notre indépendance.

C'est réussir le tour de force d'être à la fois résolument international et exclusivement suisse.

L'heure des privatisations

Revenons à la France. Depuis le début du XXe siècle et jusqu'en 1983, le secteur public n'a guère cessé de s'enfler : par la faute des guerres, qui appellent l'État à contrôler l'économie, par la faute aussi d'une vague universelle de socialisation dans le sillage de Lénine et de Keynes. La planification est à la mode, et elle requiert l'intervention grandissante de la puissance publique. Résultat : après 1982, l'État contrôle le quart des effectifs industriels, le tiers du chiffre d'affaires de l'industrie, près de la moitié des investissements industriels, la quasi-totalité bancaire.

Mais déjà, cette politique est à contre-courant du libéralisme renaissant. La France persiste à nationaliser quand les nations d'avant-garde réhabilitent l'économie de marché et l'initiative individuelle.

Dans le temps même où François Mitterrand célèbre les ultimes victoires de l'étatisme, l'Angleterre de Margaret Thatcher et l'Amérique de Ronald Reagan récusent le Tout-État et font confiance à la notion de profit. L'Allemagne fédérale et le Japon n'ont même pas eu à se reconvertir aux formules libérales : ces pays ne les ont jamais condamnées. L'Italie déleste son IRI (Institut pour la Reconstruction industrielle) qu'ont surchargé les participations d'État et, dans la semi-clandestinité de l'économie immergée, assure au secteur privé un rôle déterminant.

Sur la voie des privatisations, le Royaume-Uni s'avance plus hardiment que toute autre nation, au point de donner un exemple que la France hésitera à suivre totalement. Il ne restitue pas seulement au domaine privé les entreprises concurrentielles que l'État s'était adjugées : il lui attribue des monopoles de service public, comme British Telecom et British Gaz. C'est élargir l'espace de liberté, au-delà de ce qu'ose imaginer la France revenue de ses illusions sur l'État-providence.

Avant même le scrutin de mars 1986, qui substitue une faible majorité libérale à une forte majorité socialiste, les groupements de gauche ont déjà remis en cause, sinon leur doctrine, du moins l'application qu'ils en ont faite. Plus ou moins discrètement, et en toute légalité, ils ont fait sortir du secteur public de nombreuses filiales de sociétés nationales. Ils ont permis aux entreprises publiques, en créant des titres participatifs et des certificats d'investissement, de recourir au marché des capitaux : c'est, sans le dire, amorcer le processus de privatisation.

Après avoir nationalisé, la France dénationalise. La loi d'habilitation du 2 juillet 1986 prévoit le transfert au secteur privé, dans un délai de cinq ans, de 65 entreprises publiques : ce texte vise l'ensemble des banques précédemment nationalisées (en 1945 et en 1982), les trois groupes majeurs de l'assurance et onze grandes sociétés industrielles.

Sans tarder, la privatisation entre dans les faits : elle est presque triomphale, puisque les épargnants, par millions, se portent acquéreurs de titres Paribas ou Société générale, Saint-Gobain ou CGE. Elle suscite une nouvelle génération d'actionnaires, renforce le marché boursier, allège la dette publique, permet à l'État de se mieux concentrer sur le rôle qui lui est naturellement dévolu, de la défense à l'enseignement.

Est-ce un succès sans contrepartie ? Dans la *Gazette de Francfort*, Karl Jetter considère que ces privatisations renouvellent « la concentration des pouvoirs entre les mains de quelques rares représentants de la grande bourgeoisie », et donc, en quelque sorte, ressuscitent les deux cents familles.

Le capital-actions des affaires privatisées, dit-il, se trouve désormais disséminé, pour 60 %, entre des petits actionnaires et les salariés des firmes concernées. « Cette diffusion n'est pas pour autant synonyme de partage du pouvoir. » En fait, dans chaque entreprise, « quatre ou cinq actionnaires du noyau dur » sont les maîtres du jeu. « En outre, dans ce système, on est généralement à la fois président d'une société, et membre du Conseil d'administration de plusieurs autres entreprises. Tout le monde contrôle tout le monde et chacun sait ce qu'il doit à l'autre. » Ainsi, conclut

Karl Jetter, « le capitalisme français a toujours été l'affaire de quelques familles influentes ».

Nous voici ramenés aux deux cents familles. Ce genre de raisonnement pourra servir un jour de prétexte à un gouvernement socialisant pour renationaliser, au nom de la lutte contre les puissances d'argent.

Il appartient au secteur privé, et notamment aux multinationales françaises, privatisées de toujours ou d'hier, de faire la démonstration d'une plus grande efficacité.

Une multinationale française : la Lyonnaise des Eaux

Il serait fastidieux de passer en revue celles des sociétés françaises qui ont eu l'ambition et l'occasion de devenir des multinationales. Le catalogue en est bien garni. On ne retiendra ici que quelques-unes d'entre elles, à titre d'échantillon.

Certaines ont déjà été évoquées, s'il s'agit des pionniers de l'automobile (Peugeot, Michelin...), ou parce que l'entreprise se confond, plus ou moins durablement, avec une famille (encore Peugeot et Michelin, mais aussi Rothschild ou de Wendel). On en saluera d'importances et de mérites divers, en guise d'illustration.

La Lyonnaise des Eaux n'est ni la plus considérable, ni la plus chargée d'ans. Mais elle est représentative de ces sociétés qui partent de peu et arrivent loin, et qui s'évadent du secteur géographique et professionnel que semble leur assigner leur raison sociale. La Lyonnaise des Eaux n'est pas lyonnaise, et l'eau a bientôt cessé d'être son principal souci.

C'est le Crédit lyonnais, né sous le second Empire, qui enfante la Lyonnaise des Eaux en 1880, avec pour objectif « l'exploitation, en France et à l'étranger, de toutes concessions et entreprises relatives à l'eau et à l'éclairage ». L'un de ses premiers soins est de racheter à une société anglaise le canal de la Siagne qui, sur la double initiative de Lord Brougham et de Prosper Mérimée, donne l'eau potable à Cannes et Vallauris.

La Lyonnaise, qui n'a de lyonnais que son parrain et principal actionnaire, commence modestement, en prenant en gestion directe la distribution de l'eau à Châtellerault, dans la banlieue de

Rouen, dans une petite commune du Nord. Mais déjà elle ne néglige pas les opérations à l'étranger, de San Remo à Barcelone.

Autant qu'à l'eau, elle s'intéresse au gaz, à Hyères, à Troyes, dans le Sud-Ouest et le Centre. Et comme l'électricité ébauche une timide offensive pour concurrencer le gaz, la Lyonnaise risque une participation dans une société qui s'essaye à de premiers éclairages à Paris – place du Carrousel, gare de Lyon, grand escalier de l'Opéra – et à la gare Saint-Charles à Marseille. Mieux encore : prête à élargir son champ d'action vers toutes les sources de lumière, la Lyonnaise prend deux concessions en Saône-et-Loire, pour l'exploitation de ces schistes bitumineux d'où suinte le pétrole.

Tels sont les premiers pas d'une PME sans envergure, mais non pas sans ambition. Durant ses trente premières années, elle poursuit une sage croissance. Point d'éclat ni de drame. La Lyonnaise développe avec prudence ses affaires d'eau et d'éclairage. Hors de France, elle implante des filiales en Espagne et au Maroc. Elle a pour président le radical Jules Roche, qui compte parmi les vedettes parlementaires de la troisième République : mariage classique de la politique et des affaires.

Après le premier conflit du XXe siècle, la Lyonnaise n'est ni absente ni en retard au rendez-vous de l'histoire : elle mise sur l'électricité, nouvelle reine de l'énergie. La centrale de Gennevilliers est, en son temps, la plus puissante du monde. Sur la Creuse, Eguzon est le premier barrage hydroélectrique français. Ernest Mercier, qui préside le conseil de la Lyonnaise, n'appartient pas aux deux cents familles; mais il ouvre « l'ère des managers ».

Après le deuxième conflit, à l'heure des nationalisations, la société est dépossédée : il lui faut transférer à Électricité et Gaz de France la gestion de toutes ses installations d'électricité et de gaz. Amputée, démantelée, mal indemnisée, la Lyonnaise survit en se retournant vers l'eau et en se redéployant : elle opère dans le bâtiment (Maisons Phénix), l'équipement électrique (Trindel), les travaux publics (Cochery), l'assainissement et le traitement des déchets (Degrémont), les services funéraires (Pompes funèbres générales), plus tard même dans la communication (M6, réseaux câblés), la santé (chaînes hospitalières), les loisirs (avec le Club Méditerranée).

Chassé de l'outre-mer par la décolonisation, le groupe de la Lyonnaise entreprend des études et des travaux en Afrique du Nord et en Afrique noire. Pour la distribution et le traitement des eaux, il intervient dans soixante-dix pays et jusqu'en Extrême-Orient. Pour le matériel de forage, il est présent du Sénégal à la Côte-d'Ivoire. Dans le domaine de l'énergie et de la chaleur, il est présent jusqu'à Tahiti et à Singapour.

C'est le cas typique d'une petite affaire qui a grandi, – d'une affaire provinciale passée à l'échelle planétaire. Elle le doit à quelques animateurs de qualité (Jules Roche, Albert Petsche, Ernest Mercier, Jérôme Monod...), à quelque persévérance devant l'adversité (les nationalisations, la décolonisation...), à des vertus de souplesse qui lui ont permis de s'adapter à son temps.

Saint-Gobain

Cette fois, voici la doyenne des multinationales françaises. Mais elle n'est devenue multinationale qu'après une carrière nationale de deux siècles; et ce sont ces deux siècles-là qui importent, puisqu'ils préparent l'explosion ultérieure de la société. D'ailleurs, les débuts d'une entreprise méritent toujours quelque attention, même et surtout s'ils sont difficiles.

Quand Louis XIV monte sur le trône, Venise détient, à Murano, le monopole de l'industrie des miroirs, qu'elle protège jalousement : c'est alors Venise la vraie multinationale, celle qui vend à tout l'univers civilisé. Mais le Roi-Soleil rêve-t-il déjà à sa future Galerie des Glaces ? A coup sûr, Colbert rêve de rendre l'économie française indépendante des fournitures étrangères. Par lettres patentes de 1665, il accorde à la Manufacture royale de Glaces et à ses cinq associés une série de privilèges : pas de dérogeance pour les gentilshommes verriers, exemption de tous impôts sur les produits de la manufacture, protection des techniques de fabrication, francisation des ouvriers étrangers (vénitiens!), subvention de démarrage... L'entreprise s'installe rue de Reuilly, au faubourg Saint-Antoine : c'est le quartier du meuble.

Débuts laborieux. Venise contre-attaque, menace les expatriés. La société s'endette. Il faut décentraliser les ateliers, qui émigrent en Picardie, dans une région de forêts où l'on peut aisément se procurer le combustible pour les fours : le site s'appelle Saint-Gobain, du nom d'un moine irlandais qui a évangélisé la contrée, mille ans plus tôt. Mais ce déplacement ne suffit pas à rétablir les comptes de la Compagnie. Elle fait quatre fois faillite en trente ans. La quatrième résurrection sera la bonne.

La technique s'améliore : on substitue le coulage au soufflage. Le Système de Law, qui précipite le public vers les valeurs-refuges, multiplie les ventes de glaces. Mme Geoffrin, qui a épousé le caissier de Saint-Gobain, lui assure la clientèle de ses amis encyclopédistes, pour la plupart gens fortunés.

La Révolution abolit les privilèges de la Compagnie, comme tous les privilèges. Puisque plusieurs administrateurs sont passés à l'étranger, leurs biens sont nationalisés, et l'État devient de ce fait l'un des gros actionnaires. On guillotine le caissier. On transforme certains ateliers en fabriques de salpêtre pour la défense nationale.

Sous l'Empire, la Compagnie achète à Charlesfontaines, puis à Chauny, des usines produisant de la soude, matière qui entre dans la fabrication du verre : c'est le moyen de se libérer des importations de soude espagnole; et c'est l'occasion pour Saint-Gobain d'entrer dans le domaine de l'industrie chimique.

Devenue société anonyme en 1830, fusionnant à la même date avec sa rivale la Compagnie de Saint-Quirin, la Compagnie prend une nouvelle dimension : de Saint-Quirin, elle reçoit une usine située près de Mannheim, dans le duché de Bade. Avec Gay-Lussac pour directeur, elle met au point la récupération des produits nitreux des chambres de plomb. Le même Gay-Lussac, comme en se jouant, découvre le bore, et démontre que le chlore est un corps simple.

Second Empire : Napoléon et Eugénie visitent les usines de Saint-Gobain et Chauny. L'impératrice daigne étamer elle-même une glace – avec l'aide d'une ouvrière. Leurs Majestés congratulent les directeurs et le personnel. Prospérité sans défaillance : production multipliée, prix de revient réduits, bénéfices accrus, acquisition d'une usine à Aix-la-Chapelle.

Le dernier tiers du siècle est marqué par l'essor de la branche chimique de Saint-Gobain : l'absorption de la société Perret-Olivier – qui dans la vallée du Rhône s'était adjugé l'ébauche d'un monopole de l'industrie de l'acide sulfurique –, puis la mise en fabrication des superphosphates font de la chimie l'une des deux grandes activités de l'entreprise.

Les Glaceries restent l'autre secteur clef de Saint-Gobain, qui a acquis en Allemagne une solide position, et qui s'implante en Italie : revanche sur Venise, à trois siècles de distance. Les ateliers de Murano ne sont plus qu'une attraction pour les touristes, alors que l'industrie italienne de la glace renaît sous direction française.

En France, la nouvelle glacerie de Chantereine démarre en 1920. La technique du verre ne cesse de se perfectionner. Ses débouchés se renouvellent, avec la construction automobile. Hors de France, Saint-Gobain participe avec l'Anglais Pilkington et en accord avec les Glaceries nationales belges à la construction d'une usine de verres coulés à Kingsport, dans le Tennessee; et pénètre en Argentine avec la Vidreria Argentina.

Le siège social déménage. Il est jadis passé du faubourg Saint-Antoine à la rue Saint-Denis, puis à la rue Sainte-Cécile, puis à la place des Saussaies. Toujours plus à l'ouest, il gagne en 1959 Neuilly-sur-Seine, derrière une longue façade de verre.

A cette même date, Saint-Gobain exploite neuf usines de glaces, une en France (Chantereine), trois en Allemagne, deux en Italie, une en Belgique, une aux Pays-Bas, une en Espagne, soit 15 % de la glace polie dans le monde, 12 % du verre à vitre, 40 % du verre coulé. Des filiales travaillent aux États-Unis. La technique du train continu, sur une ligne pouvant s'allonger sur un kilomètre, avec polissage simultané des deux faces, devient classique.

A l'enseigne de l'industrie chimique, Saint-Gobain produit alors acide sulfurique, phosphates de soude, sulfate d'alumine, engrais composés, superphosphates... Ses services d'ingénierie ont participé à la construction de plusieurs usines d'ammoniaque et d'engrais azotés au Mexique, en Inde et au Pakistan, de plusieurs usines d'acide sulfurique aux États-Unis, au Canada, aux Philippines. Ses licences sont exploitées en Allemagne et au Japon, un peu partout en Europe, et jusqu'en Australie et en Afrique du Sud. Sa filiale des Produits chimiques et Raffineries de Berre raffine le pétrole. En collaboration avec le Commissariat à l'énergie atomique, Saint-Gobain conçoit et réalise l'usine d'extraction du plutonium de Marcoule : première incursion dans le domaine du nucléaire.

Mais les décennies suivantes bouleversent les structures de la société : elle apporte à une filiale constituée avec Péchiney l'essentiel de son secteur chimie. Elle fait échouer une offre publique d'achat lancée par B.S.N., deuxième affaire française dans la verrerie. Elle cède ses intérêts pétroliers au groupe Royal Dutch. Cependant qu'elle fusionne avec Pont-à-Mousson, qui occupe une place de choix dans la métallurgie, de façon à s'affirmer dans le secteur de la construction; et qu'avec CII-Honeywell-Bull et Olivetti, elle se diversifie dans l'électronique.

Vient le temps du socialisme nationalisateur. Saint-Gobain passe dans le secteur public, renonce à ses activités dans l'informatique et, tout en réduisant ses effectifs, se recentre sur ses activités traditionnelles : verre, isolation, bouteilles, canalisations, mécanique.

Cinq ans plus tard, à l'heure de la privatisation, Saint-Gobain rentre dans le secteur libre, avec un actionnariat singulièrement élargi. Les nouveaux porteurs d'actions Saint-Gobain sont au nombre d'un million et demi. A comparer avec les cinq associés de l'équipe de départ, en 1665.

L'AIR LIQUIDE

Infatigable dans ses recherches, fécond dans ses trouvailles, le physicien Georges Claude met au point, en 1902, un procédé industriel de liquéfaction de l'air. C'est pour l'exploitation de cette technique nouvelle qu'est alors créée la société de l'Air liquide, qui très vite étend ses activités hors de France.

Elle est la première au monde dans son secteur, largement devant l'Union Carbide américaine et la British Oxygen. Cette première place, elle l'occupe dès l'origine et ne l'abandonnera jamais. N° 1 de sa spécialité en Europe, elle est le n° 2 au Japon et le n° 3 aux États-Unis, où elle conforte sa position depuis qu'en 1986 elle a racheté la société Big Three, qui lui permet notamment d'améliorer son implantation autour du golfe du Mexique.

La fortune de l'Air liquide tient à la constance de sa gestion, sans éclats et sans à-coups, et à la continuité de sa politique, avec trois patrons seulement en trois quarts de siècle, et des exercices toujours bénéficiaires.

Sur le plan technique, depuis Georges Claude, l'Air liquide n'a cessé de marquer des points. Sa vocation première est de liquéfier l'air, puis de le regazéifier en isolant ses constituants, utilisés ensuite dans différentes applications. Le soudage d'abord, mais aussi nombre de secteurs industriels de pointe, de l'agro-alimentaire à la médecine, de l'électronique à la conquête de l'espace, recourent au gaz industriel.

Comment transporter l'air liquide? En bouteilles, s'il est regazéifié – et c'est à l'origine le seul système employé. En camions-citernes, s'il reste liquéfié. En masse, par voie de canalisation, à l'intention des gros clients. La société s'adapte sans efforts à ces techniques successives, qui allègent et facilitent les livraisons. Pour véhiculer l'oxygène et l'azote, elle exploite plus de 2 500 kilomètres de canalisations en France et dans l'Europe du nord.

Où travaille l'Air liquide? Des marchés se sont fermés : tous ceux de l'est – de l'Union soviétique à la Chine et au Vietnam –, ainsi que certains pays arabes. D'autres marchés ont été conquis : l'Australie, Taïwan, la Corée du Sud, l'Amérique latine. Le groupe s'est taillé un empire au Canada, puis aux États-Unis. Il a fallu chaque fois investir et risquer.

En France même, la société a varié ses initiatives, au gré des circonstances : durant la Première Guerre mondiale, elle entreprend la construction des usines de la Grande-Paroisse, puis de Montereau, pour la production de la soude électrolytique et du chlore liquéfié; elle collabore ensuite avec Saint-Gobain pour constituer la Société chimique de la Grande-Paroisse. Durant l'entre-deux-guerres, elle absorbe la Société centrale des industries de l'air liquide et de l'azote, fusionne avec Acétylène dissous et Applications de l'acétylène. Après le second conflit, avec l'Office national industriel de l'azote, elle fonde la Compagnie française de l'eau lourde, qui travaillera pour le compte du Commissariat à l'énergie atomique.

Du domaine de l'air liquide, la société passe à celui de l'argon, que requièrent la sidérurgie et le soudage, et à celui du gaz carbonique, utilisé pour la réfrigération, et qui lui vaut, en quelques années, d'atteindre au deuxième rang dans le monde.

Le capital de l'Air liquide est détenu (en 1986) pour 35 % par des établissements bancaires, des mutuelles et des Caisses diverses, pour 65 % par des personnes physiques : ce qui représente environ trois cent mille actionnaires; avec droit de vote double pour les actionnaires nominatifs français ou ressortissants de la Communauté européenne.

Multinationale, l'Air liquide l'est à tous égards : la France n'est plus que l'un de ses terrains d'action, et ses filiales couvrent la planète. Liquid Air Corporation aux États-Unis, Teisan KK au Japon, Agafko en Allemagne...

Les Worms

La Lyonnaise des Eaux, Saint-Gobain, l'Air liquide : ce sont bien là, dans des domaines divers, des multinationales, mais non plus des familles. Il peut advenir cependant que des multinationales relèvent de dynasties familiales : se rappeler Peugeot ou Michelin. Voici, dans le domaine de la banque, une autre famille dont la firme peut être assimilée à une multinationale, celle des Worms.

Les Worms ne sont venus à la banque qu'après avoir fait fortune dans l'industrie, le négoce et l'armement maritime. Un premier Hippolyte Worms fabrique et vend du plâtre à Rouen. Après quoi, il importe du charbon et exporte du blé. Lors du percement de l'isthme de Suez, il propose ses services aux constructeurs du canal, puis aux navires qui l'empruntent : il les approvisionne en charbon. La Compagnie Worms a bientôt sa propre flotte, et elle multiplie succursales et filiales à travers le monde. A la fourniture du charbon, elle juge plus profitable de substituer la fourniture de pétrole : à ce point que, au seuil du XXe siècle, sur les quais du canal de Suez, un bidon de pétrole s'appelle couramment un « worms ».

Durant la Première Guerre mondiale, Hippolyte Worms, petit-fils du fondateur, transporte d'Angleterre en France le charbon nécessaire à l'armement français. En 1916, il acquiert un chantier naval près de Rouen. Au retour de la paix, il crée une ligne de navigation régulière à destination des ports de la Baltique : ce qui l'amène à s'intéresser au Consortium économique de la Russie et de la Pologne.

Du grand négoce, la maison Worms est passée à la banque : elle reste longtemps une société de personnes, dispensée comme telle de publier son bilan. Worms et Cie relève de la haute banque israélite. Avec Lazard frères, la maison fonde en 1929, au Canada, la French and Foreign Investing Corporation. La voilà consacrée firme multinationale.

Worms, en 1930, sauve de la faillite la Havraise péninsulaire de navigation à vapeur. En 1938, Hippolyte prend la présidence de la Société française des transports pétroliers. En 1939, il représente la France dans l'Exécutif franco-anglais des transports maritimes, pour l'affrètement de temps de guerre : il est à la tête de la mission française chargée de coordonner et d'accélérer les achats en Grande-Bretagne (comme Jean Monnet aux États-Unis).

Toute juive qu'elle est, la Banque Worms n'ignore pas le gouvernement de Vichy : l'inspecteur des finances Jacques Barnaud, associé de la Banque, devient délégué général aux relations franco-allemandes, et Pierre Pucheu, dirigeant des Établissements Japy que contrôle la Banque Worms, secrétaire d'État à la Production industrielle, puis ministre de l'Intérieur. Autour de Barnaud et de Pucheu, la « popote » de la Banque rassemble un moment du Moulin de Labarthète, Drieu La Rochelle, Lehideux, Gabriel Le Roy Ladurie, à l'ombre de la Synarchie (Jean-Noël Jeanneney : *l'Argent caché*), sans qu'on démêle clairement dans quelle mesure la « Bande Worms » travaille pour ou contre l'Allemagne.

Plus tard, Worms se transforme en société anonyme, pour avoir accès à des ressources nouvelles, mais la famille garde ses fonctions de responsabilité. Elle noue des liens avec de grands établissements britanniques et américains, qui prennent des intérêts dans l'affaire.

Si la banque est nationalisée en 1982, Worms et Cie se réfugie hardiment, avec le concours d'un état-major de qualité, dans les participations industrielles. A la tête du groupe, Nicolas Clive Worms s'applique à diversifier ses partenaires et ses secteurs d'intervention : on retrouve Worms dans les transports maritimes, mais aussi dans l'assurance (La Préservatrice), dans l'agro-alimentaire (Saint-Louis Bouchon), dans le luxe (Lancel). Faut-il compter les Worms parmi les rescapés des deux cents familles?

Moët-Vuitton

Marier du champagne avec du cognac : à l'enseigne de Moët Hennessy, les deux boissons ont fait bon ménage. Mais marier Moët Hennessy avec Louis Vuitton, c'est unir du liquide et des bagages, et l'on est en droit de s'étonner. Quel lien mystérieux peut associer de quoi trinquer et de quoi voyager? Est-ce renouveler le mariage de la carpe et du lapin? Réponse : il s'agit très naturellement d'une fusion entre des productions de luxe. LVMH, le sigle qui rassemble Louis Vuitton et Moët Hennessy, symbolise l'accord de deux industries de haut de gamme, qui toutes deux concrétisent brillamment les ambitions les plus fastueuses de l'économie française.

De la famille Hennessy, on a déjà eu l'occasion de parler. Elle est d'origine irlandaise, mais s'est illustrée dans l'Angoumois. Richard Hennessy est né à Cork en 1724, mais il est mort à Cognac en 1800. Son fils Jacques s'est fait négociant en eaux-de-vie à Cognac, avant d'être élu député de la Charente. En 1795, aux heures tourmentées de la Convention thermidorienne, il épouse une demoiselle Martell, prénommée Marie. Les Martell, eux, viennent de Jersey, où on les repère dès le XVe siècle. Ils se sont établis à Bordeaux en 1700. Ils sont viticulteurs, mais aussi armateurs, pour exporter les eaux-de-vie qu'ils distillent. Un Martell est maire de Cognac, député sous la Restauration, pair de France sous Louis-Philippe. Un autre, aux débuts de la troisième République, passe de la Chambre au Sénat. Hennessy et Martell : deux grands noms du cognac, plus que de la politique. Pourtant, Jean Hennessy, député de la Charente, puis sénateur, devient ministre de l'Agriculture, avant d'obtenir l'ambassade de France en Suisse. Il a deux autres titres de notoriété : l'un grâce à son épouse, que les gazetiers ne se privent pas de brocarder pour quelques célèbres impairs, l'autre grâce aux subventions qu'il accorde au *Quotidien,* l'organe du Cartel des gauches.

Les Hennessy n'oublient pas leurs origines irlandaises : ils se prénomment James, Patrick, Kilian. Ils ne négligent pas de s'intéresser aux chevaux de courses. Mais ils restent par priorité des négociants en eaux-de-vie, présidents de leurs chambres professionnelles et des syndicats du cognac. Kilian Hennessy et son cousin germain Maurice Hennessy comptent parmi les grandes fortunes de France.

En 1976, le cognac s'allie au champagne; Hennessy d'un côté, Moët et Chandon de l'autre. La famille Moët est champenoise depuis des générations : elle aurait été anoblie par Charles VII lors de son couronnement à Reims. Vers la fin du XVIIIe siècle, Jean-Pierre Moët porte à la perfection les « produits vineux » de sa province, qui se vendent à merveille à l'étranger et collectionnent en France les médailles d'honneur dans les expositions. En 1794, il achète les vignobles d'Hautvilliers et ce qui reste de l'abbaye de dom Pérignon, ruinée par la Révolution. Maire d'Épernay, Jean-Pierre voit grandir le renom de ses mousseux.

Affaire de famille depuis 1743, Moët et Chandon compte parmi les gros actionnaires de la Banque de France. L'affaire se transforme en SARL en 1941, en société anonyme en 1962. Après fusion avec Hennessy, la firme couvre aux États-Unis 25 % du marché du champagne, 40 % du marché du cognac; elle a six filiales au Japon.

Maurice Hennessy exerce, en alternance avec le comte Frédéric Chandon de Briailles, et jusqu'en 1982, la responsabilité du groupe Moët Hennessy, dont la réussite est éclatante. La présidence passe ensuite à un énarque, Alain Chevalier, naguère secrétaire général de Sacilor, et qui, introduit chez Moët par Jean de Vogüé, combine sans tarder d'audacieuses associations. Il s'accorde avec le pépiniériste d'avant-garde Georges Delbard : la vente des roses va de pair avec la vente du champagne ou du cognac, et les techniques horticoles peuvent permettre d'améliorer la sélection des vignobles.

Au surplus, dans le temps même où le prestige de Moët Hennessy s'allie au prestige de Louis Vuitton, Moët annonce la signature d'un accord avec les marques du groupe United Distillers Guiness, qui distribue le whisky Johnnie Walker. Ce sont les retrouvailles avec l'Irlande : la brasserie de Dublin, dans le quartier Saint James, a été fondée par Arthur Guiness en 1759, et sa « stout » fait partie de l'*irish way of life*. Johnnie Walker, c'est le premier whisky du monde, et il peut s'allier aux plus fameux des champagnes et des cognacs. L'accord conclu avec Guiness implique au surplus la distribution en commun, sur les marchés d'Amérique et d'Asie, des deux premières marques de gin, Gordon et Tanqueray.

Là-dessus, Alain Chevalier, P-DG de Moët Hennessy, et Henri Racamier, P-DG de Louis Vuitton (et gendre de Vuitton), annoncent leur fusion. D'où vient Louis Vuitton? De son Jura natal, où il a été apprenti dans le métier de layetier, c'est-à-dire dans l'artisanat des coffres et des caisses. En 1837, il s'est rendu à pied à Paris, et il a imaginé des malles plates, qu'il est facile d'empiler. Au cuir, fragile et coûteux, il substitue une toile imperméable. Son fils Georges, en 1896, dessine en hommage à son père le monogramme LV qui deviendra célèbre, au point d'engendrer cent contrefaçons. Quelle personnalité ne voyage pas avec des bagages Vuitton? La maison a pour clients le vice-roi d'Égypte Ismaël Pacha, l'explorateur Savorgnan de Brazza, le chef d'orchestre Léopold Stokowsky : malles et valises sur mesure... Sacha Guitry dit de Gaston Vuitton : « C'est l'homme qui m'a fait le plus de malles dans ma vie... »

Mais Vuitton, lui aussi, fortune faite, se diversifie. Dans la corbeille de mariage, Vuitton apporte son propre champagne, Veuve Clicquot : les Clicquot ont été des notables de Reims, célèbres dès le XVIIe siècle comme maîtres facteurs d'orgues. Robert Clicquot est à Versailles le « facteur ordinaire des orgues du Roi ». Ses descendants servent dans l'armée. François Clicquot, sous l'Empire, épouse Nicole Ponsardin qui, veuve, donnera son nom à ce champagne de luxe qui passe à la famille de Vogüé, puis échoit à Vuitton.

Toujours dans la corbeille de mariage de Vuitton et de Moët, figurent encore des champagnes de grande diffusion (Dom Pérignon, Mercier, Ruinart, Canard Duchêne), le « Domaine Chandon » en Californie, des parfums et cosmétiques (Dior, Givenchy, Guerlain), de la haute couture (Yves Saint-Laurent). Les parts familiales contrôlent près de la moitié des droits de vote du groupe LVMH, devenu l'un des géants internationaux des produits de luxe. En son sein, avec le vigneron et le malletier, font bon ménage des maîtres capables de vêtir, d'embellir, de fleurir, de parfumer, de griser les grands et les belles de ce monde.

LES SCHLUMBERGER-SEYDOUX

Parmi les multinationales françaises, qui se comptent par dizaines, sinon par centaines, on n'a retenu que quelques entreprises porte-drapeau, dans des secteurs très dissemblables : service public, chimie, luxe... On pourrait aussi bien évoquer de grandes firmes du pétrole, ou de l'électronique, de l'alimentation ou de la banque. On mettra à part une famille assez remarquable, dont la réussite financière, liée à l'essor de techniques de pointe, a franchi les limites de l'hexagone.

L'ancêtre s'appelle Paul Schlumberger : c'est un industriel du textile, établi en Alsace, à Guebwiller. Il est protestant – ce qui est déjà un atout pour progresser dans le monde des affaires. Il a épousé Marguerite de Witt, la petite-fille de François Guizot, lui aussi d'origine protestante. De ce Guizot, l'histoire populaire retient la formule (très simplifiée) : « Enrichissez-vous. » Les Schlumberger n'y manqueront pas.

Paul Schlumberger a six enfants, dont quatre garçons qui sont appelés à faire le renom de la famille : Jean le littéraire, Maurice le banquier, Conrad et Marcel, les ingénieurs. Déjà toute la gamme des talents.

Oublions Jean, même s'il est le plus célèbre dans les milieux du roman et du théâtre. Il compte parmi les fondateurs de *la Nouvelle Revue française*, qu'il anime avec Jacques Copeau. Au procès de Pétain, il représente *le Figaro.* Il étudie aussi bien Corneille que Gide. Son œuvre de moraliste lui vaut en 1955 le Grand Prix national des Lettres.

Maurice Schlumberger fait carrière dans la banque. A dater de 1919, il est associé-gérant de la maison Neuflize, Schlumberger, Mallet et Cie, et son fils Remy prend sa suite en 1947. Fleuron de la haute banque protestante, cet établissement développe ses participations industrielles et internationales. Remy préside la Société générale d'épargne et de placements internationaux (Soginter). Sans négliger d'entrer dans les affaires de ses frères les ingénieurs.

Conrad est le grand homme de la famille : polytechnicien, il mène à bien des travaux de géophysique qui améliorent la connaissance du sous-sol. En injectant un courant dans les terrains à étudier, il devient possible de déterminer la valeur moyenne de leur conductivité, et de réaliser des sondages révélateurs dans les profondeurs. Vers 1920, la méthode du carottage électrique permet de remplacer le carottage mécanique pour la recherche du pétrole. En septembre 1927, à Pechelbronn, Conrad met au point son procédé de localisation des gisements, qui conquerra le monde entier : les premiers contrats sont signés avec l'Union soviétique, puis avec les États-Unis. La Compagnie générale de Géophysique règne à l'échelle mondiale sur la prospection pétrolière. Anne Schlumberger, fille de Conrad, contera dans *la Boîte noire* l'histoire de cette invention et de cette ascension. Elle-même, épouse Gruner, riche actionnaire de la Compagnie, pourra multiplier les œuvres philanthropiques et venir en aide aux arts et aux sciences. Elle sera, pour toute la famille, la « tante Schlum ».

Marcel Schlumberger est le frère de Conrad. Ingénieur fort expert en mécanique, il collabore aux recherches de géophysique, et notamment à l'expérience décisive de Pechelbronn. Sa fille Geneviève, « Mamma Schlum », épouse René Seydoux, secrétaire général des Sciences-po, à qui les Schlumberger confient le secteur européen de la société.

Grande famille aussi, que celle des Seydoux. D'origine suisse et protestante, elle s'est fixée dans le département du Nord au début du XIXe siècle. René Seydoux est le fils de Jacques, qui a fait carrière dans la diplomatie; il est le frère de Roger et François, tous deux ambassadeurs de France; et il est le père de toute la tribu des Seydoux, qui, grâce à l'héritage Schlumberger, démesurément gonflé par la hausse des cours cotés à Wall Street, font figure de vedettes dans l'armorial des gros patrimoines.

La fille aînée, Véronique, est mariée à un énarque, Philippe Rossillon. Elle consacre sa fabuleuse fortune à restaurer de vieux monuments et à créer des centres de loisirs pour les enfants.

Chacun des trois fils est à peu près milliardaire : Jérôme, né en 1934, achève sa formation comme analyste financier à New York, et comme associé de la banque Neuflize, Schlumberger, Mallet et Cie. Il ne prend qu'un moment la direction générale de la Compagnie Schlumberger. Ses préférences vont à la présidence des Chargeurs réunis, de Pricel ou de Spontex. Il s'intéresse aux textiles Prouvost. Son appétit de communication le porte à participer à la cinquième chaîne de Télévision, d'abord avec l'Italien Berlusconi, puis, on l'a vu, aux côtés de Robert Hersant.

Nicolas, né en 1939, a des passions diverses, notamment pour le cinéma et pour la presse : il a racheté Gaumont, il détient des parts dans le capital du *Point*, comme dans celui de la sixième chaîne. Mais il a aussi un faible pour les vieilles voitures, pour Bach et Mozart, pour sa propriété de Saint-Tropez.

Michel, né en 1949, le petit dernier de la famille, ne dédaigne pas non plus les charmes de l'audiovisuel. Il a pris une participation dans la Cinq, à côté de son aîné. Il a fondé la société Michel Seydoux et Cie (MSC), qui produit films et téléfilms, et travaille dans l'aviation (Euralair, Mooney Aircraft).

Le clan Schlumberger ne s'arrête pas là. Sylvie Schlumberger, fille de Conrad, a épousé un ingénieur qui a fait carrière aux États-Unis dans la Compagnie, Éric Boissonnas. Rentré en France, celui-ci crée en Haute-Savoie la station de Flaine, que gèrent son fils Nicolas et son gendre Roger Coste : il fait carrière et fortune dans l'immobilier de loisirs.

Mais qu'est devenue la Compagnie Schlumberger ? Conrad et Marcel ont quitté la scène. Jérôme a passé la main. Il se trouve que Maurice Schlumberger s'est autrefois lié d'amitié, à l'École de la rue Saint-Guillaume, avec un certain Jean Riboud. C'est le fils d'un banquier, Camille Riboud. Entré dans les différentes firmes Schlumberger (Schlumberger Limited, puis Société de prospection électrique Schlumberger), Jean Riboud devient, au 277 de Park Avenue (44e étage), à New York, le président de la Compagnie générale de Géophysique. A défaut d'en être le propriétaire, il en est le manager. Comme est un manager, et de la plus haute qualité, son frère Antoine, maître de BSN. Mais, si un petit-fils de Conrad et deux petits-fils de Marcel siègent encore au conseil d'administration de la firme Schlumberger, c'est en 1986 un Écossais, Evan Baird, qui est appelé à le présider.

La brillante constellation des Schlumberger-Seydoux-Riboud ne serait-elle pas digne de compter parmi les deux cents familles ressuscitées ? A l'exemple de beaucoup d'entre elles, même s'ils ont le portefeuille à droite, ils ont souvent le cœur à gauche. Conrad Schlumberger a financé *l'Humanité* de Jaurès. Jean Schlumberger, l'écrivain, n'a pas caché ses sympathies pour un certain collectivisme artisanal. Jérôme Seydoux compte parmi les bailleurs de fonds du *Matin*, de *Libération*, du *Nouvel Obervateur*. Jean Riboud est un familier du président Mitterrand. Son fils Christophe, président de l'IFOP (Institut français d'opinion publique), qui disparaîtra dans un accident de voiture, ne cache pas ses liens étroits avec SOS Racisme.

Ainsi se perpétue une vieille tradition : les grandes fortunes, héritières des deux cents familles, ne répugnent pas à fraterniser avec le socialisme militant. Le capitalisme peut être de gauche.

Recensement et caricature des multinationales

Pour évoquer le problème des multinationales, on n'a pu ici que présenter à grands traits quelques-unes de ces entreprises, et brosser à l'occasion le portrait de quelques-uns de leurs animateurs. Ce survol hâtif ne peut que donner une idée de la variété des multinationales et suggérer leur poids dans le monde de l'économie. Manquent à l'appel beaucoup de firmes considérables, dont l'étude pourrait être significative : par exemple les géants hollandais Unilever ou Philips, les japonais Toyota ou Mitsubishi, les allemands Hoechst ou Siemens, les anglais Courtaulds ou Imperial Chemical, les suisses Ciba-Geigy ou Hoffmann-Laroche, les américains Xerox ou Goodyear, les italiens Fiat ou Olivetti, les français Lafarge ou Péchiney. Un recensement de la Commission des Communautés européennes, qui remonte à 1973, a dénombré alors près de 10 000 firmes méritant l'étiquette « multinationales », dans le seul secteur industriel et commercial, sans prendre en compte le secteur bancaire. Là-dessus, plus de 400 pouvaient se targuer d'un chiffre d'affaires supérieur à un milliard de dollars.

Plus d'une fois, les multinationales ont été mises en accusation. Dans *l'Imprécateur*, René-Victor Pilhes les a caricaturées avec une verve féroce. Il commence par décrire le gestionnaire de l'entreprise. « La voie de la gestion, écrit-il, conduit à ce qu'on appelle le management. Le management consiste à dépouiller le plus possible les plans, les chiffres, les organisations, les transactions, en somme toutes les décisions imaginables, de leurs facteurs émotionnels. Pour un grand manager, il n'existe aucune différence entre les religions, les régimes politiques, les syndicats, etc. C'est pourquoi tous les managers du monde, russes, américains, africains, asiatiques, européens, se ressemblent, poussent de la même manière : le management exige le neutralisme le plus absolu, un non-engagement radical. Le problème est de savoir si une entreprise est rentable ou pas, si elle peut s'autofinancer ou non. Peu importe que les dirigeants se déclarent ensuite de droite ou de gauche. Les antagonismes politiques cèdent le pas à la circulation pacifique des capitaux et des marchandises ce qui, forcément, ne peut conduire qu'à l'harmonie et la fraternité mondiales. »

Voilà qui est trop idyllique pour être tout à fait vrai. Ce vertueux neutralisme n'exclut pas un impératif de puissance : « Créer des crises économiques et monétaires, favoriser l'armement de telle ou telle nation, les lancer ensuite les unes contre les autres, ça, c'est un pouvoir que l'argent ne suffit pas à donner ! Il y faut une organisation gigantesque, un façonnage des esprits, une mentalité de commando, de croisé, de conquérant. »

Fort de cet objectif, le grand patron qu'imagine Pilhes donne des conseils à son successeur : « Je vous apprendrai la gestion internationale, la manipulation des capitaux, mais vous avez autant que moi la haine de l'humanité, le goût de la puissance oppressive et, pour vous comme pour moi, les hommes ne sont que des petits poteaux, les prairies ne sont que des surfaces du sol qui donnent de l'herbe, les montagnes sont avant tout des pierres et des minerais, la mer n'est jamais qu'un réservoir de sel, d'énergie et de poissons. »

Portrait des dirigeants accomplis de multinationales : « Ils savent que, gagner de l'argent, c'est la seule activité qui vaille. Ils savent que c'est cela l'important et que tout le reste, comme ils disent, c'est de la littérature. Ils savent que le pouvoir temporel est plus important que le pouvoir intemporel. Ils savent que les rapports entre les individus et les peuples ne sont fondés que sur la force et la richesse. Ils savent qu'en ce bas monde un bon banquier est plus utile qu'un bon confesseur ou qu'une femme aimante. Ils savent que l'homme et la terre ont été créés pour dominer l'univers et que, sous le soleil, rien ne vaut un bon gisement de cuivre, une vaste nappe de pétrole, un immense troupeau de bêtes à cornes et à poils... Ils savent transformer une boîte de cornichons en plusieurs boîtes de cornichons, ensuite en plusieurs boîtes de biscuits, ensuite en plusieurs flacons de térébenthine puis en immeubles, en tuyaux de fonte, en réfrigérateurs. Et après, ils savent construire les vaisseaux qui enfermeront dans leurs flancs des milliers de boîtes de toutes sortes, des tonnes de carburant, et encore ils savent décharger ces boîtes et ce carburant sur les quais des pays lointains, d'où ils reviennent chargés de tapis, de truffes, de noix de coco, de cannelle, de café, et ensuite ils achètent, vendent et rachètent, empruntent et prêtent. Ce faisant, ils indiquent le véritable sens de la vie, ils méritent de guider le monde... Ils savent même abattre des gouvernements, noyauter les conférences internationales, couler une monnaie, provoquer des guerres et les arrêter au moment opportun pour leurs intérêts. Heureusement qu'ils sont là. Supplions Dieu de garder en bonne santé les chefs qui veillent sur notre croissance et notre expansion... »

Dans cette envolée lyrique, faisons la part de l'enflure littéraire et des réalités qui l'inspirent. Les hommes d'affaires lorsqu'ils délirent, peuvent nourrir des ambitions de ce calibre. Lorsqu'ils sortent du rêve pour retrouver le concret, ils sont plus modestement conscients des limites de leurs moyens. Ils ne façonnent pas le monde à leur seule fantaisie, ils ne renversent les gouvernements que par accident, et seulement avec le concours de circonstances et d'appuis dont ils ne sont pas les seuls maîtres.

L'ARGENT, FIN OU MOYEN ?

Autre illustration de la campagne de dénigrement à l'encontre des multinationales : le film d'Henri Verneuil, *Mille milliards de dollars*, témoigne avec une éloquence facile de leurs méfaits, qui tournent aux forfaits. Il met en scène une grande société américaine, qui pourrait être IBM, et que l'auteur désigne de trois autres lettres : GTI. Cette société, reine de l'électronique, a jadis collaboré avec Hitler et construit des appareils pour l'armée allemande aussi bien que pour les forces des USA. Elle a aidé les sous-marins allemands à couler des navires américains équipés de détecteurs GTI. Ayant joué sur les deux tableaux, elle a choisi finalement son camp en temps utile. Après la guerre, le Président reçoit félicitations et décorations.

Le seul objectif de GTI est le profit. Ainsi la multinationale fait-elle transiter par la Suède certains de ses appareils, de façon à ne payer que 20 % sur les bénéfices, quitte à mettre en difficulté ses propres filiales dans d'autres pays, où le prélèvement fiscal est plus lourd.

Bien entendu, comme dans tout film qui se respecte dans ce genre à scandale, un meurtre est maquillé en suicide et l'honnête journaliste qui mène l'enquête ne parvient pas à publier ses révélations. Que peut-il contre ce Président-dictateur dont les subordonnés sont terrorisés ? Il faut voir l'immense table ronde du conseil d'administration, au quartier général de la division européenne de GTI, à Bruxelles. Image d'une super-puissance, qui défie à la fois les États, la vérité, l'honnêteté...

Ce film hardiment démonstratif est diffusé à plusieurs reprises sur les chaînes françaises de télévision. Comment ne soulèverait-il pas l'émotion des spectateurs, qu'indignent les machinations de la multinationale, force occulte des ténèbres ?

Dans cette présentation romancée d'une entreprise qui se situe au-dessus de toute morale comme de toute patrie, la fiction escamote délibérément la réalité. Rien n'est vrai, mais tout n'est pas faux.

Si l'on en croit René-Victor Pilhes et Henri Verneuil, l'argent est une fin en soi. La politique ne lui importe que si elle lui rapporte. Mais l'argent peut aussi servir des ambitions, assouvir une volonté de puissance.

Assurément, certaines multinationales ont joué un rôle politique et pesé sur les décisions de gouvernements mal armés pour leur tenir tête. Ainsi a-t-on pu accuser la compagnie américaine Loockeed d'interventions illégales, ou ITT d'avoir conspiré contre l'État chilien. Et l'on a pu considérer l'ingérence des multinationales dans la vie du Tiers Monde comme une forme déguisée de re-colonisation.

A l'inverse, l'histoire témoigne souvent d'une lutte inégale entre les États et les multinationales, les États imposant finalement leur loi. Dans l'Allemagne de l'entre-deux-guerres, c'est contre les multinationales, bien plutôt qu'avec elles, qu'Hitler a pris le pouvoir. Au Chili, Allende a été renversé moins par les multinationales que par les camionneurs et les ménagères. Au Moyen-Orient, les multinationales du pétrole ont été chassées par les Arabes de l'OPEP et les ayatollahs de l'Iran, sans être en mesure de riposter autrement qu'avec le secours d'Israël.

Pourquoi tant de capitalistes – industriels, banquiers – ont-ils porté tant d'intérêt à la presse ? Sans doute parce qu'ils ont vu en elle un instrument de pression et de puissance, voire un moyen de servir leurs propres affaires. A l'origine, la presse est hors de leur portée : la *Gazette* de Théophraste Renaudot ne paraît qu'avec un privilège royal, et elle se fait souvent le discret porte-parole de Richelieu, voire de Louis XIII. C'est la liberté de la presse qui la livre aux possibles appétits des puissances d'argent. Les journaux modernes coûtent cher – à rédiger, à imprimer, à distribuer –, et il ne leur est pas facile de garder leur indépendance, au regard des pouvoirs publics ou au regard des gens de finance. Ils n'y peuvent parvenir que s'ils ont beaucoup de lecteurs et d'annonceurs, ou beaucoup d'amis désintéressés.

On a vu François Coty tenter sa chance avec *l'Ami du peuple*, Raymond Patenôtre avec *Marianne*, Marcel Boussac avec *l'Aurore*, Ferdinand Beghin avec *Paris-Soir*, Dassault avec *Jours de France*. Mais Coty et Patenôtre ne sont mus que par la mégalomanie, Boussac cherche dans son journal le moyen d'obtenir des banquiers une attitude compréhensive, Beghin ne voit dans la presse qu'un débouché pour son papier, et Dassault qu'un gadget. Dans la plupart de ces cas, c'est moins la finance qui tient les journaux en laisse, que les journaux qui se mettent hors de portée de la finance. Quant à Robert Hersant, il se comporte moins comme un homme politique que comme un pur professionnel, éventuellement prêt à publier n'importe quel journal de quelque opinion qu'il soit, pourvu qu'il lui permette de respirer l'odeur de l'encre d'imprimerie; et s'il opine pour une tendance plutôt que pour une autre, c'est parce que celle qu'il a choisie est celle qui se vend le mieux.

Ainsi, les émules des deux cents familles ou leurs succédanés des multinationales entrent en politique non pas nécessairement pour l'appât du pouvoir, mais souvent par caprice et par jeu.

Le procès des multinationales

Au-delà des imprécations de l'Imprécateur style René-Victor Pilhes, ou des mélodrames style *Mille milliards de dollars*, les multinationales sont mises en accusation, aussi bien par la gauche qui voit en elles l'expression suprême du capitalisme, que par la droite nationaliste qui réprouve les sans-patrie.

Que leur reproche-t-on couramment ? Leur dimension d'abord, qui les rend inhumaines. Le budget de l'américaine ITT, par exemple, dépasse en importance celui de bien des nations d'Amérique latine et certain économiste yankee l'appelle « l'État souverain ». Mais c'est ignorer que nombre d'entreprises petites ou moyennes peuvent avoir les caractéristiques d'affaires multinationales. Ainsi, en France, telle firme à l'enseigne du Creuset qui fabrique et vend des casseroles, tel pionnier de l'alimentation, à l'enseigne de la Croissanterie, qui conquiert une clientèle jusqu'au Nouveau-Monde, tel innovateur qui se spécialise à l'échelle internationale dans des réalisations ultra-rapides, pour faire des clés-minute, des talons-minute ou des photos-minute. Ceux-là ne sont pas des colosses, ni des incarnations d'un quelconque impérialisme.

Autre reproche classique : les multinationales, presque par définition, ignorent les frontières et oublient leur patrie d'origine. elles prennent leurs ordres à l'étranger, exportent leurs bénéfices où bon leur semble, déplacent leurs centres de production ou licencient leur personnel sans se soucier des intérêts de leur pays d'accueil. Le président Jefferson disait déjà : « Les marchands n'ont pas de patrie. Peu leur importe où ils sont. Tout ce qui les intéresse, ce sont les bénéfices qu'ils obtiennent. » Mais justement, Jefferson banalisait par avance les futures multinationales, si elles alignent leur comportement sur celui de simples « marchands ».

Voici peut-être plus grave : les multinationales sont coupables de machiavélisme, dès l'instant qu'elles affirment leur puissance aux dépens des pouvoirs constitués. C'est le Chilien Allende les accusant « devant la conscience du monde, d'avoir voulu provoquer dans ma patrie une guerre civile », ou « d'avoir entrepris une sombre machination pour m'empêcher d'assumer le pouvoir suprême ». C'est l'Iranien Mossadegh qu'élimineront impitoyablement les grandes compagnies pétrolières. A leur manière, les multinationales renouvellent à leur profit les techniques de la colonisation : à moindres risques et à moindres frais, sans avoir à mobiliser des légions armées et des arsenaux, elles s'implantent et dictent leur loi. Il leur suffit de transférer des fonds, de bâtir des usines, d'embaucher de la main-d'œuvre. Avec elles, le verbe « investir » prend un sens nouveau. On investissait naguère une place forte, on investit aujourd'hui des capitaux. Dans les deux cas, le résultat est le même si l'opération réussit. Faire le siège d'un pays, pour une multinationale, c'est un exploit plus banal et moins sanglant que pour une armée.

Moins sanglant? Les accusateurs des multinationales les présentent volontiers comme « des pieuvres se gorgeant du sang de la planète, l'affamant tout en la polluant ». Le Conseil œcuménique des Églises leur impute les pires méfaits. Elles constituent « l'une des formes de pouvoir qui font le plus obstacle au développement humain et exercent sur lui l'influence la plus néfaste » (Genève, 1982). Ce même Conseil œcuménique croit voir « un lien de cause à effet entre les investissements des multinationales et la faim dans le Tiers Monde ». Et le Mouvement de la Paix diffuse (en 1983) un programme visant au démantèlement de ces entreprises-sangsues pour lesquelles ne comptent ni l'homme, ni les peuples, ni les États.

Au vrai, ces verdicts ne prennent pas en compte l'extrême diversité des multinationales. Il en est qui, tout au contraire, ont avec les États les liens les plus étroits : par exemple en France la Régie Renault, au Brésil la compagnie Pemex; et bien plus encore toutes les firmes des pays de l'Est, depuis la hongroise Tungsram jusqu'aux trusts soviétiques. Il en est aussi qui, se situant par vocation au niveau transnational, mais associant trop d'intérêts divergents, ne font preuve que d'incohérence : les grandes institutions politiques, internationales ou supranationales, sont aussi, à leur façon, des multinationales. Mais on a vu la SDN incapable d'empêcher la guerre, on voit l'ONU, l'UNESCO, le FMI et autres organismes incapables d'assurer le désarmement, d'harmoniser les cultures, d'empêcher les dévaluations. Un dirigeant de la Shell peut les donner comme « des exemples d'impuissance et d'inefficacité ».

Il est vrai que les entreprises publiques, qu'elles soient nationales ou planétaires, ne sauraient être exactement représentatives des multinationales. Elles échappent aux règles courantes du capitalisme. Elles ne sont que des ersatz, auxquels manquent le moteur du profit et la menace de la faillite.

Plaidoyer pour les multinationales

Le passif des multinationales est de poids. Mais à leur actif, il est juste de porter quelques mérites, qu'on ne saurait tenir pour négligeables.

Des mérites politiques en premier lieu. Malgré leur étiquette, elles apparaissent fréquemment comme les porte-drapeau de leur pays d'origine à l'étranger. Nestlé donne dans le monde l'image d'une Suisse aimable. Fiat enseigne en cent pays que l'Italie est une grande nation industrielle. Du Pont de Nemours ou IBM font savoir de quelles innovations l'Amérique est capable. Elf, avec son réseau de distribution, assure une présence française sous des cieux divers. Honda témoigne partout de l'ingéniosité japonaise. La Royal Dutch démontre que la petite Hollande sait se mettre à l'échelle des continents.

Mérites économiques : dans les pays où elles s'établissent, les multinationales contribuent à améliorer le produit intérieur. S'il est vrai qu'elles concurrencent les entreprises indigènes, elles les stimulent aussi : elles réveillent celles qui auraient tendance à somnoler. S'il est vrai qu'elles importunent certains producteurs, elles favorisent les consommateurs, en leur offrant une gamme élargie de marchandises et en pesant sur les prix. Au début des années 1970, on note que la production des firmes multinationales augmente deux fois plus vite que le produit national brut de l'ensemble du monde, et que leurs exportations progressent de 40 % plus vite que le commerce mondial.

Mérites financiers : les investissements qu'exige leur implantation constituent un apport de capitaux qui s'inscrit dans la balance des paiements – même si tout ou partie des bénéfices sont rapatriés dans le pays d'origine. Pareillement, leurs exportations confortent la balance commerciale. Et s'il advient que des multinationales tirent profit des fluctuations monétaires, le plus souvent elles se bornent à protéger leurs résultats contre les pertes de change : ce qui est de saine politique.

Mérites sociaux : en donnant du travail à la main-d'œuvre locale, des cadres jusqu'aux manœuvres, elles contribuent à réduire le chômage ou à tendre vers le plein emploi. Dira-t-on aussi qu'en répandant en tous lieux les mêmes produits standardisés, elles uniformisent le monde ? Cet alignement généralisé des consommateurs sur un modèle unique peut passer pour un inconvénient. C'est le Coca-Cola universel, mais c'est aussi le nylon à la portée de tous. Les multinationales diffusent à la fois la banalité et les techniques avancées. Chacun est en droit de refuser le banal, mais peut prendre sa part du progrès.

De ce plaidoyer pour les multinationales, on ne conclura certes pas qu'elles sont vertueuses. Elles n'y ont prétendu que par exception. La vérité est que, comme les deux cents familles dont elles sont le prolongement et le rajeunissement, elles sont capables du mal et du bien, du pire et du meilleur. Elles peuvent servir la guerre ou la paix, la perversion des mœurs ou le progrès du genre humain. Comme les deux cents familles, elles tiennent dans l'histoire un rôle tantôt négatif, tantôt positif. En toute hypothèse, nocives ou fécondes, elles marquent une étape de la civilisation.

Qu'on les appelle deux cents familles, mur d'argent, trusts, monopoles ou multinationales, qu'elles soient héréditaires ou anonymes, qu'on les fustige ou les absolve à l'enseigne d'une « Nomenklatura », les puissances d'argent n'ont pas seules façonné l'histoire de France, ni l'histoire du monde. Elles sont concurrencées, voire tenues en échec, par d'autres puissances – politiques, syndicales, sociales, spirituelles. La ploutocratie ne se confond pas avec l'aristocratie, même si des alliances se nouent entre elles. Les élites de l'esprit comptent autant ou plus que les élites de la fortune.

Il est des hommes d'État capables d'indépendance. Il est de grandes familles qui ne sont pas des familles d'argent. Même si les démocraties sont, par nature, plus malléables et plus vénales que les dictatures ou les monarchies, il en est qui savent se soustraire aux impératifs de la seule finance. L'opinion publique n'est pas toujours à vendre. Il est des régimes qui ne perdent pas l'honneur.

L'argent peut beaucoup, il ne peut pas tout. L'avoir ne se confond pas toujours avec le pouvoir.

LA QUERELLE DES « NOYAUX DURS »

Les meilleurs thèmes de polémiques finissent par lasser. Après avoir beaucoup servi dans la bataille des mots et des idées, les multinationales perdent de leurs vertus négatives. Le plus souvent, elles n'ont pas de visage, et leur anonymat ne permet pas de livrer des noms en pâture à la malignité publique. Souvent même, elles éveillent la sympathie ou l'admiration plutôt que la colère. Si elles échouent et disparaissent, on les oublie. Si elles réussissent, on est tenté d'applaudir à leurs exploits. Si elles sont américaines, elles bénéficient d'un préjugé favorable, parce que l'Amérique a été secourable à l'Europe en des heures difficiles, et parce qu'elle est la patrie de l'audace et de l'innovation. Si elles sont françaises, elles deviennent quelquefois un motif de fierté chauvine.

A constater le peu d'échos que soulève la campagne contre les multinationales, leurs adversaires regrettent le temps où les diatribes sur les deux cents familles faisaient recette. Ne pourrait-on les ressusciter, sous une forme rajeunie? Précisément, après 1986, les privatisations changent le paysage économique et financier : elles proposent une cible renouvelée à des attaques personnalisées. Alors que les entreprises du secteur public ont pour dirigeants des quasi-fonctionnaires, les entreprises rendues au secteur privé rentrent dans le giron capitaliste, et leurs patrons peuvent être dénoncés pour leur appartenance politique, accessoirement pour leur âpreté au profit, ou pour la tyrannie de leurs méthodes de gestion – les exploitants redevenant des exploiteurs.

Le succès initial des privatisations est illustré par une ruée de millions de petits épargnants sur les actions des sociétés rendues à la libre entreprise. Ils sont 1 500 000 à souscrire à l'opération publique de vente de Saint-Gobain, autant pour le Crédit commercial de France, 2 250 000 pour la CGE, 2 300 000 pour la Société générale, 3 800 000 pour Paribas... Seule la tornade qui, à l'automne 1987, s'abat sur la Bourse et les valeurs entame l'engouement des néophytes de l'épargne.

Aussi longtemps qu'il dure, cet engouement chagrine les champions du « Tout État », nostalgiques des années au cours desquelles le secteur public s'adjugeait des pans entiers de l'économie. Ils passent à la contre-offensive, en proclamant que les dénationalisations sont un objet de scandale.

Le scandale, ce sont les « noyaux durs ». La querelle qui s'élève à leur propos entre la majorité (libérale) et la minorité (socialiste) donne l'impression de porter sur un thème inédit. En fait, elle n'est originale d'aucune manière, puisqu'elle se borne à renouveler et mettre au goût du jour la vieille polémique soulevée par Édouard Daladier cinquante ans plus tôt.

Pour les socialistes, l'objectif est de mettre en cause les gros capitalistes. Pourtant, c'est bien le Français moyen qui s'adjuge la plus grosse part des dépouilles du secteur public. Les sondages d'opinion confirment que la masse des citoyens approuve l'opération et qu'elle n'apprécierait pas, dans l'hypothèse d'un retour de la gauche au pouvoir, une flambée de re-nationalisations. On ne croit plus que l'État puisse être le meilleur gestionnaire des banques, des compagnies d'assurances, des grandes sociétés industrielles. Coup dur pour les champions de l'étatisme : c'est la substance même de leur doctrine qui se trouve désavouée.

Dès lors, de quelle manière peuvent-ils déconsidérer les privatisations ? N'osant plus en contester ouvertement le principe, ils s'en prennent à leurs modalités : plus précisément à une modalité, celle qui comporte l'attribution des responsabilités majeures à un groupe dominant, conçu pour la gestion de la firme.

Les premières accusations, encore invertébrées, ne relèvent que des réquisitoires traditionnels : Jack Lang reproche à Édouard Balladur d'avoir porté ses amis à la tête des entreprises privatisées ; Laurent Fabius blâme « les proches de Jacques Chirac qui contrôlent à présent l'essentiel de l'économie française ». Pierre Joxe se fait plus agressif : « De gigantesques profits illicites ont été réalisés, dit-il. Un petit nombre de personnes a utilisé l'appareil d'État au profit de groupes privés, un petit nombre d'hommes a recueilli des privilèges leur permettant de devenir maîtres d'une grande partie de l'appareil industriel et financier. » Et Pierre Joxe de lancer le cliché des noyaux durs.

A la vérité, des noyaux sont toujours durs. Mais le pléonasme fait image. Il valorise le contraste avec le « ventre mou » que constitue la foule anonyme des petits actionnaires. Toute privatisation, nécessairement, répartit le capital entre la grande armée des souscripteurs (dont certains représentent le personnel) et l'état-major des gestionnaires, choisis par le ministre des Finances pour diriger la Compagnie. Cet état-major, c'est le noyau. Il est fixe, il est stable, il est dur. Alors que les petits actionnaires peuvent si bon leur semble vendre leurs titres et abandonner le navire, il restera en permanence à la barre. Or cet état-major, assurent les socialistes, est issu du pouvoir en place : c'est le RPR, parti dominant de la majorité, qui a été intronisé à la tête des entreprises privatisées et qui, de ce fait, est en passe de prendre le contrôle de l'économie.

Ainsi la presse de gauche souligne-t-elle « l'extravagant scandale des privatisations », avec l'attribution des noyaux durs à des comparses, qui forment une « nomenklatura financière » : bref une opération des puissances d'argent en faveur d'une politique – ou une opération politique au bénéfice des puissances d'argent –, de toute façon une vraie « dilapidation des trésors nationaux ».

Les adversaires des privatisations se disent prêts à brandir la liste des patrons qui constituent les noyaux durs, et qui tous relèvent d'une même bande de copains et de coquins.

C'est Christian Goux, naguère président de la commission des Finances, qui dénonce « la mainmise, sans précédent depuis le XIXe siècle, effectuée par le RPR sur l'économie et les finances ». A l'en croire, ce « gouvernement de l'argent » vise à « contrôler étroitement l'essentiel de la machine économique ».

C'est Lionel Jospin, premier secrétaire du parti socialiste, qui fustige les « blocs de contrôle » responsables de la reconstitution d'une « oligarchie financière », de laquelle dépend l'économie française. Par avance, il annonce la riposte de la gauche victorieuse. « Nous ne laisserons pas les noyaux durs en place, car nous les considérons comme dangereux. » Pour ce faire, il faudra, ou bien une offre publique d'achat par des organismes publics, ou bien une loi qui permettra la rétrocession des noyaux à l'État, ou bien une totale re-nationalisation. Ou encore, plus simplement, un rachat de la majorité des titres par une compagnie d'assurances d'État, ou par une banque du secteur public, ou par la Caisse des dépôts.

C'est encore Pierre Joxe qui confirme qu'à force de quadrillages, de verrouillages et de magouillages, le parti le mieux structuré de la majorité fait « main basse sur la France », en composant « dans l'ombre à la fois un conseil d'administration et un conseil de gouvernement ».

Sur ce thème, le parti socialiste annonce qu'il publiera un « Livre Noir », pour démontrer que les privatisations, « véritable confiscation des biens nationaux », s'accompagnent d'un entrelacs de participations croisées, engendrant « des ensembles polymorphes, dont le seul facteur d'unité est l'appartenance politique de leurs dirigeants ». Le Livre Noir se fait attendre et, aussi bien, les révélations promises sur les « scandales ». Faute de mieux, l'opposition souligne que neuf sociétés, parmi lesquelles Suez, l'UAP, Axa, la Générale des Eaux sont représentées dans plus de deux noyaux durs. La Société générale détient 6,8 % de la CGE, qui a pris le contrôle de la Générale Occidentale. Havas est pour 25 % entre les mains du RPR. Tandis que le petit actionnaire est pratiquement écarté de toute décision, quelques capitalistes captent à leur profit le pouvoir économique. Ils ont été choisis par le ministre des Finances, à seule fin d'asseoir leur domination sur le secteur privatisé.

Figure symbolique de cette distribution de prébendes avec prise en main de l'économie, le revenant Ambroise Roux. On l'a vu conseiller technique dans des cabinets ministériels, avant de faire une carrière de manager-administrateur ou de P-DG de puissantes sociétés, voire d'animateur du patronat. Ambroise Roux, fondateur de l'Association des (très) Grandes Entreprises françaises, n'est-il pas l'éminence grise du pouvoir? Les socialistes l'ont chassé de la CGE nationalisée en 1982. Il y revient en 1987, et succède à Jimmy Goldsmith à la présidence de la Générale Occidentale, qui règne sur de grands pans de l'économie, et particulièrement sur divers moyens de communication.

Mais un seul homme peut-il résumer tous les noyaux durs? Les philippiques des socialistes visent un clan, tout en hésitant sur sa dimension. Il s'agit de « quinze à vingt capitaines d'industrie », selon Lionel Jospin, de « vingt à trente proches de Chirac », selon Laurent Fabius, « d'une centaine d'hommes proches du RPR », selon Pierre Beregovoy. Encore un petit effort : on parviendra aux deux cents...

Deux cents, c'est le nombre fatidique qui a porté bonheur au Front populaire. Le mythe n'est pas tout à fait fané. Un demi-siècle plus tard, il ne demande qu'à refleurir, pour étoffer la campagne contre les noyaux durs.

AU SECOURS DES NOYAUX DURS

Tout n'est sans doute pas faux dans les attaques de la gauche sur la technique des privatisations. Il n'est pas inconcevable que

Jacques Chirac et Édouard Balladur aient favorisé leurs amis dans la constitution des minorités stables auxquelles ils ont dévolu les privatisées. C'est au reste de bonne guerre. Nul n'a oublié comment les socialistes se sont servis lors des nationalisations : ils ont expulsé les dirigeants pour caser leurs propres créatures. A la rafle de la gauche sur les entreprises qui entraient dans le secteur public réplique, avec d'ailleurs plus de discrétion, l'attribution des affaires dénationalisées à des sympathisants de la droite. Il est normal que les capitalistes ainsi promus soient de tonalité libérale plutôt que d'idéologie collectiviste. On n'imagine guère qu'il puisse en être autrement.

Les metteurs en scène de la privatisation assurent que les noyaux fixes ont été surtout constitués de financiers et d'industriels pouvant aligner quelques états de services. L'objectif est de désigner des professionnels compétents. Ce qui explique qu'on maintienne en place, à la tête de Saint-Gobain, un Alain Minc, même s'il se dit homme de gauche, ou qu'on fasse ailleurs bonne mesure à un Ambroise Roux. L'économie française a besoin de gens de métier – et de caractère. Comment reprocher aux privatiseurs de faire appel à l'intelligence ?

Le recours à ces hommes forts est indispensable à deux titres. D'abord, on ne saurait compter sur la masse inorganisée des petits actionnaires pour décider utilement de la marche des sociétés : elle n'en a ni le goût, ni le talent, ni les moyens; il faut, de toute évidence, confier le pouvoir de décision à une minorité de régisseurs qualifiés – patrons ou managers – présumés habiles dans l'art difficile de bien conduire une affaire. Ensuite, puisque ces milliers ou millions d'actionnaires peuvent demain, à volonté, céder leurs titres, qui passeraient en d'autres mains, il importe que subsiste un noyau stable pour assurer la continuité de l'entreprise et l'empêcher notamment de tomber entre des mains étrangères, dans l'hypothèse toujours plausible d'une tentative extérieure de prise de contrôle.

Édouard Balladur s'est d'ailleurs expliqué sur le recrutement des noyaux en question. Plutôt que de vendre une entreprise, de gré à gré, à un investisseur unique, plutôt que de la mettre aux enchères au risque de susciter des batailles boursières, le ministre a résolu de procéder à un appel d'offres public, avec cahier des charges et délai d'un mois pour répondre à l'appel. Méthode parfaitement transparente.

Toute privatisation se déroule en quatre phases : elle comporte une offre publique de vente, sous le contrôle de la Commission des opérations de Bourse; le placement international d'un certain nombre de titres; une offre de vente aux salariés de l'entreprise, à un prix de faveur (de 5 à 20 % inférieur au prix demandé au grand public), enfin l'appel à des actionnaires stables, pour constitution d'un groupe cohérent.

Les noyaux ainsi constitués représentent de 15 à 30 % du capital. Ils sont composés de cinq à vingt-cinq investisseurs, dont chacun possède au maximum 5 % du capital. Ils ont été choisis, lors des dix premières privatisations, parmi 55 entreprises, dont 10 étrangères et 45 françaises, le plus souvent dans des affaires de banque, d'assurances ou d'industrie. Dans quatorze cas, reconnaît le ministre, un même responsable a pu obtenir deux attributions. Cinq candidats ont été écartés, soit dans l'intérêt de l'entreprise privatisée, soit à la demande des dirigeants. Mais les noyaux sont appelés à s'élargir à quelque 70 entreprises, qui se partageront les responsabilités des dénationalisées.

Exemple de privatisation : à proportion de 28 %, le capital de la Financière de Suez est attribué à un noyau dans lequel figurent 23 investisseurs – les grandes compagnies d'assurances, Elf-Aquitaine, Saint-Gobain, Pernod-Ricard, mais aussi la Société générale de Belgique, un groupe du Koweit, un groupe saoudien, un institut aux mains de l'Italien Benedetti. Le reste du capital se répartit entre les salariés de l'entreprise (pour 7,8 %) et le vaste public des souscripteurs français et étrangers.

Ce noyau est plus large que celui de Paribas, qui rassemble quinze investisseurs, ou que celui de la Société générale (dix-neuf investisseurs). Où voit-on dans tout cela trace d'un complot politique, d'une opération au seul bénéfice du pouvoir ou d'un parti? Aux petits actionnaires, le ministère des Finances rappelle qu'ils disposent d'un moyen de dissuasion en vendant leurs titres, et il offre la possibilité d'un vote par correspondance lors des assemblées générales. Aux noyaux durs, il ne garantit qu'un rôle de transition, qui pourrait être limité à deux ans.

La controverse ne cesse pas pour autant :

– Trop ambitieux, le programme des dénationalisations! Il faudra plus de quinze ans pour le mener à bien.

Réponse : en une seule année, le gouvernement comptait (avant le krach d'octobre 87) le mener à bien pour les deux tiers.

– Alors, trop rapide, trop précipitée, la privatisation!

Réponse : c'est le marché boursier qui décidera finalement de sa cadence.

– Trop bas, les prix de cession au public! C'est un véritable bradage des biens de l'État.

Réponse : la chute de la Bourse a ramené la cote des privatisées, le plus souvent, au-dessous des niveaux de cession. Ils n'étaient donc pas trop faibles.

– Trop propice à des « raids » d'investisseurs étrangers, la technique des privatisations! C'est faire fi des intérêts nationaux.

Réponse : voilà précisément la justification des noyaux durs, qui visent à empêcher des mainmises extérieures.

Critiques et répliques ne mettent pas un terme à la bagarre. A l'occasion, de part et d'autre, on se lance des noms à la tête : naguère, André Rousselet n'avait-il pas été porté à la présidence d'Havas par la grâce de l'Élysée, avant de passer à Canal Plus? Copinage! Aujourd'hui, Renaud de la Genière n'est-il pas le patron de Suze parce que Pierre Beregovoy l'a chassé de la Banque de France? Revanche! Ces pratiques sont de tous les temps et de toutes les démocraties. A l'étranger, là où l'on privatise, on n'agit pas autrement.

Reste que la polémique rebondit, à grand renfort d'éloquence dialectique. Elle ne fait que rajeunir les vieilles querelles sur les puissances d'argent, les trusts, les monopoles, les multinationales... Oublieuse des petits épargnants, elle monte en exergue des meneurs de jeu, plus ou moins mystérieux, plus ou moins occultes, toujours prêts à alimenter les caisses noires de la politique, ou à s'en repaître. Elle a besoin d'épouvantails et de croque-mitaines : les noyaux durs prennent à propos la relève de feu les deux cents familles.

Cette bataille ne prendra pas fin, car elle oppose deux conceptions de la société : les tenants du secteur public et ceux du secteur privé. Ceux qui misent sur l'État vertueux, et qui assurent que les libéraux défendent leur intérêt plutôt que celui de la collectivité. Ceux qui croient que l'État fait mal ce qu'il fait, et que la liberté est plus féconde que la contrainte.

C

S

T

V

TABLE DES MATIÈRES

Cet ouvrage a été réalisé sur
Système Cameron
par la SOCIÉTÉ NOUVELLE FIRMIN-DIDOT
Mesnil-sur-l'Estrée
pour le compte des Éditions Perrin
le 20 avril 1988

Imprimé en France
Dépôt légal : avril 1988
N° d'édition : 819 -- N° d'impression : 8796